52 Weeks of Socks

毎週編みたい靴下52足

52 WEEKS OF Socks Vol.II
by Laine Publishing

CONCEPT
Jonna Hietala & Sini Kramer

PHOTOGRAPHY
Sini Kramer

GRAPHIC DESIGN
Tiina Vaarakallio

EDITORS
Maija Kangasluoma, Sini Kramar, Pauliina Kuunsola, Tiia Pyykkö

PUBLISHER
Laine Publishing Oy

This Japanese edition was produced and published in Japan in 2024
by Graphic-sha Publishing Co., Ltd.,
1-14-17 Kudankita, Chiyodaku,
Tokyo, 102-0073, Japan

Printed in Japan

52 Weeks of Socks

毎週編みたい靴下52足

Laine Publishing
西村知子 訳

CONTENTS

もくじ

To Our Readers

読者の皆さまへ

3年前、52週シリーズの第1弾『52 Weeks of Socks（靴下を編む52週）』を出版しました。その人気ぶりに驚くほどの大ヒットとなり、ベストセラーとして複数の言語にも翻訳されました。その後まもなく続編となる2冊目、『52 Weeks of Shawls（ショールを編む52週）』と『52 Weeks of Easy Knits（邦版未出版）』も出版しました。この間、靴下本の2冊めをという読者の皆さまからの絶え間ない声にも押され、本書の構想を温めてきました。そしてここに靴下本第二弾が完成しました！

靴下が特にニッターを魅了する理由はとてもよくわかります。まず、靴下は日常的に着用するものだから、例えばセーターやショールと比べると消耗も早く、また流行にとらわれず、贈り物にも喜ばれます。世界が非常な状況下にあっても、ウールの靴下は編む側の心も着用する側の心も和ませてくれます。

靴下を編むと大きな達成感が得られます。面積が小さいので編み進みがはやいと同時に、編み物の世界を凝縮したようなものでもあります。色々な技法や編み針、編み方向などを試してみるのに便利なアイテムでもあり、常に何かを学ばせてくれます。まだ試したことのないヒールの編み方が本書でもきっと見つかるはずです。さらに、靴下は経済的でもあります。1足編むのに毛糸が1～2カセあれば十分で、他の作品の残り糸の活用にも役立ちます。

『52 Weeks of Socks Vol. II』は、既刊前作よりもより一層カラフルで幅広く使っていただける本です。レース、ケーブル模様、ストライプ、フリル、カラーワーク、さらにはビーズで装飾したものまで、お気に入りの1足がきっと見つかります。

パターンは明解でわかりやすく、4（5）本針や輪針、マジックループ式など、編みやすい方法で編むことができます。本書中で使用している糸は、小規模のブランドから大手メーカーのものまで、繊維、太さ、色も多岐に渡っています。

巻末（254ページ）には編み方向別の索引を設けているので、トウアップ派またはカフダウン派、それぞれのニッターさんが好みのソックスを探しやすくなっています。

パターンは、世界各国47名の優秀な作家の皆さんのデザイン。いつものLaine Publications同様、新しく参加された方も有名なデザイナーと同様に名を連ねています。

「Welcome aboard！（ようこそ）」

この言葉を、新しく参加したデザイナーにも、読者の皆さまにも送ります。本シリーズをはじめてご覧になる方も、前著の52足を制覇された方々も（かなりの人数がいらっしゃると聞いています！）。

皆さん、つま先を温かくしておきましょうね！

Laine Teamより

ABBREVIATIONS & SPECIAL TECHNIQUES

用語と技法

<略語>

本書に登場する主な略語と操作方法です。

M(m)［Marker］：ステッチマーカー

PM［Place Marker］：マーカーをつける。マーカーを区別したい場合、M1、あるいはMAなどと記載し、PMAと書かれていたら、Aのマーカーをつけるということ。

RM［Remove Marker］：マーカーをはずす。

SM［Slip Marker］：マーカーを移す。

BOR［Beginning Of Round］：輪編みの段の編みはじめ。「BORm」は、段の編みはじめにつけたマーカーのことをさす。

EOR［End Of Round］：輪編みの段の編み終わり。

MC［Main Color］：編み込みの地色糸。

CC［Contrast(ing) Color］：編み込みの配色糸。配色糸を複数使用する場合はCC1、CC2のように記載する。

<技法>

本書に登場する基本的な技法と編み方です。英文パターン中で用いられる略語と合わせて紹介します。

減目

左上2目一度［K2TOG: knit 2 sts together］：2目いっしょに表目を編む。（1目減）

裏目の左上2目一度［P2TOG: purl 2 sts together］：2目をいっしょに裏目を編む。（1目減）

右上2目一度［SKP: slip 1, knit 1, pass slipped st over the knit st］：左針の1目に表目を編むように右針を入れて移し、2目めを表編み、右針に移した1目めを2目めにかぶせる。（1目減）

右上2目一度［SSK: slip, slip, knit 2 sts together through back loop］：2目に、1目ずつ表目を編むように右針を入れ、方向を変えた状態で左針に戻し、表目のねじり目を編むように2目をいっしょに編む。※結果は上記のSKPと同じだがK2TOGの左上2目一度と表情を揃える際に便利。（1目減）

裏目の右上2目一度［SSP: slip, slip, purl 2 sts together through back loop］：次の2目に1目ずつ表目を編むように右針を入れ、方向を変えた状態で左針に戻し、裏目のねじり目を編むように2目をいっしょに編む。（1目減）

右上3目一度［SK2PO: slip 1, knit 2 sts together, pass slipped st over the knit st］：1目を表目を編むように右針に移し、次の2目を一度に表編みし、右針に移した目を編んだ目にかぶせる。（2目減）

中上3目一度［CDD: centered double decrease］：表目を編むように次の2目に同時に右針に移し、表目1、右針に移した2目を編んだ目にかぶせる。（2目減）

増し目

左ねじり増し目［M1L: make 1 left leaning stitch］：次の目の間の渡り糸に左針を手前から向こうにくぐらせ、左針にかかったループの後ろ側に右針を入れて、渡り糸をねじって表目を編む。一般的なねじり増し目。（1目増）

右ねじり増し目［M1R: make 1 right leaning stitch］：次の目の間の渡り糸に左針を後ろから手前にくぐらせ、左針にかかったループの手前に右針を入れて、渡り糸をねじって表目を編む。（1目増）

裏目の左ねじり増し目［m1l(p): make 1 left leaning purl stitch］：次の目の間の渡り糸に左針を手前から向こうにくぐらせ、左針にかかったループの後ろ側に右針を入れて、渡り糸をねじって裏目を編む。（1目増）

裏目の右ねじり増し目［m1r(p): make 1 right leaning purl stitch］：次の目の間の渡り糸に左針を後ろから手前にくぐらせ、左針にかかったループの手前に右針を入れて、渡り糸をねじって裏目を編む。（1目増）

左増し目［LLINC: left lifted increase］：右針にかかっている編み終えた目の2段下の編み目の左足を持ち上げ、表目を編む。（1目増）

右増し目［RLINC: right lifted increase］：左針の目の1段下の目の右足を右針先で持ち上げて左針に移し、表目を編む。（1目増）

2目の編み出し増し目［kfb: knit into front and back of stitch］：次の目に右針を入れて表目を編むが左針は抜かず、続けて同じ目に表目のねじり編みを編む。左針から目をはずす。（1目増）

裏目2目の編み出し増し目［pfb: purl into front and back of stitch］：次の目に右針を入れて裏目を編むが左針は抜かず、続けて右針を同じ目に裏目のねじり目を編むようにもう1目編む。左針から目を外す。（1目増）

引き返し編み

W＆T［Wrap & Turn］：ラップアンドターン。引き返し編みの方法のひとつ。引き返す段の最終目に、右針を裏目を編むように入れて移し、針の間から糸を今ある位置から反対側（表目を編んだあとは手前に、裏目を編んだあとは後ろに）移し、右針に移した目を左針に戻して編み地を返す。段消し編みをする際は、次のいずれかの方法で編む。

① 表編みの段…次の目の足に巻かれたラップの糸に、右針を下から上に入れる。持ち上げたラップの糸と本来の目を2目一度のように表目に編む。

② 裏編みの段…編み地の後ろ側から、次の目の足に巻かれたラップの糸に右針を下から上に入れ、持ち上げたラップの糸を一度左針にのせて本来の目を裏目の2目一度のように編む。

DS［Double Stitch］：ダブルステッチ。ジャーマンショートロウ［German Short Row］の引き返し編みの際に引き返し位置で行う操作。「MDS［Make Double Stitch］」は編み目をダブルステッチにする操作をさす。

引き返す位置まで編んで編み地を返し、次のいずれかを行う：

① 左針の最初の目が表目の場合…糸を手前に移してから表目を右針にすべらせ、糸を右針の上から編み地の後ろへ引っぱる。

② 左針の最初の目が裏目の場合…裏目を右針にすべらせ、糸を右針の上から後ろへ引っ張る。

このように最初の目を引っぱり上げることで前段の目が引き上げられ「2目」のようなることをDSと呼ぶ。DSを次段で編むときには1目として扱い、指示通りに表目または裏目に編む。

作り目・止め

●カフ（はき口）から編みはじめる場合の作り目

ジャーマン・ツイステッド・キャストオン［German Twisted Cast On］（＝オールド・ノルウィージャン・キャストオン［Old Norwegian Cast On］）

1. 糸端を編む幅の約3倍残してスリップノットを作り、糸端を手前にして針先に通し、右手で持つ。スリップノットは1目めとなる。
2. 指でかける作り目と同じように糸端と編み糸の間に左手の親指と人差し指を入れ、親指に糸端、人差し指に編み糸をかける。どちらの糸も手のひらで握る。
3. 針先を親指にかかっている2本の糸の下をくぐらせると針先を手前に倒して、下に下ろし、親指にかかっている内側の糸をひっかけて、親指にかかっている外側の糸の下から手前に出す。
4. そのまま上に持ち上げ、人差し指にかかっている内側の糸に針先を上からひっかけ、針先を親指にかかっている2本の間から手前に出す。

※左手親指の第一関節を折って回転させて糸のねじれをほどくと針先が通りやすくなる。

5. 親指をループからはずし、再び糸端側にかけて引き締める。これで2目めができる。
6. 必要な目数ができるまで3〜5をくり返す。

●トウ（つま先）から編みはじめる場合の作り目

ジュディーズ・マジック・キャストオン［Judy's Magic Cast On］

1. 輪針の片方の先を右手に持ち（針①）、糸端を長めに残して、糸端が手前になるように針先にかける。
2. 1. の針先が上になるよう、もう片方の針先を下に添え（針②）、両針先を左に向け、平行にして右手に持つ。糸端は2本の針で挟んだ状態になる。
3. 左手には（指でかける作り目のように）糸端を左親指、編み糸を左人差し指にかける。
4. 左人差し指の糸を、針②の下から手前、2本の針の間から向こ

ABBREVIATIONS & SPECIAL TECHNIQUES
用語と技法

う側へ、そして元の位置へ戻すように針②にかける。

5. 続けて左親指の糸を、針①の上から手前、2本の針の間から向こう側へ、そして元の位置に戻すように針①にかける。
6. 必要な目数ができるまで4と5をくり返し、最後は4で終える。①と②の針に同目数できていることを確認する。
7. 同じ面の見ながら全体を180度回転させ、糸がほどけないようからげて、下の針を針先側に抜き、もう片方の針にかかっている目を編む。以降、マジックループ方式に全体の目数の半分ずつを編む。

※編むときには編み目の右足が手前になっていることを確認して編む。もしねじれてかかっている場合は、ねじれをときながら(編み目の方向を修正しながら)編む。

ターキッシュ・キャストオン [Turkish Cast On]

1. スリップノットを作り、輪針の片方の針先に通す。この針を左手に持つ(針①)。
2. もう片方の針(針②)を針①の上に添え、両針先を右に向けて平行に持つ。
3. 編み糸を2本の針に次のように巻きつける。「向こう側」から「上」、「手前」、「下」。始点と終点が「向こう側」になるように必要回数分巻く。(目数＝巻く回数×2本分)
4. 巻き終えると、糸は針②の向こう側に添え、針①は針先方向に引き出して、針①で針②の編み目を編む。
5. 以降、マジックループ方式に全体の目数の半分ずつを編む。

●その他の作り目

ニッテッド・キャストオン [Knitted Cast On]

「左針の1目めに表目を編むように右針を入れ、糸をかけて手前に引き出す。引き出した目を左針の先にのせる」。必要な目数になるまで「〜」をくり返す。

Note：引き出した目を左針にのせるときは針同士を突き合わせるようにのせるのではなく、針同士が並行になるようにしてのせる。

ケーブル・キャストオン [Cable Cast On]

「左針の1目めと2目めの間に手前から右針を入れ、表編みをするように糸をかけて手前に引き出す。引き出してきた目を左針の先頭にのせる」。必要な目数になるまで「〜」をくり返す。注：引き出した目を左針にのせるときは針同士を突き合わせるようにのせるのではなく、針同士が並行になるようにしてのせる。

ストレッチー・バインドオフ [Stretchy Bind-off]

左針の最初の2目を表編みして左針に戻す。ねじり目を編むように2目一度に編む。「表目1、右針の2目を左針に戻しねじり目を編むように2目一度に編む」、「〜」をくり返し、右針に残った最後の1目に糸端を通して止める。

その他

かけ目 [yo: yarn over]：通常のかけ目。糸を手前から後ろにかける。

すべり目＋かけ目 [sl1 yo: slip 1 st + yarn over]：編み糸は手前にある状態にして、次の目を右針にすべらせると糸を右針(とすべり目)の上からかける。

<本書の使い方>

◎靴下の各部名称が意味する箇所は以下の通りです。

トウ：つま先

フット：足

ヒール：かかと

レッグ：脚（足首より上）

カフ：はき口

編み方向によって次のように表現します。

「トウアップに編む」：つま先側から編み上げる

「カフダウンに編む」：はき口からつま先に向かって編み進める

◎チャートは特に指示がない限り、下から上へ、右から左へ読み進めます。

◎パターン中で作り目や止めの方法が記載されていても、好みの方法を代用してかまいません。

◎本書中のパターンは4（5）本針または輪針でマジックループ式に編む前提で記述しています。マジックループ式に編む場合の輪針は80~100 cmのものをおすすめします。指定している針にかかわらず、使い慣れた針を使って編んで構いません。

◎パターンの指定糸が見つからないときや別の糸を使用したい場合は、好みの糸で代用してかまいません。どのパターンにも必要となる糸量（糸長）を記載していますが、参考であり、仕上がりフット長さによっても変わります。

◎必要な用具も記載していますが、そのほかにも、糸始末をするためのとじ針、はさみ、ゲージや寸法を測るためのテープメジャーなどをご用意ください。

◎編み上がり後はブロッキングすることをおすすめします。靴下をぬるま湯に20分程度浸した後、余分な水分を押し出した後、乾いたタオルの上に置いて巻き、さらに水分を除去します。靴下を伸ばしたり絞ったりしないよう気をつけましょう。寸法に合わせながら平干しします。ソックブロッカーを使用したり、水通しをしたりする代わりにスチームを当てても構いません。

◎ウェブサイト「LAINE PUBLISHING」では、便利な動画や技法へのリンクを掲載していますのでご参照ください。

https://lainepublishing.com/

［MAKE］→［TECHNIQUES AND TUTORIALS］→［Abbreviations in the 52 Weeks of Socks］

◎**サイズについて**：すべてのパターンは1｛2、3｝、寸法の目安は20.5｛23、25.5｝cmの3サイズ展開にしています。靴下の仕上がり寸法を確認した上でサイズを決めるとよいでしょう。ほとんどの場合、フットとレッグの長さは簡単に調整できますので、サイズは足周りで決めるようにしてください。

1

13

1週〜 13週目

Rapunzel — Agata Mackiewicz　Joyce — Charlotte Stone　Norfeu — Elena Solier Jansà
Ipseitas — Emilie Hallet　Nyrkys — Jenna Kostet　Drowse — Kaori Katsurada
Bobblestone — Laura Moorats　Dulcimer — Lindsey Fowler　Lakolk — Lotta H Löthgren
Luis — Lucía Ruiz de Aguirre Rodriguez　Montemuro — Rosa Pomar
Berries & Bird Tracks — Yucca / Yuka Takahashi　Ordinary Love — Yuri Kader Kojima

Agata Mackiewicz

01 Rapunzel

ラプンツェル

おとぎ話のプリンセスに因んで名付けた靴下で、可愛らしい趣向を凝らしています。
前面の地模様はラプンツェルの塔を、フローラルレース模様はつる草を表しています。

SIZES／サイズ

1 {2, 3}
推奨するゆとり：フィット感をよくするために、仕上がり寸法の－2.5cm、実際の足サイズより1cm小さく仕上げることをおすすめします。

FINISHED MEASUREMENTS／仕上がり寸法

レッグ／フット周囲：18 {20, 22} cm
レッグ長さ：12cm
足サイズ：調整可

MATERIALS／材料

糸：Slavica YarnsのDomovik（メリノウール75%・ナイロン25%、425m／100g）1カセ
またはフィンガリング〈中細〉程度の糸を約276（318、382）m

針：2mm（US 0／JP 0号）と2.25mm（US 1／JP1号）の輪針
その他の用具：ステッチマーカー3個、なわ編み針

GAUGE／ゲージ

36目×52段（2.25mm針でメリヤス編み・10cm角、ブロッキング後）

SPECIAL ABBREVIATIONS／特別な用語

7目一度の減目：表目を編むように5目を右針に移し、次の2目で右上2目一度を編み、右針に移した目を1目ずつ編んだ目にかぶせる。（6目減）

右上3目一度：表目を編むように1目を右針に移し、次の2目を一度に編み、右針に移した目を編んだ目にかぶせる。左に傾く目ができる。（2目減）

SPECIAL TECHNIQUES／特別なテクニック

ラテラルブレード [Lateral Breid]（ラトビアンブレード）：
① ケーブルキャストオンまたはニッテッドキャストオンの方法で1目余分に作る。この目を左針に移す。
② 新たに作った目をなわ編み針に移して編み地の手前におき、次の目を表目に編む。
③ なわ編み針に移した目を左針に戻し、表目に編む。
BOR（段のはじめ）の前に1目残るまで②と③をくり返す。最後の目を表目に編む。

2目めを1目めにかぶせて伏せ止めにする。

CONSTRUCTION／構造

カフから編みはじめ、アイオブザパートリッジ[Eye of the Partridge]ヒールと足底にマチを編みながらつま先に向けて編み進めます。折り返すピコットエッジカフから編みはじめ、レッグとの間をラテラル（ラトビアン）ブレードで仕切ります。さらに編み進めるとレッグの前面は地模様、後ろ面はフローラルレース模様に分かれ、レッグからのブレードをフットまで続けて編みます。

DIRECTIONS／編み方

FOLDED CUFF／折り返しのカフ

2.25mm針で別鎖などのあとからほどける作り目の方法で64（72、80）目作る。
編み目を2本の針に均等に分け、輪にする。BORにPM。

メリヤス編みで10段編む。
次段：*左上2目一度、かけ目*、*～*を最後までくり返す。
メリヤス編みをさら10段編む。

折り返しのカフを次の通りに編む：
① 作り目をほどき、予備の針に編み目をのせる。
② カフを外表にして折り返し、編んできた針（上の針）と作り目側の目をのせた針（下の針）を平行に持つ。

③ 右針を上下両方の針を最初に目に表目を編むように入れる。
④ 2目を一度に編む。
⑤ 左針（上下の針）から編んだ目をはずす。
③〜⑤の手順を段の最後までくり返す。

※ラテラル（ラトビアン）ブレードを編んで仕切る。

LEG ／レッグ

以降、前半の目がのっている針を〈N1〉、後半の目がのっている針を〈N2〉とする。
編み目を移し替え、N1に33（37、41）目、N2に31（35、39）目になるように編み目を移し替える。
1段め：〈N1〉裏目0（1、1）、すべり目1、裏目1（2、3）、表目0（0、1）、チャートの赤枠部分Ⓐを4回くり返し、表目5（5、6）、裏目1（2、3）、すべり目1、裏目0（1、2）、すべり目0（1、1）、裏目0（1、2）。
〈N2〉チャートの赤枠部分Ⓑをを3回くり返し、裏目1（2、3）、すべり目0（1、1）、裏目0（0、1）。
2段め：〈N1〉裏目0（1、1）、表目のねじり目1、裏目1（2、3）、表目0（0、1）、チャートの赤枠部分Ⓐを4回くり返し、表目5（5、6）、裏目1（2、3）、表目のねじり目1、裏目0（1、2）、表目のねじり目0（1、1）、裏目0（1、2）。
〈N2〉チャートの赤枠部分Ⓑを3回くり返し、裏目1（2、3）、すべり目0（1、1）、裏目0（0、1）。

3〜12段：チャートⒶ、Ⓑの赤枠部分は12段めまで編み、それ以外は1、2段めをくり返す。
1〜12段めまでを計4回編み、1〜7段めまでをもう一度編む。

HEEL FLAP ／ヒールフラップ

レース模様のゲージの方がきついため、これ以降はUS 0／2 mm針に替えるとよいでしょう。
〈N1〉の編み目を端まで編む。
ここからは〈N2〉の31（35、39）目だけを往復に編む。
ヒールターンを終えるまで、〈N1〉の編み目は休ませておく。

ヒールフラップのすべり目模様
1段め（表面）：*すべり目1、表目1*、*〜*を最後に1目残るまでくり返し、表目1。
2と4段め（裏面）：浮き目1、最後まで裏編み。
3段め（表面）：すべり目2、*表目1、すべり目1*、*〜*を最後に2目残るまでくり返し、表目2。
1〜4段めをくり返し、合計30（32, 34）段編む。
最後は2（4, 2）段めで編み終える。

HEEL TURN ／ヒールターン

※ヒールターンでは毎段1目ずつ減目する。
1段め（表面）：すべり目1、表目17（19、21）、右上2目一度、表目1、編み地を返す。
2段め（裏面）：すべり目1、裏目6、裏目の左上2目一度、裏目1、編み地を返す。
3段め：すべり目1、前段の段差の手前に1目残るまで表編み、右上2目一度、表目1、編み地を返す。
4段め：すべり目1、前段の段差の手前に1目残るまで裏編み、裏目の左上2目一度、裏目1、編み地を返す。
すべての目が編めるまで3・4段めの手順をくり返す。［〈N2〉は19（21、23）目）になる］。

編み地を返し、〈N2〉の目を最後まで表編み、マチ分としてヒールフラップの左端から15（16、17）目拾う、下の段の渡り糸を拾い上げて1目多く拾う［拾い目は16（17、18）目になる］。
〈N1〉の甲側の目でチャートの続きを編む。
下の段の渡り糸を1目多く拾い、続けてヒールフラップの右端から15（16、17）目拾う［拾い目は16（17、18）目になる］。

［合計84（92、100）目。〈N1〉は33（37、41）目、〈N2〉は51（55、59）目。］
〈N2〉のヒールフラップの右端の拾い目を含め25（27、29）目のあとにPM、この位置をBOR（段のはじまり）とし、ヒールの中心を示す。再び輪に編む。

［サイズ1のみ］
〈N2〉の最初と最後の目はつま先に到達するまで裏目に編む。

シェーピング位置を示すよう、次の通りにPM：
次段（N2のはじまりから表記）：裏目1（0、0）、表目14（16、17）、PM、BORのMを移す、表目10（11、12）、PM、〈N2〉の最後の目の手前まで表編み、最後は裏目1（0、0）、〈N1〉はチャートの通りに編む。

GUSSET ／マチ

減目は〈N2〉（足裏側）だけで行う。
1段め（減目段）：〈N2〉増減なくMまでパターン通りに編む、SM、右上2目一度、BORまで表編み、SM、マーカーの手前に2目残るまで表編み、左上2目一度、SM、〈N2〉の最後まで増減なくパターン通りに編む。（2目減）
〈N1〉最後まで地模様を編む。
2段め：〈N2〉増減なくパターン通りに編む。〈N1〉最後までチャート通りに編む。
1・2段めをあと8（9、10）回くり返す。［66（72、78）目になる］

次段はマチのMをはずしながら編む。
次段：〈N2〉増減なくパターン通りに編む。
〈N1〉地模様を続けて編む。
〈N2〉段の終わりに1目残るまで増減なくパターン通りに編み、Mをはずしながら右上3目一度、PM。（2目減）［64（70、76）目になる］

FOOT ／フット

1段め：〈N2〉最後まで表編み。
〈N1〉：チャートの通りに最後まで編む。
フット長さが「好みの仕上がり寸法－4cm」になるまで編む。

TOE ／つま先

BORがつま先の中心になるように、編み目を両方の針に均等に分ける。

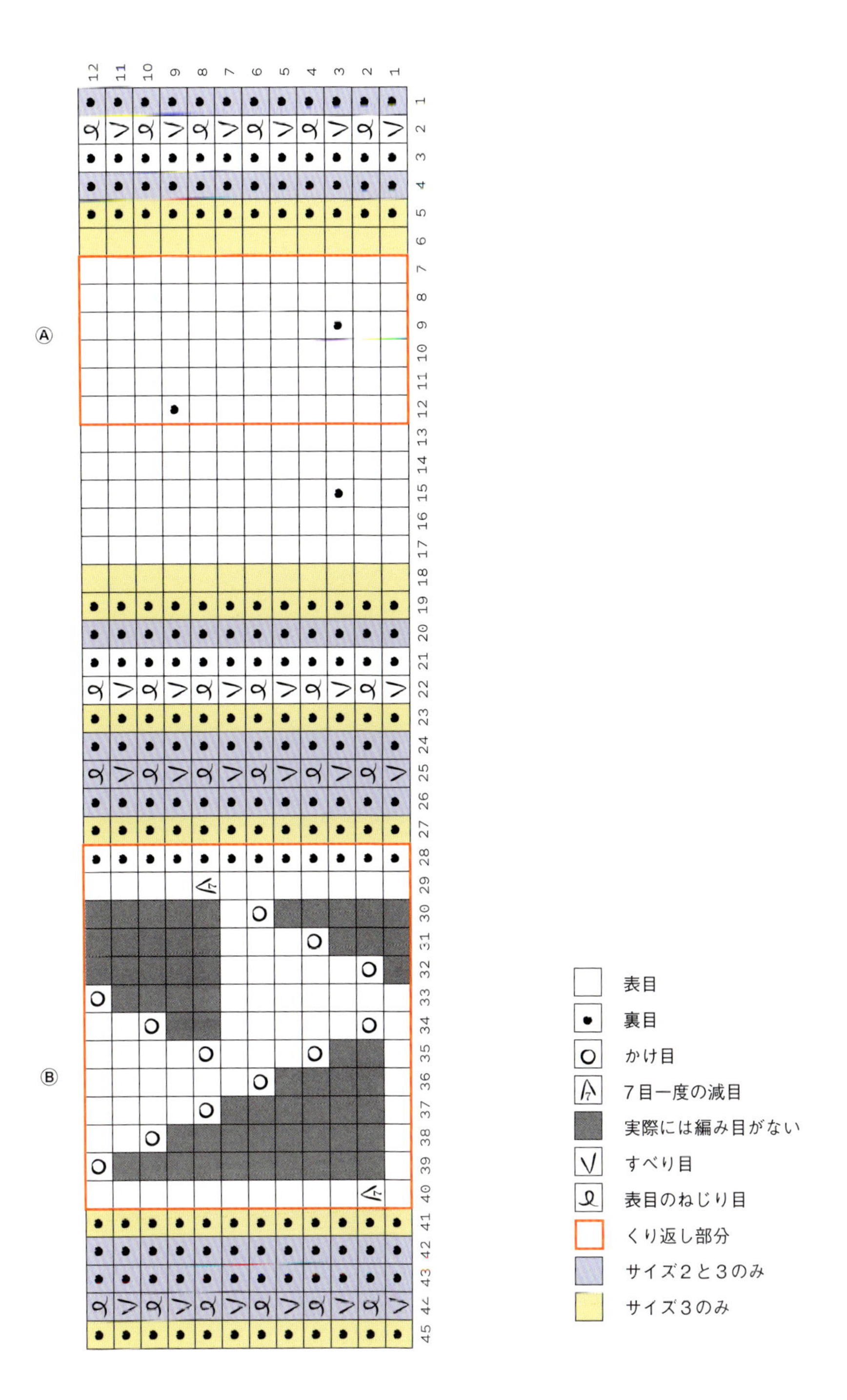
Ⓐ
Ⓑ
表目
裏目
かけ目
7目一度の減目
実際には編み目がない
すべり目
表目のねじり目
くり返し部分
サイズ2と3のみ
サイズ3のみ

1段め(減目段):〈N2〉表目1、右上2目一度、BORまで表編み、SM、最後に2目残るまで表編み、左上2目一度。(2目減)〈N1〉表目1、右上2目一度、〈N1〉の最後に2目残るまで表編み、左上2目一度。(2目減)
2段め:〈N2〉・〈N1〉最後まで表編み。
1・2段めをあと7(9、11)回くり返す。[合計32(30、28)目、各針16(15、14)目ずつになる]
〈N2〉の最後まで表編み。

試し履きをして、サイズがちょうどよければ、つま先の幅の約4倍の長さの糸端を残して糸を切る。

つま先を丸く仕上げるには、各針の1目めを次のように伏せる:
最初の2目を右針に移し、1目めを2目めにかぶせ、左針に戻す。
2本目の針も同様の手順で編む。[残り26(30、34)目になる]

つま先をはぎ合わせる。

FINISHING/**仕上げ**

糸始末をする。やさしく水通しをする。編み地が安定すると模様が引き立つ。

Charlotte Stone

02 Joyce

ジョイス

Joyceでは全体を通してシンプルな編み込み模様を編み、それが花模様のストライプ柄になります。デザイナーの祖母ジョイスと彼女のデイジー(ひな菊)模様のワンピースに着想を得ました。

SIZES／サイズ

1 {2, 3}
推奨するゆとり：仕上がり寸法より0～－2.5 cm

FINISHED MEASUREMENTS／仕上がり寸法

レッグ／フット周囲：16.5（20、23.5）cm
レッグ長さ：14 cm（調整可）
フット長さ：調整可

MATERIALS／素材

糸：GigglingGeckoのSocklandia Soxs（メリノウール80%・ナイロン20%、365m／100 g）〈MC：Burnt Spice〉、〈CC：A Hint of Peach〉各1カセ、またはフィンガリング〈中細〉程度の糸をMCとして約183（202、220）m、CCとして65（73、80）

針：2.25 mm（US 1／JP 0号）と2.5 mm（US 1.5／JP 1号）輪針

その他の道具：ステッチマーカー

GAUGE／ゲージ

36目×42段（2.25 mm針でリブ編みとメリヤス編み・10cm角、ブロッキング後）
36目×38段（2.5 mm針でカラーワーク・10cm角、ブロッキング後）

NOTES／メモ

この靴下のサイズは針の号数を変えることで簡単に調整できます。レッグとフットの長さも調整可能です。詳細は下の「編み方」で確認してください。
横糸渡しの編み込み模様を編むときには糸の持ち方を統一しましょう。編み地の裏面では、常にCC（配色）をMC（地色）の下になるように渡します。

CONSTRUCTION／構造

この靴下ははき口から2色のカラーワークで編み進めます。ヒールは編みやすく、ラップ要らず(糸を巻き付けない方式)の引き返し編みの技法で編みます。

DIRECTIONS／編み方

CUFF／カフ

MCと2.25 mm針で56（64、72）目作る。
2本の針に均等に目を分け、BOR（段の編みはじめ）にPM。
編み目がねじれないように注意しながら輪にする。

リブ編みの段：*表目1、裏目1*、*～*を最後までくり返す。
上記のリブ編みを合計11段編む(約2.5 cm)。

LEG／レッグ

MCと2.5 mm針で、次のように増し目段を編む：
サイズ1：*表目14、左ねじり増し目1*、*～*を最後までくり返す。(4目増、60目になる)
サイズ2：*表目8、左ねじり増し目1*、*～*を最後までくり返す。(8目増、72目になる)
サイズ3：*表目6、左ねじり増し目1*、*～*を最後までくり返す。(12目増、84目になる)

表編みで1段編む。

所定の位置からCCの糸をつけて、チャートの通りに編み込み模様を編みはじめる。チャートの模様は1段で5（6、7）回くり返す。
チャートの1～12段めまでを編む。
1～12段めをあと2回編む。(花模様が合計3模様できる)
1～7段めをもう一度編み、次の「ノーラップ式」の引き返し編みでヒールを編む。

HEEL／ヒール

MCとUS 1／2.25 mm針で、サイズ別の指示に従い、糸を巻き付けない引き返し編みでヒールを編む。〈N1〉の編み目だけで編む。

[サイズ1のみ（〈N1〉には30目）]
1段め（表面）：すべり目1、*表目12、左上2目一度*を2回、（1目編み残して）編み地を裏面に返す。（2目減）（N1の目数は28目になる）
2段め（裏面）：浮き目1、裏目25、（1目編み残して）編み地を返す。
3段め：すべり目1、前の引き返し位置の手前に1目残るまで表編み、編み地を返す。
4段め：浮き目1、前の引き返し位置の手前に1目残るまで裏編み、編み地を返す。
3・4段めをあと8回編む。

ヒールの中心には8目、編み残した目は両端に10目ずつ。ヒールは編み残しの引き返し編みでできた段差を解消（段消し）しながら往復に編む。

21段め（表面）：すべり目1、表目6、右上2目一度（段差の両側の目を一度に編む）、右上2目一度の下から糸を持ち上げて増し目1（ねじらない）、編み地を返す。
22段め（裏面）：浮き目1、裏目7、裏目の左上2目一度、裏目の左上2目一度の下から糸を持ち上げて増し目1（ねじらない）、編み地を返す。
23段め：すべり目1、表目8、右上2目一度、左ねじり増し目1（21段めと同様）、編み地を返す。
24段め：浮き目1、裏目9、裏目の左上2目一度、裏目の左ねじり増し目1、編み地を返す。
前段までのパターン通りにあと14段編む。

39段め（表面）：すべり目1、表目24、右上2目一度、左ねじり増し目1、編み地を返す。
40段め（裏面）：浮き目1、裏目25、裏目の左上2目一度、裏目の左ねじり増し目1、編み地を返す。
41段め：すべり目1、*表目13、左ねじり増し目1*を2回編み、表目1、編み地を返す。（2目増）
42段め：浮き目1、最後まで裏編み、編み地を返す。
〈N1〉は30目になる。

「フット」セクションへ進む。

[サイズ2のみ（〈N1〉には36目）]
1段め（表面）：すべり目1、*表目6、左上2目一度*を4回、表目2、（1目編み残して）編み地を裏面に返す。（4目減）（ヒールの目数は32目になる）
2段め（裏面）：浮き目1、裏目29、（1目編み残して）編み地を返す。
3段め：すべり目1、前の引き返し位置の手前に1目残るまで表編み、編み地を返す。
4段め：浮き目1、前の引き返し位置の手前に1目残るまで裏編み、編み地を返す。
3・4段めをあと8回編む。

ヒールの中心には12目、編み残した目は両端に10目ずつ。ヒールは、編み残しの引き返し編みでできた段差を解消（段消し）しながら往復に編む。

21段め（表面）：すべり目1、表目10、右上2目一度（段差の両側の目を一度に編む）、右上2目一度の下から糸を持ち上げて増し目1（ねじらない）、編み地を返す。
22段め（裏面）：浮き目1、裏目11、裏目の左上2目一度、裏目の左上2目一度の下から糸を持ち上げて増し目1（ねじらない）、編み地を返す。
23段め：すべり目1、表目12、右上2目一度、左ねじり増し目1（21段めと同様）、編み地を返す。
24段め：浮き目1、裏目13、裏目の左上2目一度、裏目の左上2目一度、裏目の左ねじり増し目1、編み地を返す。
前段までのパターン通りにあと14段編む。

39段め（表面）：すべり目1、表目28、右上2目一度、左ねじり増し目1、編み地を返す。
40段め（裏面）：浮き目1、裏目29、裏目の左上2目一度、裏目の左ねじり増し目1、編み地を返す。
41段め：*表目8、左ねじり増し目1*を4回編み、編み地を返す。（4目増）
42段め：浮き目1、最後まで裏編み、編み地を返す。
〈N1〉は36目になる。

「フット」セクションへ進む。

[サイズ3のみ（〈N1〉には42目）]
1段め（表面）：すべり目1、*表目5、左上2目一度*を5回、表目3、左上2目一度、1目編み残して）編み地を裏面に返す。（6目減、ヒールの目数は36目になる）
2段め（裏面）：浮き目1、裏目33、（1目編み残して）編み地を返す。
3段め：すべり目1、前の引き返し位置の手前に1目残るまで表編み、編み地を返す。
4段め：浮き目1、前の引き返し位置の手前に1目残るまで裏編み、編み地を返す。
3・4段めをあと9回編む。

ヒールの中心には14目、編み残した目は両端に11目ずつ。ヒールは、編み残しの引き返し編みでできた段差を解消（段消し）しながら往復に編む。

23段め（表面）：すべり目1、表目12、右上2目一度（段差の両側の目を一度に編む）、右上2目一度の下から糸を持ち上げて増し目1（ねじらない）、編み地を返す。
24段め（裏面）：浮き目1、裏目13、裏目の左上2目一度、裏目の左上2目一度、裏目の左上2目一度の下から糸を持ち上げて増し目1（ねじらない）、編み地を返す。
25段め：すべり目1、表目14、右上2目一度、左ねじり増し目1（23段めと同様）、編み地を返す。
26段め：浮き目1、裏目15、裏目の左上2目一度、裏目の左ねじり増し目1、編み地を返す。
パターン通りにあと16段編む。

43段め（表面）：すべり目1、表目32、右上2目一度、左ねじり増し目1、編み地を返す。
44段め（裏面）：浮き目1、裏目33、裏目の左上2目一度、裏目の左ねじり増し目1、編み地を返す。
45段め：すべり目1、*表目5、左ねじり増し目1*を6回編み、表目5。（6目増）
46段め：浮き目1、最後まで裏編み、編み地を返す。
〈N1〉は42目になる。

「フット」セクションへ進む。

FOOT／フット

MCと2.5 mm針で再び輪に編む。
所定の位置にCCをつけ直し、再びチャートの8段めから編みはじめ、12段めで終える。
1〜12段めをくり返しながらフット長さが「好みの仕上がり寸法－3（4、5）cm」になるまで編む。7段めまたは11段めで編み終えるように調整する。この際、長めに編むよう調整するより短めに編む方が望ましい。CCを切る。

MCで1段表編みしながら2.25 mm針に編み目を移す。

MCで次のように減目段を編む：
サイズ1：*表目13、左上2目一度*、*〜*を最後までくり返す。(4目減)(56目になる)
サイズ2：*表目7、左上2目一度*、*〜*を最後までくり返す。(8目減)(64目になる)
サイズ3：*表目5、左上2目一度*、*〜*を最後までくり返す。(12目減)(72目になる)
長さが足りないようであれば、MCで表編みを続け、「好みの仕上がり寸法－3 (4、5) cm」になるまで編む。

TOE／つま先

〈N1〉と〈N2〉に編み目を均等に分ける。
BOR mをはずす。〈N1〉は足底の28（32、36）目、〈N2〉は甲側の28（32、36）目になる。MCと〈N1〉で表目14（16、18）、BORにPM。新しいBOR mは〈N1〉足底の中心になる。
1段め（減目段）：〈N1〉最後に3目残るまで表編み、左上2目一度、表目1。
〈N2〉表目1、右上2目一度、最後に3目残るまで表編み、左上2目一度、表目1。
〈N1〉表目1、右上2目一度、BORまで表編み。4目減）
2段め：最後まで表編み。
1・2段めをくり返しながら、各針20目ずつになるまで編む。(合計40目)

1段めだけを編み続け（毎段減目）、各針10目ずつになるまで編む。(合計20目)
BOR mをはずす。表目5（端まで編む)。
両針の10目ずつをはぎ合わせる。

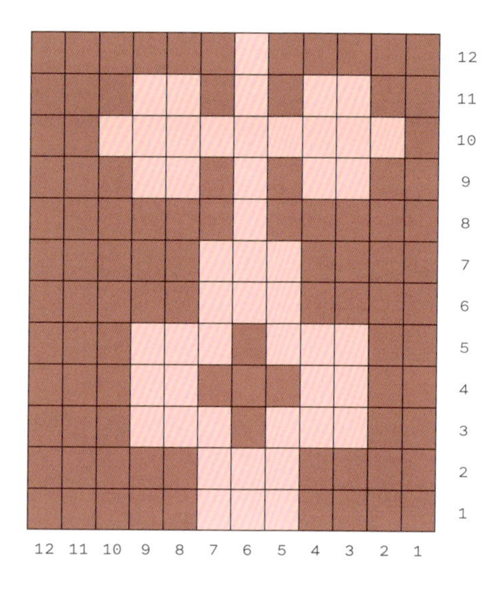

FINISHING／仕上げ

糸始末をする。水通しをし、寸法に合わせてブロッキングする。

Elena Solier Jansà

03 Norfeu

ノルフゥ

この靴下のカラーワークは、海と空の緑や青が、風景のアースカラーに溶け込んだような地中海のノルフゥ岬(the Norfeu Cape)から着想を得ました。

SIZES／**サイズ**

1 {2, 3}
推奨するゆとり：仕上がりサイズより0〜－1.5cm

FINISHED MEASUREMENTS／**仕上がり寸法**

レッグ／フット周囲：20（22.5、25.5）cm
レッグ長さ：9 cm（調整可）
フット長さ：22.5（24.5、27.5）cm

MATERIALS／**材料**

糸：XollaのPastoreta（Ripollesa wool 100%、195 m／50 g)、〈MC：Fum〉、〈CC1：Tramuntana〉、〈CC2：Molsa〉、〈CC3：Sorra〉、〈CC4：Mel〉、〈CC5：Xocolata〉各1カセ

またはフィンガリング〈中細〉程度の糸をMC：155（165、190）m、CC1：38（40、44）m、CC2：22（24、30）m、CC3：38（40、44）m、CC4：10（14、20）m、CC5：10（14、20）m

針：2.25 mm（US 1／JP 0号)、2.5 mm（US 1.5／JP 1号)、2.75 mm（US 2 /JP 2号)輪針
※横糸渡しの編み込み模様のゲージが合う針の号数に調整してください。必要に応じて、メリヤス編みを1号細く、カフは2号細くしても構いません。

その他の用具：別糸(約50 cm)、ステッチマーカー

GAUGE／**ゲージ**

30目×36段(2.75mm針でカラーワーク・10cm角、ブロッキング後)

NOTES／**メモ**

このパターンでは段数ゲージが重要です。長さが中途半端な場合にはチャートの間のメリヤス編みの段数で加減してください。また編み込み模様を編む場合はゲージが変わることがあります。カラーワーク(横糸渡しの編み込み模様)のゲージがメリヤス編みのゲージに合わない場合があるので、靴下を編みはじめる前に針の号数を変えてゲージを調整することをおすすめします。

カラーワークでは色の優位性を意識して編みます。
CCは必要に応じて付け、チャートを編み終えるたびに切ります。

チャートでは、渡り糸が長くなる場合に絡げる位置を示しています。この通りにしなくても構いませんが、途中で絡げておくとカラーワークが安定し、長い渡り糸を防ぎます。

CONSTRUCTION／**構造**

この靴下はトウアップ(つま先からはき口に向かって)に編みます。本体を完成させてからアフターソートヒール[Afterthought Heel]を編み付けます。
ヒールは輪に編みながら減目し、引き返し編みのミニガセット(マチ)を編むことでゆとりと心地よさが生まれます。

DIRECTIONS／編み方

TOE／**つま先**

MCとUS 1.5 / 2.5 mm針でジュディズマジックキャストオン[Judy's Magic CO]の方法で各針に14（16、18）目ずつ作る。[28、(32、36)目になる]
1段め：すべての目を表編み。
2段め：〈N1〉*表目1、右ねじり増し目1、最後に1目残るまで表編み、左ねじり増し目1、表目1*。〈N2〉*〜*をくり返す。(4目増)[32（36、40)目になる]
1・2段めをあと7（8、9)回編む。[60（68、76)目になる]

表編みで1段編む。

FOOT／**フット**

2.75 mm針に持ち替え、各自のサイズに合わせてチャート1を編む。
MCで2（3、3)段表編み。
フラワーチャートを編む。
MCで2（3、3)段表編み。
各自サイズに合わせてチャート2を編む。

[サイズ3のみ]
MCで3段表編み。
フラワーチャートを編む。

HEEL SET-UP ／ヒールの準備

1段め：MCで最後まで表編み。
2段め：表目30（34、38）、別糸で表目30（34、38）編む。最後に編んだ30（34、38）目を左針に戻し、編み糸でもう一度編む。

[サイズ2・3のみ]
3段め：最後まで表編み。
別糸を30（34、38）目分編み込んだ状態になる。
靴下の本体を編み終えると、別糸から目を拾い、ヒールを編む。

LEG ／レッグ

[サイズ1・2のみ]
フラワーチャートを編む。
MCで表編みを2（3）段編む。

すべてのサイズ
各自のサイズに合わせてチャート1を編む。
MCで表編みを2（3、3）段編む。

[サイズ3のみ]
フラワーチャートを編む。
MCで表編みを3段編む。

CUFF ／カフ

2.25 mm針に持ち替える。
1段め：*表目2、裏目2*、*〜*を最後までくり返す。
続けて2目ゴム編みをあと6段編む。
表編みで1段編む。

CC4に持ち替える。
1段め：*表目2、裏目2*、*〜*を最後までくり返す。
すべての目を目なりに伏せ止めする。

AFTERTHOUGHT HEEL ／アフターソートヒール（後から編みつけるかかと）

2.5 mm針で、靴下のつま先を下に向けて、別糸の下の段の30（34, 38）目の右から左へ針にのせる。別糸の上の段からも同様に30（34, 38）目の右足に針を通す。
両針先は平行に左に向いた状態になる。
[60（68、76）目になる]

編み目が針にかかっていることを確認しながら別糸をやさしく抜き取る。これでヒールを編む準備ができた。
1段め：〈N1〉：すべての目を表編み、脇から1目拾う。〈N2〉：ヒールの開きから1目拾い、すべての目を表編み、脇から1目拾う。（3目増）[63（71、79）目になる]
2段め：〈N1〉：ヒールの開きから1目拾う（この目が段の1目目になる）。すべての目を表編み。〈N2〉：最後まで表編み。（1目増）[64（72、80）目になる]

MINI GUSSET ／ミニガセット（小さいマチ）

※以下の編み方ではジャーマンショートロウの引き返し編みを前提として記載しているが、好みの引き返し編みの方法を代用してもよい。
1段め（表面）：〈N1〉：表目3、編み地を返す。
2段め（裏面）：MDS（Make Double Stitch）、〈N1〉の最後まで裏編み、〈N2〉：裏目3、編み地を返す。
3段め：MDS、〈N2〉の最後まで表編み、〈N1〉：DSを1目として（段消しをしながら）前のDSの2目先まで表編み、編み地を返す。
4段め：MDS、〈N1〉の最後まで裏編み、〈N2〉前のDSの2目先まで裏編み、編み地を返す。
3・4段めをあと2回編む。〈N1〉・〈N2〉ともに4回引き返したことになる。

次段：〈N1〉：MDS、DSを1目として（段消しをしながら）表編み。ここではヒールの反対側を見ている状態になる。もう片方のミニガセットは、上記の手順の〈N1〉と〈N2〉を入れ替えて編む。

1・2段めを一回編む。
3・4段めを3回編む。

〈N2〉：MDS、DSを1目として（段消しをしながら）表編み。
BOR（段の編みはじめ）に戻る。

HEEL ／ヒール

表編みで1段編みながら、〈N1〉に残る最後のDSを段消しする。

[サイズ1のみ]
準備段：*表目10、[左上2目一度、表目9]を2回*、*〜*をくり返す。（4目減）（60目になる）
1段め：最後まで表編み。
2段め：表目9、[左上2目一度、PM、表目8]を2回、左上2目一度（両方の針から1目ずつを一度に編み、編めた目は〈N1〉にのせる）、PM、[表目8、左上2目一度、PM]を2回、表目8、左上2目一度（両方の針から1目ずつを一度に編み、編めた目は〈N2〉にのせる）、PM。（6目減）（54目になる）

チャート1（サイズ1）

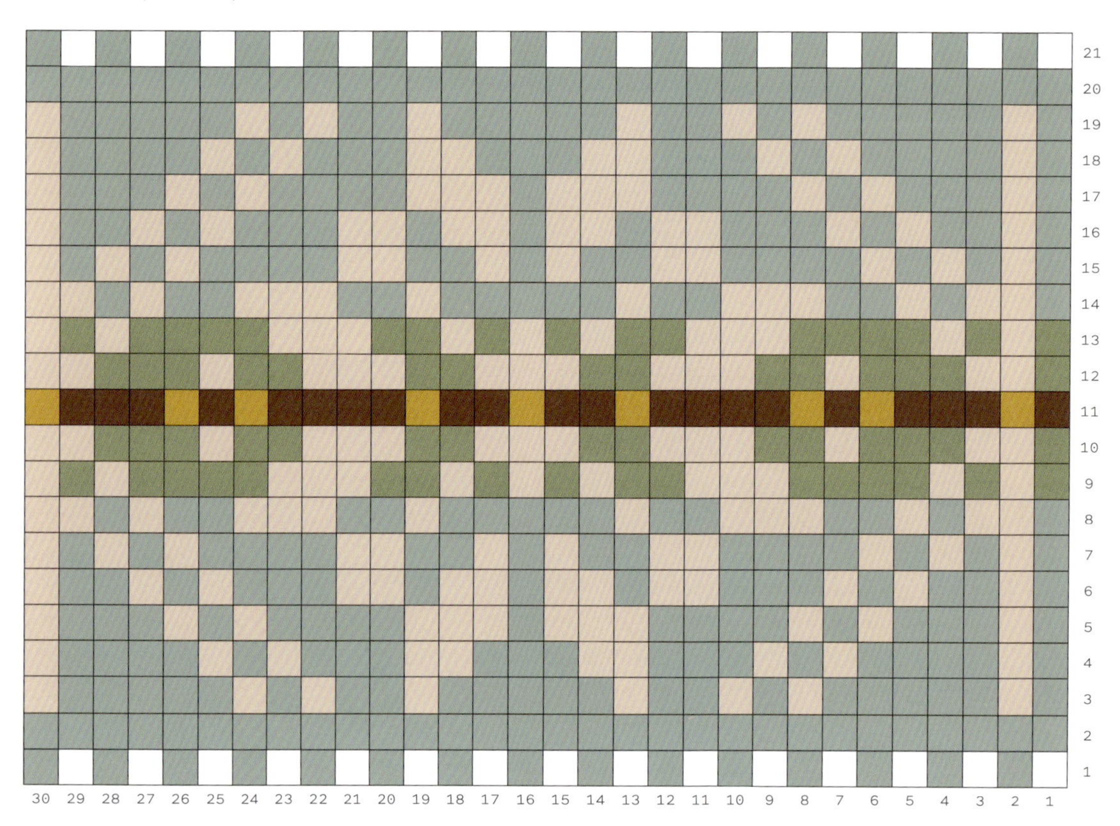

［サイズ2のみ］
準備段：表目11、［左上2目一度、PM、表目10］を2回、左上2目一度（両方の針から1目ずつを一度に編み、編めた目は〈N1〉にのせる）、PM、［表目10、左上2目一度、PM］を2回、表目10、左上2目一度（両方の針から1目ずつを一度に編み、編めた目は〈N2〉にのせる）、PM。（6目減）（66目になる）

［サイズ3のみ］
準備段：〈N1〉*残り1目になるまで表編み、左上2目一度（両方の針から1目ずつを一度に編み、編めた目は〈N1〉にのせる）*。〈N2〉：*～*をくり返す（最後の目は〈N2〉にのせる）。（2目減）（78目になる）
1段め：最後まで表編み。
2段め：［表目11、左上2目一度、PM］を6回。（6目減）（72目になる）
3段め：最後まで表編み。
4段め：［Mの手前に2目残るまで表編み、左上2目一度、SM］を6回。（6目減）（66目になる）

［サイズ2と3のみ］
1段め：最後まで表編み。
2段め：［Mの手前に2目残るまで表編み、左上2目一度、SM］を6回。（6目減）（60目になる）
1・2段めをもう一度編む。（6目減）（54目になる）

［すべてのサイズ］
1段め：最後まで表編み。
2段め：［Mの手前に2目残るまで表編み、左上2目一度、SM］を6回。（6目減）（48目になる）
1・2段めをもう一度編む。（6目減）（42目になる）
2段めを5回くり返す。最後の段でRM。（30目減）（12目になる）
次段：左上2目一度を6回編む。（6目減）（6目になる）

糸端を約20 cm残して糸を切る。糸端を残った目に通して絞り止めにする。ヒールをしっかりと閉じる。

FINISHING／仕上げ

糸始末をする。水通しをして、寸法を合わせる。

チャート2（サイズ1）

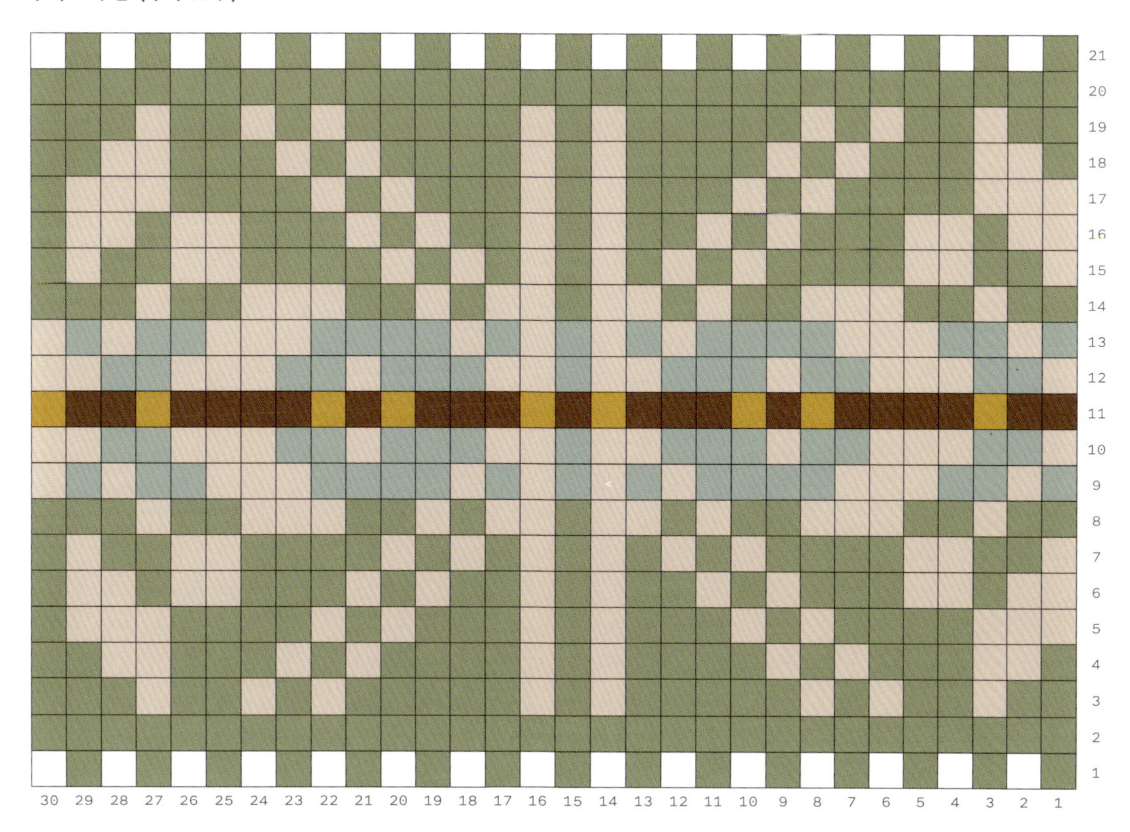

フラワーチャート

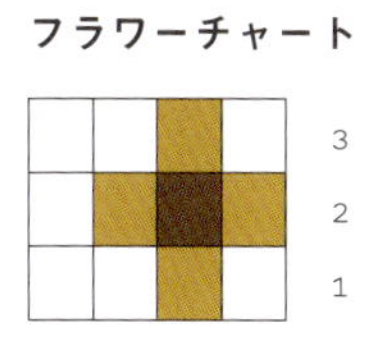

チャート1（サイズ2）

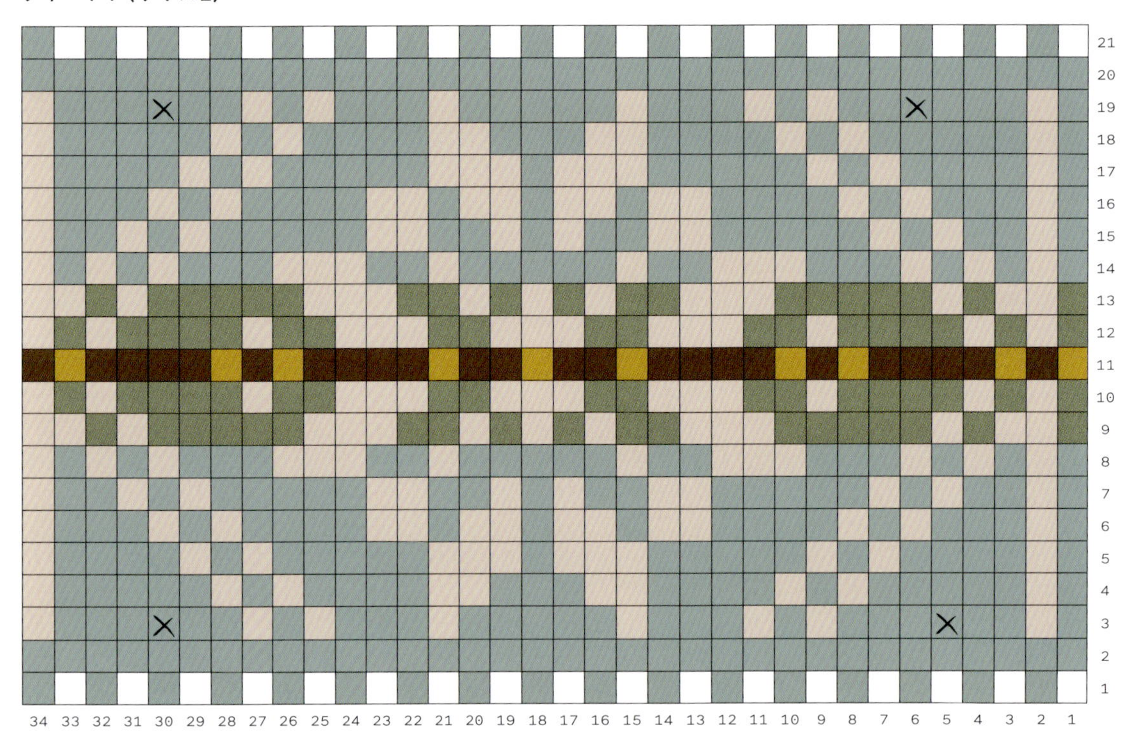

チャート2（サイズ2）

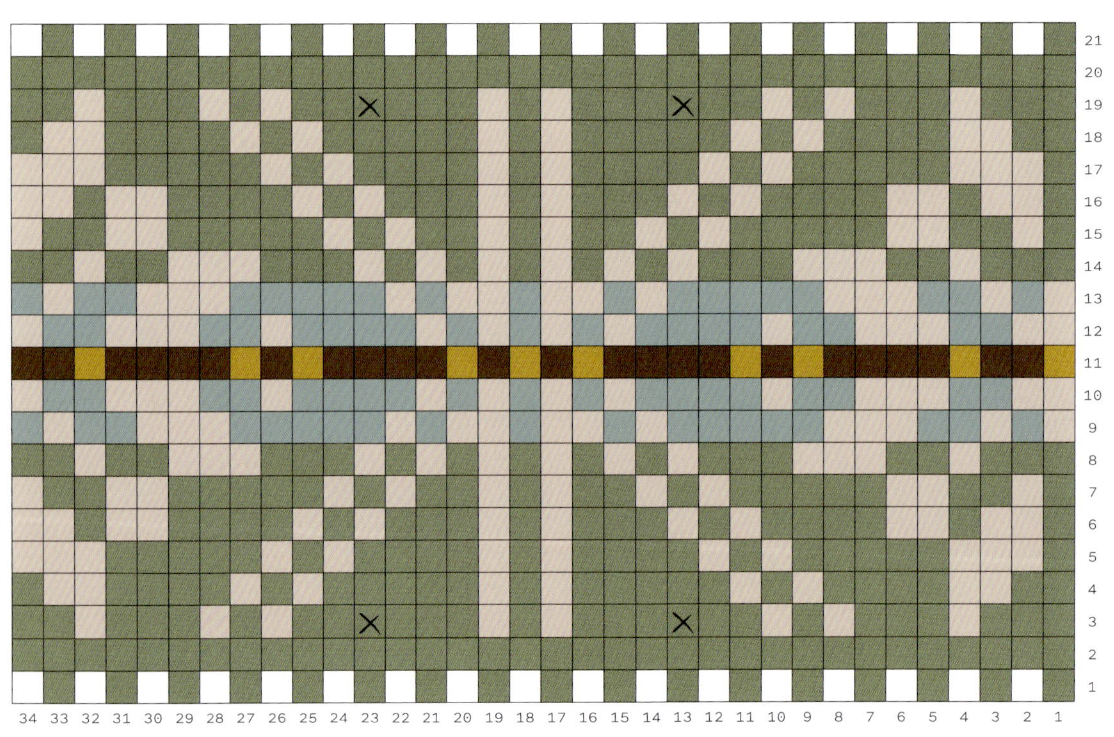

チャート1（サイズ3）

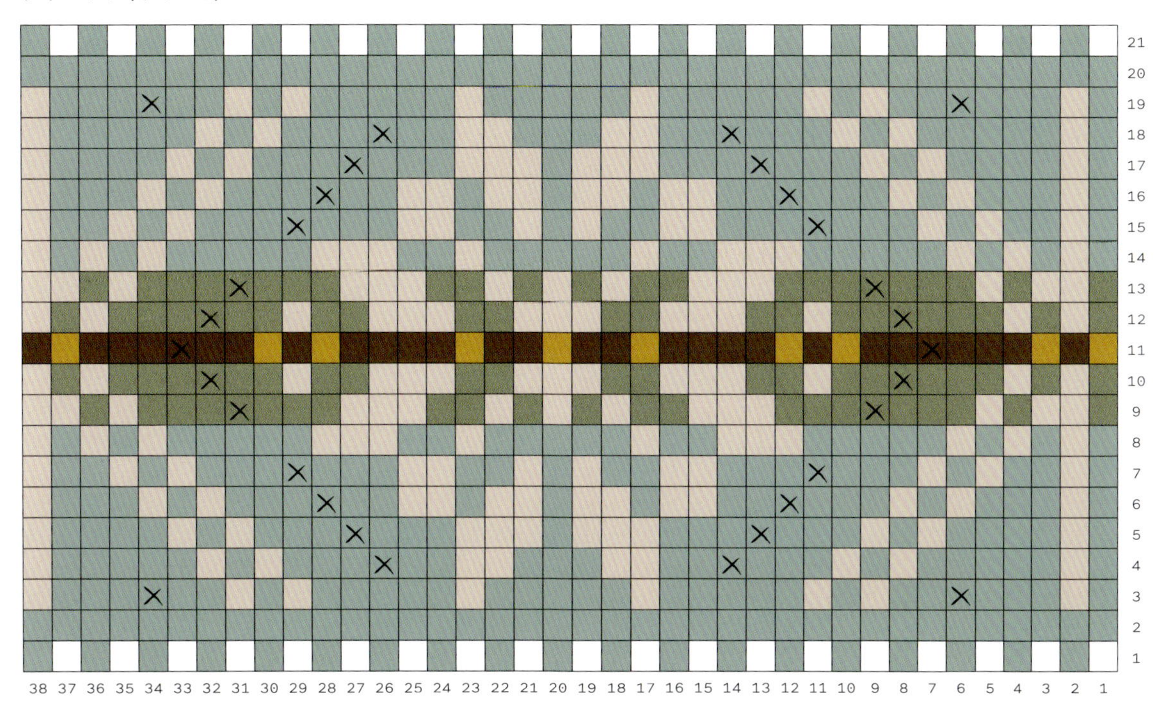

チャート2（サイズ3）

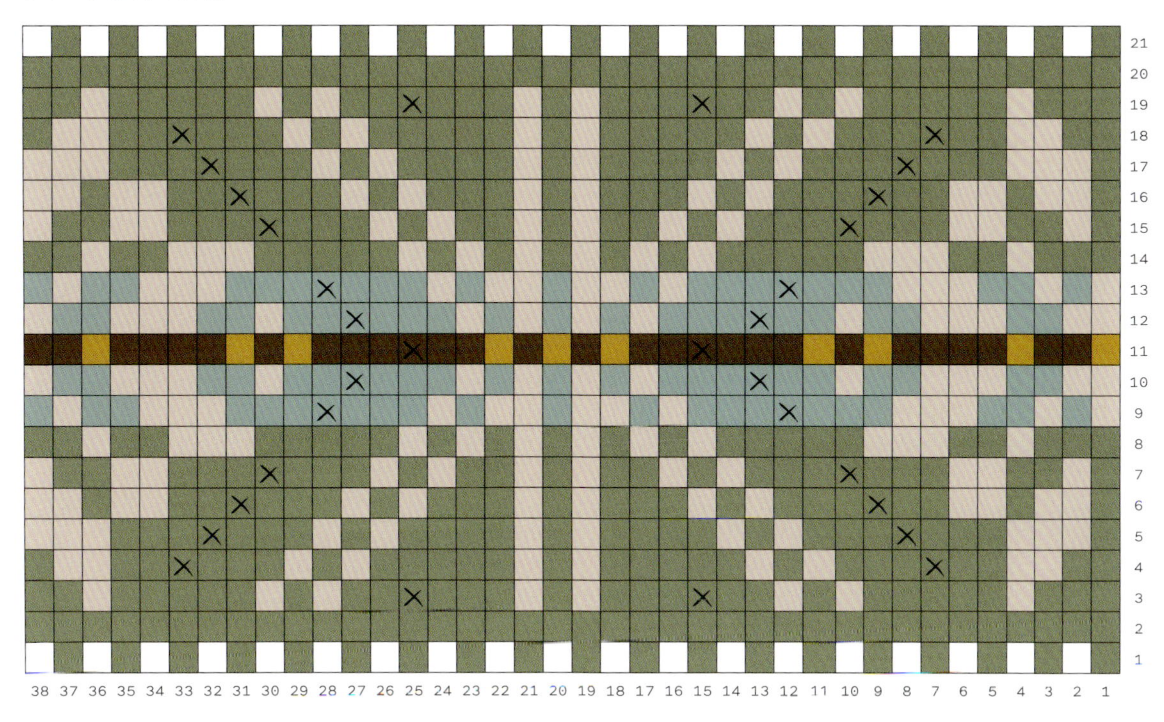

MC
CC1
CC2
CC3
CC4
CC5
× 糸を絡げる位置（参考）

Emilie Hallet

04 Ipseitas

イプセイタス

この靴下のレッグ部分の楽しいモザイク模様は小さいモミの木のようです。
左右で地色と配色を反転させることでどちらの色の魅力も発揮しています。

SIZES／**サイズ**

1 {2, 3}
推奨するゆとり：仕上がりサイズより－2 cm

FINISHED MEASUREMENTS／**仕上がり寸法**

レッグ／フット周囲：20 (22.5, 25) cm.
レッグ長さ：15 cm（調整可）
フット長さ：(調整可)

MATERIALS／**材料**

糸：Walk CollectionのTough Sock（メリノウール75%・ナイロン25%、425 m／100 g）
〈**C1**：Lemon & Lime〉、〈C2：Apricot〉各1カセ
またはフィンガリング〈中細〉程度の糸を各色110（130、170） m

針：2.5 mm（US 1.5／JP 1号）輪針
その他の用具：ステッチマーカー

GAUGE／**ゲージ**

32目×40段(メリヤス編み・10cm角、ブロッキング後)

NOTES／**メモ**

右足と左足でMCとCCの色を反転させて編む。つまり、最初の靴下はMCを〈CC1：Lemon & Lime〉とし、もう片方はこの色がCCになる。

CONSTRUCTION／**構造**

この靴下は(つま先からはき口に向かって)に編みます。フット部分のリブ編みとすべり目とねじり目が特徴的です。ヒールはヒールフラップを編んだあと、モザイク編みのツリー模様のレッグへと編み進めます。

DIRECTIONS／編み方

CAST-ON／**作り目**

MCでジュディズマジックキャストオン[Judy's Magic CO]の方法で20（24、28)目作る。編み目を2本の針に均等に分ける：各針10（12、14)目ずつ。
〈N1〉は前半の甲側の目、〈N2〉は後半の足底の目になる。

準備段：最後まで表編み。

TOE／**つま先**

[増し目セクション1]
1段め：〈N1〉表目1、2目の編み出し増し目、最後に3目残るまで表編み、2目の編み出し増し目、表目2。〈N2〉：表目1、2目の編み出し増し目、最後に3目残るまで表編み、2目の編み出し増し目、表目2。(4目増)
上記の手順をくり返し、目数が44（48、56)目になるまで編む。

[増し目セクション2]
1段め：最後まで表編み。
2段め：〈N1〉表目1、2目の編み出し増し目、最後に3目残るまで表編み、2目の編み出し増し目、表目2。〈N2〉表目1、2目の編み出し増し目、最後に3目残るまで表編み、2目の編み出し増し目、表目2。(4目増)
1・2段めをくり返し、56 (64、72) 目になるまで編む。

表編みで2段編む。

FOOT／フット

1段め：〈N1〉表目1 (1、2)、裏目2 (1、2)、*すべり目1、裏目2*を7 (9、9) 回、すべり目1、裏目2 (1、2)、表目1 (1、2)。〈N2〉最後まで表編み。
2段め：〈N1〉表目1 (1、2)、裏目2 (1、2)、*表目のねじり目1、裏目2*を7 (9、9) 回、表目のねじり目1、裏目2 (1、2)、表目1 (1、2)。〈N2〉最後まで表編み。
1・2段めをくり返し、変わりねじりゴム編みで「好みのフット長さ－10cm」になるまで編む。

GUSSET INCREASES／マチの増し目

1段め：〈N1〉パターン通りに変わりねじりゴム編み。〈N2〉表目1、右ねじり増し目1、表目1、PM、最後に2目残るまで表編み、PM、表目1、左ねじり増し目1、表目1。(2目増)
2段め：〈N1〉パターン通りに変わりねじりゴム編み。〈N2〉最後まで表編み。
3段め：〈N1〉パターン通りに変わりねじりゴム編み。〈N2〉Mの手前に1目残るまで表編み、右ねじり増し目1、表目1、SM、Mまで表編み、SM、表目1、左ねじり増し目1、最後まで表編み。(2目増)
4段め：〈N1〉パターン通りに変わりねじりゴム編み。〈N2〉最後まで表編み。
3・4段めをあと10回編む。最後の段でRM。[〈N2〉は52 (56、60) 目になる]

HEEL TURN／ヒールターン

1段め：〈N1〉パターン通りに編む。

次のセクションは〈N2〉の52 (56、60) 目だけで往復に編む。
1段め (表面)：表目13、PM、最後に13目残るまで表編み、編み地を返す。
2段め (裏面)：PM、MDS、Mまで裏編み、編み地を返す。
3段め：MDS、前のDSの手前に1目残るまで表編み、編み地を返す。
4段め：MDS、前のDSの手前に1目残るまで裏編み、編み地を返す。
3・4段めをあと4 (5、7) 回くり返す。

次段 (表面)：MDS、Mまで表編み (DSを段消ししながら編む)、RM、右上2目一度、編み地を返す。(1目減)
次段 (裏面)：すべり目1、PM、Mまで裏編み (DSを段消ししながら編む)、RM、裏目の左上2目一度、編み地を返す。(1目減)

HEEL FLAP／ヒールフラップ

次のヒールフラップでは毎段1目ずつ減目する。
1段め (表面)：すべり目1、PM、*表目1、すべり目1*、*～*をMまでくり返す、SM、右上2目一度、編み地を返す。
2段め (裏面)：すべり目、SM、Mまで裏編み、SM、裏目の左上2目一度、編み地を返す。

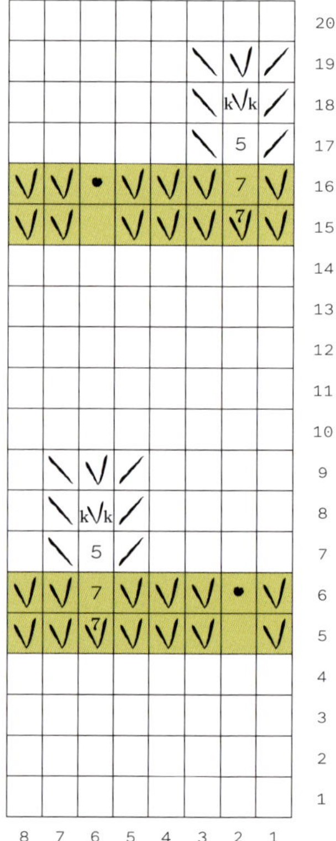

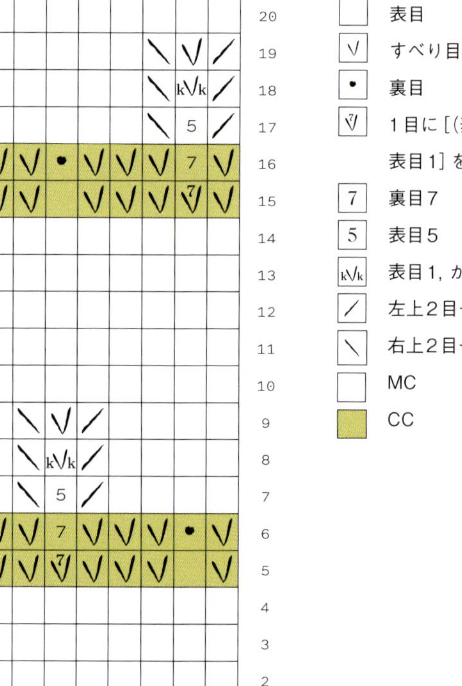

3段め：すべり目1、SM、*表目1、すべり目1*、*〜*をMまでくり返す、SM、右上2目一度、編み地を返す。
4段め：すべり目1、SM、Mまで裏編み、SM、裏目の左上2目一度、編み地を返す。
ヒールの目をすべて編み切るまで3・4段めをくり返す。［〈N2〉は28（32、36）目になる］

次段：最後まで表編み。

LEG／レッグ

ここから再び輪に編む。
チャートに従って、必要に応じてCCをつなげながら「好みのレッグ長さ－4 cm」になるまで編む。

CUFF／カフ

次段：*表目のねじり目1、裏目1*、*〜*を最後までくり返す。
上記のツイステッドリブでカフが4 cmになるまで編む。

テュービュラーバインドオフ［Tubular BO］など好みの方法で止める。

もう片方はMCとCCを反転させて編む。

FINISHING／仕上げ

糸始末をする。水通しをして、寸法を合わせる。

Jenna Kostet

05 Nyrkys

ニュルキス

この編み込み模様の靴下は、バルト海のフィン族の神話の狩猟の神様、
Nyrkys（ニュルキス）またはNyyrikki（ニューリッキ）に因んで名付けています。

SIZES ／サイズ

1 {2, 3}
推奨するゆとり：仕上がりサイズより0〜−2.5 cm

FINISHED MEASUREMENTS ／仕上がり寸法

レッグ周囲：22（24、25）cm
フット周囲：19（21、22）cm
レッグ長さ：19 cm（調整可）

MATERIALS ／材料

糸：RegiaのPremium Merino Yak（ウール58%・ポリアミド28%・ヤク14%、400 m／100g）〈MC：Teal (7514)〉、〈CC1：Mint (7513)〉、〈CC2：Gras Green (7516)〉各1カセ
またはフィンガリング〈中細〉程度の糸を、MCとして220（240、264）m、CC1として32（40、48）m、CC2として52（60、72）m。

針：2.75 mm（US 2／JP 2号）の5本針

その他の用具：ステッチマーカー

GAUGE ／ゲージ

27目×35段（メリヤス編み・10cm角、ブロッキング後）

CONSTRUCTION ／構造

この靴下はカフ（はき口）から編み始め、カラーワーク（横糸渡しの編み込み模様）を編みながら編み進めます。ヒールフラップは補強効果のある編み目で編み、耐久性を与えています。

DIRECTIONS ／編み方

CUFF ／カフ

MCで、指でかける作り目の方法で64（72、76）目作る。
編み目がねじれないように輪にする。
BORにPM、編み目を4本の針に16（18、19）目ずつ分ける。

次のように2目ゴム編みに編む：
2目ゴム編みの段：*表目2、裏目2*、*〜*を最後までくり返す。
続けて2目ゴム編みを2.5cm編む。

次段（減目段）：メリヤス編みで1段編みながら、左上2目一度の減目で均等に4（0、4）目減らす。［60（72、72）目になる］

チャートに従ってカラーワークで編む。

チャートを編み終えると、左上2目一度の減目で0（8、4）目均一に減らす。［60（64、68）目になる］

メリヤス編みであと5（5、7）段編む。

HEEL FLAP／**ヒールフラップ**

引き続きMCで編む。ヒールフラップは〈N4〉・〈N1〉の合計30（32、34）目で往復に編む。（〈N2〉・〈N3〉は甲側の目になる）〈N4〉・〈N1〉の目を1本の針にまとめ、補強効果のあるヒールフラップを次のように編む：

1段め（表面）：*すべり目1、表目1*、*〜*を最後までくり返す。

2段め（裏面）：最後まで裏編み。

1・2段めをくり返し、23（25、27）段まで編み続ける。最後は1段め（表面）で編み終える。続けて「ヒールのシェーピング」を編む。

HEEL SHAPING／
ヒールのシェーピング

1段め（裏面）：裏編みで最後に10（10、11）目残るまで編み、裏目の左上2目一度、編み地を返す。（1目減）

2段め（表面）：（ヒールフラップの）すべり目模様で最後に10（10、11）目残るまで編み、右上2目一度、編み地を返す。（1目減）

3段め：裏編みで前の段差の手前に1目残るまで編み、裏目の左上2目一度，編み地を返す。（1目減）

4段め：すべり目模様で前の段差の手前に1目残るまで編み、右上2目一度，編み地を返す。（1目減）

3・4段めをくり返し、針に12（12、14）目残るまで編む。

GUSSET／**マチ**

ヒールのシェーピングで残った目の右半分をN4に移し、再び輪に編む。ヒールフラップの両端から13（15、17）目ずつ拾う。

1段め（減目段）：〈N1〉最後に2目残るまで表編み、左上2目一度。
〈N2〉・〈N3〉最後まで表編み。
〈N4〉右上2目一度、最後まで表編み。（2目減）

2段め：最後まで表編み。

1・2段めをくり返し、〈N1〉・〈N4〉のどち

らも残り15（16、17）目になるまでくり返す。[60（64、68）目になる]

メリヤス編みで4段編む。

次段（減目段）：メリヤス編みで1段編みながら、左上2目一度の減目で均等に4目減らす。
前段をもう一度くり返す。[52（56、60）目になる]

メリヤス編みを続ける（減目はしない）。フットがヒールから16（18、20）cmになるまで、または好みの長さになるまで編む。

TOE ／**つま先**

1段め：〈N1〉最後に3目残るまで表編み、右上2目一度、表目1。〈N2〉表目1、左上2目一度、最後まで表編み。〈N3〉最後に3目残るまで表編み、右上2目一度、表目1。〈N4〉表目1、左上2目一度、最後まで表編み。（4目減）
2段め：最後まで表編み。
1・2段めをくり返し、各針の目数が5（6、7）目ずつになるまで編む。

最終段：左上2目一度を最後までくり返し、糸を切り、残りの目に通す。

FINISHING ／**仕上げ**

糸始末をする。水通しをし、寸法に合わせてブロッキングする。

表目
MC
CC1
CC2

Kaori Katsurada

06 Drowse

うたたね

レッグ周りのブリオッシュ編みでゆったりとリラックスした気分に。お昼寝に最適です！

SIZES ／**サイズ**

1 {2, 3}
推奨するゆとり：仕上がりサイズよりフット周囲で－2～－3 cm、フット長さで－1.5～－2 cm

FINISHED MEASUREMENTS ／**仕上がり寸法**

フット周囲：18.5（21、22.5）cm
フット／レッグ長さ：調整可

MATERIALS ／**材料**

糸：Life in the Long GrassのEarth（スーパーウォッシュメリノ70%・ヤク20％・
ナイロン10%、400 m／100 g)、〈Violet（青紫)〉又は〈Cayenne（赤)〉1（2、2) カセ
またはフィンガリング〈中細〉程度の糸を約340（420、440）m
※糸量はレッグ長さを22（24、24）とした場合。

針：2.5 mm（US 1.5／JP1号) 輪針

その他の道具：ステッチマーカー2個

GAUGE ／**ゲージ**

31目×38段(メリヤス編み・10cm角、ブロッキング後)

SPECIAL ABBREVIATIONS ／**特別な用語**

表引き上げ目 [Brk]：前段のすべり目にかけ目を重ねた2本の目を1目として表目に編む。
裏引き上げ目 [Brp]：前段のすべり目にかけ目を重ねた2本の目を1目として裏目に編む。
すべり目＋かけ目 [Sl1-yo]：糸を両針の間から編み地の手前に移し、右針を次の目に裏目を編むように入れて移しながらその上に糸をかけて次の表目を編むように備える。

CONSTRUCTION ／**構造**

この靴下はカフから編みはじめ、ヒールフラップを編みながらつま先まで編み進めます。
カフは1目のツイステッドリブ、レッグはブリオッシュ編みにします。甲側の1目ゴム編みが特長的です。

DIRECTIONS／編み方

CUFF／カフ

ジャーマンツイステッドキャストオン［German Twisted CO］の方法で56（64、68）目作る。
編み目がねじれないように注意しながら輪にする。
前半の目は〈N1〉(足底)、後半の目を〈N2〉(甲側の目)とする。

編み目を次のように分ける：〈N1〉27（31、33）目、〈N2〉29（33、35）目。

ツイステッドリブを編みはじめる：
1段め：*表目のねじり目1、裏目1*、*～*を最後までくり返す。
カフが作り目から3.5（4、4）cmになるまでツイステッドリブを続けて編む。

LEG／レッグ

ブリオッシュ編みを輪に編む。
準備段：*表目1、「すべり目＋かけ目」*、*～*を最後までくり返す。
1段め：*「すべり目＋かけ目」、裏目の引き上げ目1*、*～*を最後までくり返す。
2段め：*表引き上げ目1、「すべり目＋かけ目」*、*～*を最後までくり返す。
1・2段めをくり返し、レッグが作り目から22（24、24）cmになるまで編む。
次段：*表目1、裏目の引き上げ目1*、*～*を最後までくり返す。

1目ゴム編みを輪に編む。
1目ゴム編み：*表目1、裏目1*、*～*を最後までくり返す。
前段の通りに合計5段編む。

HEEL FLAP／ヒールフラップ

Note：ヒールフラップは〈N1〉の編み目だけで往復に編む。
準備段1：*すべり目1、表目1*、*～*を最後に1目残るまでくり返し、左ねじり増し目1、表目1、編み地を返す。(1目増)
［〈N1〉は28（32、34）目になる］
1段め(裏面)：浮き目1、最後まで裏編み、編み地を返す。
2段め(表面)：*すべり目1、表目1*、*～*を最後までくり返す。
1・2段めをあと15（17、18）回編む。
1段めをもう一度編む。両側にすべり目が17（19、20）目ずつになる。

HEEL TURN／ヒールターン

Note：ヒールターンでは毎段1目減目する。
1段め(表面)：すべり目1、表目16（18、20）、右上2目一度、表目1、編み地を返す。
2段め(裏面)：浮き目1、裏目7（7、9）、裏目の左上2目一度、裏目1、編み地を返す。
3段め：すべり目1、段差の手前に1目残るまで表編み、右上2目一度、表目1、編み地を返す。
4段め：浮き目1、段差の手前に1目残るまで裏編み、裏目の左上2目一度、裏目1、編み地を返す。
3・4段めをあと3（4、4）回編む。［ヒールの目数は18（20、22）目になる］

GUSSET／マチ

準備段で段差をなくし、再び輪に編みはじめます。
準備段1：〈N1〉：PM（BOR m)、最後まで表編み、PM、ヒールフラップの端のすべり目に沿って17（19、20）目拾う。
〈N2〉：裏目1、*表目1、裏目1*、*～*を最後までくり返す。〈N1〉：ヒールフラップの反対側の端のすべり目に沿って17（19、20）目拾う。
準備段2：〈N1〉：SM（BOR m)、mまで表編み、RM、表目のねじり目を1目ずつ最後までくり返す。〈N2〉：前段までの通りに編む。〈N1〉：BOR mまで表目のねじり目を1目ずつ最後までくり返す。
1段め：〈N1〉：SM（BOR m)、最後に2目残るまで表編み、左上2目一度。〈N2〉：前段までの通りに編む。〈N1〉：右上2目一度、BOR mまで表目。(2目減)
2段め：〈N1〉：SM（BOR m)、最後まで表編み。〈N2〉：前段までの通りに編む。〈N1〉：BOR mまで表編み。

1・2段めをくり返し、〈N1〉の目数が残り30（34、36）目になるまで編む。
次段：〈N1〉：RM（BOR m)、最後に2目残るまで表編み、左上2目一度。(1目減)
〈N2〉：前段までの通りに編む。［各針29（33、35）目になる］

FOOT／フット

1段め：〈N1〉：最後まで表編み。〈N2〉：前段までの通りに編む。
1段めをくり返し、フットの長さが「好みの長さ－6.5（7、7)」cmになるまで編む。

TOE／つま先

1～5段め：〈N1〉：最後まで表編み。〈N2〉：最後まで表編み。
6段め：〈N1〉：*表目1、右上2目一度、最後に3目残るまで表編み、左上2目一度、表目1*。〈N2〉：*～*をくり返す。(4目減)
5・6段めをくり返し、各針13（15、17）目ずつになるまで編む。
6段めをもう一度編む。［各針11（13、15）目になる］
糸を切り、つま先をはぎ合わせる。

FINISHING／仕上げ

糸始末をする。水通しをし、寸法に合わせてブロッキングする。

Laura Moorats

07 Bobblestone

ボッブルストーン

Laura Mooratsはボッブルの編み方を探求するのが大好き。ボッブルは楽しく編め、用途も幅広いです。この靴下を編むには忍耐が必要ですが、十分に見合う仕上がりになります。

SIZES／サイズ

1 {2, 3}
推奨するゆとり：仕上がりサイズより－3～－4 cm

FINISHED MEASUREMENTS／仕上がり寸法

フット周囲：16（18、21）cm
レッグ周囲：15（18、20）cm
レッグ長さ：22（28、33）cm（調整可）
フット長さ：調整可

MATERIALS／材料

糸：laurelknitsのBFL Silky Sock（BFL 60％・シルク20%・ナイロン・20%、300 m／100 g）、〈Lilac〉、2（2、3）カセ
またはスポーツウエイト（合太程度）を約325（375、425）m

針：2.75 mm（US 2／JP 2号）輪針

その他の道具：ステッチマーカー

GAUGE／ゲージ

30目×44段（メリヤス編み・10cm角、ブロッキング後）
33目×44段（模様編み・10cm角、ブロッキング後）

SPECIAL ABBREVIATIONS／特別な用語

MB［Make bobble］ボッブルを編む：
1目に「表目1、裏目1、表目1」、編み地を返す。
裏面：3目を裏編みし、編み地を返す。表面：表目3。
右針の最後に編んだ目（左端の目）に右側の2目を1目ずつかぶせる。

CONSTRUCTION／構造

この靴下はトウアップに編み、フリーゲルヒール［Fleegle Heel］を特長としています。全体を通してボッブルを、カフはツイステッドリブに編みます。

DIRECTIONS ／編み方

TOE ／つま先

ジュディーズマジックキャストオン［Judy's Magic CO］の方法で20（24、24）目作る。各針に10（12、12）目ずつ。BORにPM。

準備段：最後まで表編み。

これ以降1本目の針（甲側の目）を〈N1〉、2本目（足底、その後はレッグの後ろ側の目）を〈N2〉とする。

つま先の増し目を編みはじめる：
1段め：〈N1〉＊表目1、右ねじり増し目、最後に1目残るまで表編み、左ねじり増し目、表目1＊。〈N2〉＊～＊をくり返し。
2段め：最後まで表編み。
1・2段めをくり返し、52（60、68）目になるまで編む。各針26（30、34）目ずつ。

表目
ボッブルを編む
表目のねじり目
サイズ1・3のみ
サイズ3のみ
くり返し部分

FOOT ／フット

メリヤス編みで5（6、7）段編む。

各自のサイズの甲側のチャートの通りに編む：
〈N1〉チャートの通りに編む。〈N2〉最後まで表編み。
〈N1〉は甲側のチャートを編み続け、足底側〈N2〉はメリヤス編みにしながら、「好みのフット長さの－5（6、8）cm」になるまで編む。

HEEL GUSSET ／ヒールガセット

ヒールのシェーピングは〈N1〉で行う。
1段め：〈N1〉引き続きチャートの通りに編む。〈N2〉表目1、右ねじり増し目、最後に1目残るまで表編み、左ねじり増し目、表目1。（2目増）
2段め：最後まで表編み。
1・2段めをくり返し、〈N2〉の目数が50（58、66）目になるまで編む。［24（28、32）目増］
〈N1〉の目数は変わらない。

HEEL TURN ／ヒールターン

〈N1〉はチャートの通りに編む。

ヒールターンは〈N2〉で往復に編み、毎段1目ずつ減目する。
1段め（表面）：表目27（31、35）、右上2目一度、表目1、編み地を返す。
2段め（裏面）：浮き目1、裏目5、裏目の左上2目一度、裏目1、編み地を返す。
3段め：すべり目1、段差の手前に1目残るまで表編み、右上2目一度、表目1、編み地を返す。
4段め：浮き目1、段差の手前に1目残るまで裏編み、裏目の左上2目一度、裏目1、編み地を返す。
3・4段めをあと8（10、12）回編む。
ヒールの両側に編み残した目が2目ずつ残る。
3段めをもう一度編むが、編み地は返さず、表面を見たまま、再び輪に編む。

HEEL FINISHING ／ヒールの仕上げ

1段め：〈N1〉チャートの通りに編む。〈N2〉表目1、左上2目一度、最後に2目残るまで表編み、右上2目一度。（2目減）
2段め：〈N1〉チャートの通りに編む。〈N2〉左上2目一度、最後まで表編み。（1目減）
［52（60、68）目、各針26（30、34）目ずつになる］

［サイズ1のみ］
〈N1〉表目1、編んだ目を〈BN〉に移す（〈N2〉の最後の目になる）。
取り外し可能なマーカーを次の目につけ、新しいBORとする。チャートの通りに最後の目の手前まで編み、最後の目を〈N2〉に移す（N2の1目めになる）。
〈N2〉表目10、左ねじり増し目1、表目8、左ねじり増し目10、表目9。（2目増）
［〈N1〉は24目、〈BN〉は30目になる］

［サイズ2のみ］
「レッグ」へ。

［サイズ3のみ］
1段め：〈N1〉左上2目一度、チャートを最後に2目残るまで編み、左上2目一度。〈BN〉最後まで表編み。（2目減）（〈N1〉は32目、〈N2〉は34目になる）。
2段め：〈N1〉表目1、編んだ目を〈N2〉に移す（〈N2〉の最後の目になる）。取り外し可能なマーカーを次の目につけ、新しいBORとする。チャートの通りに最後の目

の手前まで編み、最後の目を〈N2〉に移す(〈N2〉の1目めになる)。
〈N2〉最後まで表編み。(〈N1〉は30目、BNは36目になる)[合計54(60、66)目になる]

LEG／**レッグ**

以後、段の最初から最後までチャートの模様(3～8目までのくり返し部分のみ)を編む。
〈N2〉もチャートの通りに、〈N1〉に合わせて編む。
(偶数段を編むときには〈N2〉のねじり目をメリヤス編みに編む)。
レッグ全体をチャートのくり返し部分を編み、レッグ長さが11(12、13)cmまたは好みの長さまで編む。

CUFF／**カフ**

ツイステッドリブを次のように編む：
リブ編みの段：*表目のねじり目1、裏目1*、*～*を最後までくり返す。
前段と同様に8(10、12)段編む。
テュービュラーバインドオフ[Tubular BO]の方法で止める。

FINISHING／**仕上げ**

糸始末をする。水通しをし、寸法に合わせてブロッキングする。

Lindsey Fowler

08 Dulcimer

ダルシマー

ダルシマーは民族音楽によく使用する打弦楽器で、独特の温かみのある魅力的な音色を発します。この靴下を通してLindsey Fowlerはこの木製の楽器の美しさを表現しています。

SIZES／サイズ

1 {2, 3}
推奨するゆとり：仕上がりサイズより0〜－2.5 cm

FINISHED MEASUREMENTS／仕上がり寸法

レッグ／フット周囲：20（22.5、25）cm
レッグ長さ：14.5 cm（調整可）
フット長さ：調整可

MATERIALS／材料

糸：
MC：The Farmers Daughter FibersのMoon Sisters（スーパーウォッシュメリノ25%・ナイロン20%・ブロンズステリナ5%、391 m／100 g）〈Salmonberry〉1カセ
CC：The Farmers Daughter FibersのSquish Fingering（スーパーウォッシュメリノ100%、391 m／100 g）〈CC1：Willow Creek〉を1カセ、〈CC2：Holy Matrimony〉20gのミニカセを1カセ
またはフィンガリング〈中細〉程度の糸をMCとして約275（343、389）m、CC 1 として60（69、78）m、CC2として19（23、28）m

針：2.25 mm（US 1／JP 1号）の23 cm輪針（または好みで5本針もしくは長めの輪針でマジックループ方式）、2.25 mm（US 1／JP 1号）の80～100 cm輪針（つま先の減目用）

その他の道具：ステッチマーカー、2.25 mm（US B-1／JP 3/0号）のかぎ針

GAUGE／ゲージ

32目×48段（2.25mm針でメリヤス編み・10cm角、ブロッキング後）

SPECIAL TECHNIQUES／特別なテクニック

クロシェバーティカルチェーン［Crochet Vertical Chain］：
縦方向の鎖編みを編みつけるために、レッグを編み終えた時点で、カフの内側からレッグの下まで糸を引っぱります。
かぎ針の先を、針からはずした目でできたライン（針抜き）の中心に合わせ、ラトビアンブレードの上に入れ、糸始末できるだけの糸端を残して、編み糸のループを引き出し、鎖を1目編みます。針抜きのラインの内側に編み糸が控えた状態になります。
かぎ針の針先を、ラトビアンブレード（または前の束）の上の位置で、手前から向こう側に入れ、落とした目を3段分すくう。針先に糸をかけて針にかかっている目から引き抜く。これによって渡り糸3本を束にまとめる。鎖1
*～*をくり返し、束の間に鎖目を1目編みながら渡り糸3本ずつをまとめる。

針先を上のラトビアンブレードの下端に入れる。針先に糸をかけて、手前に引き出し、針にかかっている目から引き抜く。糸端を残して切り、針にかかっている目から糸端を引き出す。
とじ針でこの糸端を裏面に出し、糸始末をする。

CONSTRUCTION／構造

この靴下はカフから編みはじめ、ヒールフラップからつま先に向けて編みます。
ヒール手前の2本目のラトビアンブレードを編む前に、指定の目を針からはずし、あとでかぎ針の鎖目でまとめ上げるためのラインを作る。

DIRECTIONS／編み方

CAST-ON／作り目

CC1で、指でかける作り目[Long-Tail CO]の方法で64（72、80）目作る。
編み目がねじれないように注意しながら輪にする。BORにPM。

CUFF／カフ

1段め：*表目1、裏目2、表目1*、*〜*を最後までくり返す。
1段めをくり返し、カフが4 cmになるまで編む。
表編みで1段編む。

LEG／レッグ

このセクションではラトビアンブレードを編みます。編み糸同士を互いに上から（または下から）持ち上げて絡ませ、編み地の手前で糸を渡すことでブレードの表情を作り出します。
渡り糸は適度に余裕を持たせ、ブレード部分の伸縮性を維持するために針の号数を1号太くしても構いません。この点は足首上部に当たる2本目のブレードでは特に重要になります。

1段め（準備段）：*CC1で表目1、CC2で表目1*、*〜*を最後までくり返す。
2段め：両方の編み糸を編み地の手前に移し、*CC1で裏目1。
CC1の下からCC2に持ち替え（糸を絡める）、CC2で裏目1。
CC2の下からCC1に持ち替え（糸を絡める）*、*〜*を最後までくり返す。
3段め：*CC1で裏目1、CC1の上からCC2に持ち替え（糸を絡め）、CC2で裏目1、CC2の上からCC1に持ち替え（糸を絡める）*、*〜*を最後までくり返す。
Note：ラトビアンブレードの段差をなるべくなくすためには、糸端を始末をするときにBOR（段の編みはじめ）の段差部分でラトビアンブレードの目に重なるように始末する。
CC1とCC2を切る。MCに糸を変える。
4段め：*表目2（2、3）、右上2目一度、かけ目、左上2目一度、表目2（3、3）*、*〜*を最後までくり返す。（8目減）
5段め：*表目2（2、3）、表目のねじり目1、表目1、表目のねじり目1、表目2（3、3）*、*〜*を最後までくり返す。
5段めを合計45回編む。レッグが作り目から約14 cmになるまで編む。

次段：*表目2（2、3）、表目のねじり目1、1目落とす、かけ目を2回、表目のねじり目1、表目2（3、3）*、*〜*を最後までくり返す。（8目増）

針からはずした目はとじ針を使って丁寧にほぐし、ラトビアンブレードまでほどいて伝線させる。4段めの減目によって伝線は止まる。

次段：すべて表編み（各セクションの二つ目のかけ目は表目のねじり目に編む）。

MCを切る。

CC1とCC2で1〜3段めをくり返す。
Note：このブレードの3段は、伸縮性を保つようにゆるめに編むか針の号数を1号太くする。

CC1とCC2を切る。

Vertical Chains／バーティカルチェーン

ヒールとフットを編みはじめる前に、レッグ部分の縦の鎖目のラインを編むと簡単です。ここまでの糸端をすべて糸始末してから編みはじめると、鎖を編むときに編み糸が分かりやすくなります。鎖編みを1本終えるたび同様に糸始末を、ラトビアンブレードの裏側にするとよいです。

CC2でクロシェバーティカルチェーンステッチ（前ページのSPECIAL TECHNIQUES／特別なテクニック参照）による針抜きのライン8本分にそれぞれ編みながら糸始末をします。

HEEL FLAP ／ヒールフラップ

ヒールフラップは全体の半分の目数で編み、往復に編みながら四角い編み地を編みます。この部分がヒールとなります。残りの甲側の目は休ませておきます。23 cmの輪針を使用している場合は、ヒールフラップを2.25 mmの両先針で編み、ヒールターンを編み終えてから再び輪針に持ち替えるとよいです。

CC1に持ち替える。
1段め：*すべり目1、表目1*、*～*をあと15（17、19）回くり返し、編み地を返す。［編み残した目は32（36、40）目になる］
2段め：すべり目1、フラップの最後まで裏編み、編み地を返す。
1・2段めをあと17（19、21）回くり返し、裏面の段で編み終える。合計36（40、44）段編んだことになる。ヒールフラップの両端にはすべり目が18（20、22）目になる。

Note：足の甲やかかとが高い場合はヒールフラップの1・2段めをあと2回編み足すことで長めに編むとよい。この場合、このあとのマチを編むときに拾い目を多くすることになるが、これでフット周りのきつさを緩和できる。

HEEL TURN ／ヒールターン

Note：ヒールターンでは毎段1目ずつ減目する。

1段め（表面）：すべり目1、表目18（20、22）、右上2目一度、表目1、編み地を返す。
2段め（裏面）：すべり目1、裏目7、裏目の左上2目一度，裏目1、編み地を返す。
3段め：すべり目1、段差の手前に1目残るまで表編み、右上2目一度、表目1、編み地を返す。
4段め：すべり目1、段差の手前に1目残るまで裏編み、裏目の左上2目一度、裏目1、編み地を返す。
すべての目が編めるまで3・4段めをくり返し糸始末する。［足底は20（22、24）目になる］

GUSSET ／マチ

MCに持ち替える。
細めのかぎ針を使ってヒールフラップの端のすべり目から1目ずつ拾い、合計18（20、22）目拾う。PM。

靴下の甲部分に沿って表目32（36、40）目、PM。ヒールフラップの反対側の端からも18（20、22）目拾う。

ヒールターンの中心の目まで表編みし、MとMの間の目を2分割する。ヒール底のこの位置を新しいBOR（段の編みはじめ）とし、PM。以下、輪に編む。
1段め：最初のMの手前に3目残るまで表編み、左上2目一度、表目1、SM、表目32（36、40）、SM、表目1、右上2目一度、最後まで表編み（BOR mはヒール底）。（2目減）
2段め：最後まで表編み。
1・2段めを、足底側と甲側の目数が等しくなるまでくり返す。
32（36、40）目ずつになる。

BOR m（ヒール底の中心にある）をはずし、次のmまで表編み。
ここが新しいBOR mになる。

FOOT ／フット

足底側と甲側をメリヤス編みしながら、足底がヒールターンの後ろから21（22、23.5）cmになるまで、または「好みのフット長さ－4.5（5.5、6.5）cm」になるまで編む。

TOE ／つま先

引き続きマジックループ方式（または両先針）で甲側の目を1本の針〈N1〉、足底をもう1本の針〈N2〉に分け、輪に編む。
1～3段め：最後まで表編み。
4段め：〈N1〉表目1、右上2目一度、最後に3目残るまで表編み、左上2目一度、表目1。〈N2〉表目1、右上2目一度、最後に3目残るまで表編み、左上2目一度、表目1。（合計2目減）
5段め：最後まで表編み。
4・5段めをくり返し、各針18目ずつになるまで編む。
6段め：〈N1〉表目1、右上2目一度、最後に3目残るまで表編み、左上2目一度、表目1。〈N2〉表目1、右上2目一度、最後に3目残るまで表編み、左上2目一度、表目1。（合計2目減）
各針に8目ずつ残るまで6段めをくり返す。
糸端を長めに残して糸を切る。つま先をはぎ合わせる。

FINISHING ／仕上げ

糸始末をする。水通しをし、寸法に合わせてブロッキングする。

Lotta H Löthgren

09 Lakolk

レカロック

Lakolk（レカロック）はデンマーク沿岸にあるビーチに因んで付けた名前です。
砂や海、光によって絶えず変化し続けながらも変わらぬ風景に向けたオード（頌歌）として作りました。

SIZES／**サイズ**

1 {2, 3}
推奨するゆるみ：仕上がりサイズより－2.5～-3 cm

FINISHED MEASUREMENTS／**仕上がり寸法**

レッグ／フット周囲：17（19、22.5）cm（調整可）
レッグ長さ：12.5 cm（調整可）
フット長さ：24（25.5、27）cm（調整可）

MATERIALS／**材料**

糸：Fru ValborgのCorriedale 2ply（コリデール100%、400 m／100 g）〈MC：Rusty Yak〉、〈CC：Caramel〉各1カセ
またはフィンガリング〈中細〉程度の糸をMCとして163（198、240）、CCとして56（62、73）m

針：2.25mm（US 1／JP 1号）の輪針

その他の用具：ステッチマーカー、ホルダーまたは別糸

GAUGE／**ゲージ**

35目×45段（2.25mm針でブロークンスリップドステッチリブ・10cm角、ブロッキング後）

STITCH PATTERNS／**模様編み**

ブロークンスリップドステッチリブ［Broken Slipped-Stitch Rib］（輪編み）：
1段め：*表目2、すべり目1、表目2、裏目1*、*～*を最後までくり返す。
2段め：最後まで表編み。

CONSTRUCTION／**構造**

この靴下はカフからヒールフラップを編みながらつま先に向けて編み、カフとつま先、そしてヒールを配色糸で編みます。ブロークンスリップドステッチリブの模様はレッグ全体を通して編み、ヒールを編んだ後は、フットの甲側にも編みます。足底はメリヤス編みにします。

DIRECTIONS／編み方

CUFF／カフ

CCでジャーマンツイステッドキャストオン［German Twisted CO］の方法で60（66、78）目作る。編み目がねじれないように注意しながら輪につなげる。

1段め：*表目2、裏目1*、*～*を最後までくり返す。
上記の段をくり返して、2目と1目のリブ編みを3cm編む。CCを切る。

LEG／レッグ

MCをつけて表編みで1段編む。

［本体の模様］
1段め：*表目2、すべり目1、表目2、裏目1*、*～*を最後までくり返す。
2段め：最後まで表編み.
1・2段めをくり返し、レッグが作り目から12.5cmまたは好みの長さになるまで編む。

HEEL FLAP／ヒールフラップ

Note：ヒールフラップはCCで全体の前半の目だけで往復に編む。
CCで最初の30（33、39）目を表編みする。残りの目は輪針に残すかホルダーに移す。

［サイズ2・3のみ］
次段：浮き目1、裏目15（18）、裏目の左上2目一度、最後まで裏編み、浮き目1。［32（38）目になる］

［すべてのサイズ］
1段め（表面）：表目0（1、0）、*表目1、すべり目1*を7（7、9）回編み、表目2、*すべり目1、表目1*を7（7、9）回編み、表目0（1、0）。
2段め（裏面）：浮き目1、最後に1目残るまで裏編み、浮き目1。
1・2段めをあと13（15、19）回くり返す。

HEEL SHAPING／ヒールのシェーピング

1段め（表面）：最後に10（11、14）目残るまでこれまでのように編み、右上2目一度、編み地を返す。（1目減）
2段め（裏面）：浮き目1、最後に10（11、14）目残るまで裏編み、裏目の左上2目一度、編み地を返す。（1目減）
3段め：すべり目1、これまでのように段差の手前に1目残るまで編み、右上2目一度、編み地を返す。（1目減）
4段め：浮き目1、段差の手前に1目残るまで裏編み、裏目の左上2目一度、編み地を返す。（1目減）
3・4段めをくり返し、すべての目を編むまで続ける。［ヒールの目12目が残る］

HEEL GUSSET／ヒールガセット

Note：ここからはMCで再び輪に編む。甲側の目を編むときには最後の裏目を表目に編む。
サイズ2・3の場合は、ヒールフラップで減らした1目分として、ヒールフラップの片側から1目拾う。

次段：CCで表目6、CCは切り、BORにPM。MCをつけ、表目6。
ヒールフラップのすべり目の端から16（18、22）目拾い、甲側はこれまでの通りに編むが、最後の目は表目に編むことを忘れずに。ヒールフラップの反対側のすべり目の端から16（19、23）目拾い、表目6。［74（82、96）目になる］

次段：表目6、前段の拾い目16（18、22）を表目のねじり目に編み、PM、甲側の目はこれまで通りに編み、PM、前段の拾い目16（19、23）目を表目のねじり目に編み、表目6。

1段め（減目段）：Mの手前に2目残るまで表編み、左上2目一度、SM、甲側の目はこれまで通りに編み、SM、右上2目一度、最後まで表編み。（2目減）
2段め：これまで通りに最後まで編む。
1・2段めをあと6（7、8）回編む。［60（66、78）目になる］

甲側はブロークンスリップドステッチリブ、足底側をメリヤス編みにしながらフットが19（19.5、19.5）cmまたは「好みの長さ－5（6、7.5）」cmになるまで編む。

TOE／つま先

準備段：BORのMをはずし、次のMまで表編み、次のMまではこれまで通りに編む。この位置が新しいBORとなる。
MCを切る。
CCをつけ、表編みで2段編む。

Toe Shaping／つま先のシェーピング

1段め（減目段）：*表目1、右上2目一度、Mの手前に3目残るまで表編み、左上2目一度、表目1*、*～*をもう一度編む。（4目減）
2～3段め：最後まで表編み。
1～3段めをあと2（3、5）回編む。［48（50、54）目になる］
1・2段めを合計6（6、7）回編む。［24（26、26）目になる］
つま先をはぎ合わせる。

FINISHING／仕上げ

糸始末をする。水通しをし、寸法に合わせてブロッキングする。

Lucia Ruiz de Aguirre Rodríguez

10 Luis

ルイス

このパターンは表目と裏目でカラーワーク(編み込み模様)を試している間に生まれました。単純な幾何学が美しい模様を生み出します。

SIZES／サイズ

1 {2, 3}
推奨するゆとり：仕上がりサイズより－1 cm

FINISHED MEASUREMENTS／仕上がり寸法

レッグ／フット周囲：20 (22.5、25) cm
レッグ長さ：14 cm (調整可)
フット長さ：調整可

MATERIALS／材料

糸：Felizy Punto YarnsのSosoft Sock (スーパーファインアルパカ20%・スーパーウォッシュメリノ60%・ナイロン20%、400 m／100 g)〈MC：Tee Solid〉、〈CC：Dark Milori〉2カセ
またはフィンガリング〈中細〉程度の糸をMCとして約400 (410、420) m、CCとして100 (105、110) m

針：2.5 mm (US 1.5／JP 1号)の輪針を2組

その他の用具：取り外し可能なマーカー2個、コントラストの強い色の別糸(あとからほどける作り目用)

GAUGE／ゲージ

26目×40段(メリヤス編み・10cm角、ブロッキング後)

CONSTRUCTION／構造

この靴下はトップダウンに編み、ヒールはアフターソートヒール[Afterthought Heel]として編みます。折り返しのカフをメリヤス編みで編みはじめ、レッグは地模様をカラーワークで編み、フットはメリヤス編みにします。

DIRECTIONS／編み方

FOLDED CUFF／折り返すカフ

フィンガリング(中細程度)のコントラストの強い色の別糸であとからほどける作り目の方法で54 (60、66) 目作る。BORにPM、輪にする。

MCで編みはじめる。
表編みで8段編む。
次段：最後まで裏編み。
表編みで8段編む。
次段：作り目の別糸をほどき、もう1本の輪針に編み目を移す。

裏編みの段を折山として編み地を折り返し、最後に編んだ段と編みはじめの段を次のように**スリーニードルバインドオフ[3-Needle BO]**の方法で止める：
メリヤス編みの表面を見ながら、針にかかった目と作り目が平行になるように持つ。予備の針(ここでは編む右針になる)を手前の針(カフの外側)の1目めに表目を編むように入れ、続けて後ろ側の針(カフの内側)にも表目を編むように入れ、針先に糸をかけて両方の目から引き出す。これと同時に前後の2目を針からはずす。
平行に持った2本の針の1目めに上記のように針を入れて、2目を一度に表目に編む。*～*を段の最後までくり返す。[54 (60、66) 目になる]

LEG／レッグ

CCをつける。地模様のカラーワークをチャートの通りに編む。
チャートの1～8段めを合計6回編む（合計48段）。CCを切る。

HEEL AND FOOT／ヒールとフット

1段め：コントラストの強い別糸に持ち替えて、27（30、33）目を表編みする。編んだ目を右針から左針に戻し、今度はMCでもう一度表編みする。

続けてMCでメリヤス編みを編み、つま先とヒールはどちらも約4.5cmになることから、フットが別糸を編み込んだ段から「好みの長さ－9 cm」になるまで編む。

TOE／つま先

輪に編む。
1段め：表目27（30、33）目、PM、最後まで表編み.
2段め：*表目1、右上2目一度、Mの手前に3目残るまで表編み、左上2目一度、表目1*、*～*をもう一度編む。(4目減)
3段め：最後まで表編み。
2・3段めをくり返し、残り22（24、26）目になるまで編む。
各針11（12、13）目になる。

糸端を約30cm残して糸を切る。
編み目をはぎ合わせる。

HEEL／ヒール

ヒールはつま先とまったく同じように編むが、編みはじめる前に別糸を入れた部分から目を拾う。拾い方は、別糸を編み込んだ段の上下の段の目を針にのせてから別糸を取り除き、拾った目は減目をせずに表編みで1段編む。

ヒールの両端に小さい穴が開くのを防ぐために、上下の拾い目の間から2目ずつ拾い目をする。本体の目数より目数が多くなっても、あとで減目をすると元の目数に戻る。ヒールの両側にPM、上下の目数が均等であることを確認し、どちらかの端から編みはじめる。

1段め：*表目1、右上2目一度、Mの手前に3目残るまで表編み、左上2目一度、表目1*、*～*をもう一度編む。(4目減)
2段め：最後まで表編み。
1・2段めをくり返し、残り22（24、26）目になるまで編む。
各針11（12、13）目ずつになる。

糸端を約30cm残して糸を切る。編み目をはぎ合わせる。

FINISHING／仕上げ

糸始末をする。水通しをし、寸法に合わせてブロッキングする。

チャート

8
7
6
5
4
3
2
1

6 5 4 3 2 1

MCを表目に編む
MCを裏目に編む
CCを表目に編む
CCを裏目に編む

Rosa Pomar

11 Montemuro

モンテムロ

モザイク模様はポルトガルのモンテムロ山脈の伝統的な靴下のデザインを用いたものです。
ポルトガルの伝統的な衣類がそうであるように、この靴下も内側を表に向けて編みます。

SIZES／サイズ

1 {2, 3}
推奨するゆとり：: 0から–2.5 cm

FINISHED MEASUREMENTS／仕上がり寸法

レッグ長さ：27.5（27.5、28.75）cm
フット長さ：21（23、26.5）cm
フット周囲：19（19、22）cm

MATERIALS／材料

糸：**サイズ1・2**：Rosa Pomar のMondim（ウール100%、385 m／100 g）
〈MC：100〉、〈CC：105〉各1カセ
またはフィンガリング〈中細〉程度の糸Aを約300 m、Bを270 m
サイズ3：Rosa PomarのVovó（ウール100%、143m／100 g）
〈MC：20〉3カセ、〈CC：27〉2カセ
またはスポーツ（合太）程度の糸をMCとして約300 m、CCとして270 m

針：**サイズ1・2**：2.5mm（US 1.5／JP 1）の4（5）本針
サイズ3：3.0mm（US 3／JP 3）の4（5）本針

その他の道具：ステッチマーカー3個

GAUGE／ゲージ

サイズ1・2：36目×30段（模様編み・10cm角、ブロッキング後）
サイズ3：28目×26段（模様編み・10cm角、ブロッキング後）

NOTES／メモ

このパターンは、フットのセクションで模様のくり返しを加減することで長さを調整できます。幅を広くするには、糸の太さをフィンガリング（中細）程度の代わりにスポーツ（合太）程度の糸を使用し、ゲージを30目×24段（10cm四方）に調整するとよいです。

モザイク編みは、特に指示がない限り、右針は裏目を編むように入れ、糸は手前（浮き目の状態）にして右針に移します。

CONSTRUCTION／構造

この靴下はカフから編みはじめ、途中でヒールフラップを編み、つま先に向けて編み進めます。モザイク模様はポルトガルのモンテムロ山脈の伝統的な靴下のデザインを用いたものです。この技法は、エクリュや濃い茶色の手紡ぎの糸で、息子や夫のために愛情を込めて編む靴下の装飾用に何世代にも渡り使われています。伝統的なポルトガルの編み方を踏襲し、編むときには内側を見ながら全体を編むために、裏編みで輪に編みます。

DIRECTIONS／編み方

CUFF／カフ

MCで64目作る。BORにPM、輪に編む。
Note：この靴下は内側を見て編むため、常にメリヤス編みの面が外側になる。

1～21段め：*裏目2、表目2*、*～*を最後までくり返す。

LEG／レッグ

Note：チャート1は25～37段めまでの模様を示す。
22～24段め：最後まで裏編み。
25段め：*裏目1、かけ目、裏目の左上2目一度、裏目11、裏目の右上2目一度、かけ目*、*～*を最後までくり返す。
26段め：最後まで裏編み。
27段め：*裏目2、かけ目、裏目の左上2目一度、裏目9、裏目の右上2目一度、かけ目、裏目1*、*～*を最後までくり返す。
28段め：最後まで裏編み。
29段め：*裏目3、かけ目、裏目の左上2目一度、裏目7、裏目の右上2目一度、かけ目、裏目2*、*～*を最後までくり返す。
30段め：最後まで裏編み。
31段め：*裏目4、かけ目、裏目の左上2目一度、裏目5、裏目の右上2目一度、かけ目、裏目3*、*～*を最後までくり返す。

32段め：最後まで裏編み。
33段め：*裏目5、かけ目、裏目の左上2目一度、裏目3、裏目の右上2目一度、かけ目、裏目4*、*〜*を最後までくり返す。
34段め：最後まで裏編み。
35段め：*裏目6、かけ目、裏目の左上2目一度、裏目1、裏目の右上2目一度、かけ目、裏目5*、*〜*を最後までくり返す。
36段め：最後まで裏編み。
37段め：*裏目7、かけ目、裏目の左上3目一度、かけ目、裏目6*、*〜*を最後までくり返す。
38〜39段め：最後まで裏編み。

Note：浮き目を編むセクションでは糸は切らず、次のように糸を次の段へ渡しながら編む：色替えのときには、新しい色の糸を今まで使っていた色の糸の下になるように左から右へ移し、新しい糸で編みはじめる。こうすることで裏面では双方の糸を撚り合わせたような上品で装飾的なラインができる。

チャート2はモザイク模様を示すが、模様の配置については文章パターンの通り。
Note：編み目を編まずに移すときは糸を手前にして裏目を編むように針を入れて移す。（裏面から編むためチャートの「すべり目」の記号はすべて浮き目の操作となる。）

40段め：MCで最後まで裏編み。
41〜42段め：CCで裏目2、浮き目1、*裏目3、浮き目1*、*〜*を最後に1目残るまでくり返し、裏目1。
43〜44段め：MCで*浮き目1、裏目3*、*〜*を最後までくり返す。
45段め：MCで裏編み。
46〜47段め：CCで*浮き目1、裏目3*、*〜*を最後までくり返す。
48〜49段め：MCで裏目2、浮き目1、*裏目3、浮き目1*、*〜*を最後に1目残るまでくり返し、裏目1。
40〜49段めが1模様となる。
40〜49段めをあと5回編む。

HEEL FLAP／**ヒールフラップ**

このセクションは33目を往復に編む。糸は切らず、最後に編んだ位置から編みはじめる。編み地を返すタイミングや、色替えをして編み地を返さずに同じ面を編む場合があるので注意。

1段め（裏面）：MCで裏目33。
2段め（裏面）：BORからCCで編みはじめるよう編み目を移し替え、裏目2、*浮き目1、裏目3*を7回編み、浮き目1、裏目2、編み地を返す。
3段め（表面）：表面からCCでヒールフラップの目を次のように編む：
表目2、*すべり目1、表目3*を7回編み、すべり目1、表目2。
4段め（表面）：表面からMCで、表目4、*すべり目1、表目3*を7回編み、表目1、編み地を返す。
5段め（裏面）：MCで、裏目4、*浮き目1、裏目3*を7回編む、裏目1、編み地を返す。
6段め（表面）：MCで、ヒールフラップの目をすべて表編み、編み地を返す。
7段め（裏面）：CCで、裏目4、*浮き目1、裏目3*を7回編む、裏目1、編み地を返す。
8段め（表面）：CCで、表目4、*すべり目1、表目3*を7回編む、表目1、編み地を返す。
9段め（裏面）：MCで、裏目2、*浮き目1、裏目3*を7回編む、浮き目1、裏目2、編み地を返す。
10段め（表面）：MCで、表目2、*すべり目1、表目3*を7回編む、すべり目1、表目2、編み地を返す。
上記の10段を1模様とする。
1〜10段めをあと2回編み、1〜6段めをもう一度編む。

次のように、引き返し編みをしながらMCでヒールターンを編む。
ヒールターンでは毎段1目ずつ減目する。
1段め（裏面）：裏目18、裏目の左上2目一度、裏目1、編み地を返す。
2段め（表面）：表目を編むように1目を右針に移す、表目4、右上2目一度、表目1、編み地を返す。
3段め：裏目を編むように1目を右針に移す、裏目5、裏目の左上2目一度、裏目1、編み地を返す。
4段め：表目を編むように1目を右針に移す、表目6、右上2目一度、表目1、編み地を返す。
5段め：裏目を編むように1目を右針に移す、裏目7、裏目の左上2目一度、裏目1、編み地を返す。
6段め：表目を編むように1目を右針に移す、表目8、右上2目一度、表目1、編み地を返す。
7段め：裏目を編むように1目を右針に移す、裏目9、裏目の左上2目一度、裏目1、編み地を返す。
8段め：表目を編むように1目を右針に移す、表目10、右上2目一度、表目1、編み地を返す。
9段め：裏目を編むように1目を右針に移す、裏目11、裏目の左上2目一度、裏目1、編み地を返す。
10段め：表目を編むように1目を右針に移す、表目12、右上2目一度、表目1、編み地を返す。
11段め：裏目を編むように1目を右針に移す、裏目13、裏目の左上2目一度、裏目1、編み地を返す。
12段め：表目を編むように1目を右針に移す、表目14、右上2目一度、表目1、編み地を返す。
13段め：裏目を編むように1目を右針に移す、裏目15、裏目の左上2目一度、裏目1、編み地を返す。
14段め：表目を編むように1目を右針に移す、表目16、右上2目一度、表目1。
15段め：裏目を編むように1目を右針に移す、裏目18。（19目になる）

GUSSET／**マチ**

次に、ヒールフラップの左端から次のように目を拾う：
裏面を見ながら、MCでヒールフラップの左端に沿って21目（MCのセクションから2目、CCのセクションから1目の割合で）拾う。編み地の端が裏面に出るように拾い目をする。
次に甲側の31目を裏編み、今度はヒールフラップの右端から21目拾う。
合計92目になり、CCの糸の位置に到達する。BORのmをつける。
両先針で編んでいる場合は、編み目をセクションごと（ヒールフラップの左端、甲側、ヒールフラップの右端）に分ける。このようにするとステッチマーカーは必要なくなる。

Gusset shaping／**マチのシェーピング**

再び輪に編む。
1段め（減目段）：CCで、*裏目3、浮き目1*、*〜*を9回編み、裏目2、裏目の右上2目一度、PM、裏目1、*浮き目1、裏目3*、*〜*を7回編み、浮き目1、裏目1、PM、裏目の左上2目一度、裏目2、*浮き

チャート1

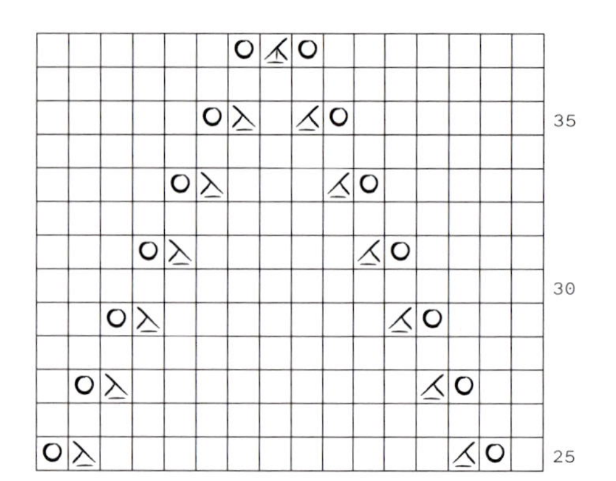

チャート2

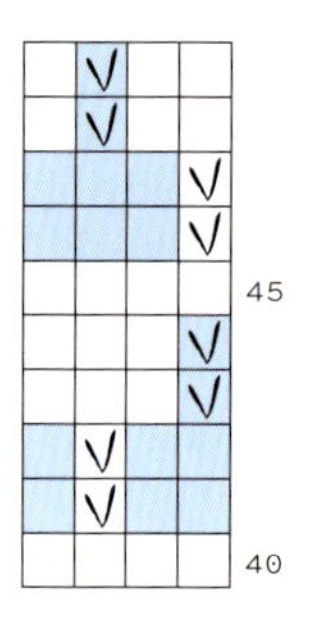

- 裏目
- かけ目
- すべり目
- 裏目の左上2目＋度
- 裏目の右上2目ー度
- 裏目の左上3目ー度

- MC
- CC

目1、裏目3*、*〜*を4回編み、浮き目1。(2目減)

2段め：CCで、CCの目はすべて裏編みし、MCの目は浮き目にする。

3段め(減目段)：MCで、裏目1、*浮き目1、裏目3*、*〜*をMの手前に2目残るまでくり返し、裏目の右上2目一度、SM、裏目3、*浮き目1、裏目3*、*〜*をMまでくり返し、SM、裏目の左上2目一度、*裏目3、浮き目1*、*〜*を最後に2目残るまで編み、裏目2。(2目減)

4段め：MCで、MCの目はすべて裏編みし、CCの目は浮き目にする。

5段め(減目段)：MCでMの手前に2目残るまで裏編み、裏目の右上2目一度、SM、Mまで裏編み、SM、裏目の左上2目一度、最後まで裏編み。(2目減)

6段め：CCで、裏目1、*浮き目1、裏目3*、*〜*をMまでくり返し、SM、裏目3、*浮き目1、裏目3*、*〜*をmまでくり返し、SM、*裏目3、浮き目1、*〜*を最後に2目残るまでくり返し、裏目2。

7段め(減目段)：CCで、Mの手前に2目残るまでCCの目はすべて裏編み、MCの目は浮き目にし、裏目の右上2目一度、SM、MまでCCの目はすべて裏編み、MCの目はすべて浮き目にし、SM、裏目の左上2目一度、最後までCCの目はすべて裏編み、MCの目は浮き目にする。(2目減)

8段め：MCで、*裏目3、浮き目1*、*〜*をMの手前に4目残るまで編み、裏目4、SM、裏目1、浮き目1、*裏目3、浮き目1*、*〜*をMの手前に1目残るまで編み、裏目1、SM、裏目4、浮き目1、*裏目3、浮き目1*、*〜*を最後までくり返す。

9段め(減目段)：MCで、Mの手前に2目残るまでMCの目はすべて裏編み、CCの目は浮き目にして、裏目の右上2目一度、SM、MまでMCの目はすべて裏編み、CCの目は浮き目にし、SM、裏目の左上2目一度、最後までMCの目はすべて裏編み、CCの目は浮き目にする。(2目減)

10段め：MCで裏編み。

11段め(減目段)：CCで、*裏目3、浮き目1*、*〜*をMの手前に3目残るまで編み、裏目1、裏目の右上2目一度、SM、裏目1、浮き目1、*裏目3、浮き目1*、*〜*をMの手前に1目残るまで編み、裏目1、SM、裏目の左上2目一度、裏目1、浮き目1、*裏目3、浮き目1*、*〜*を最後まで編む。(2目減)

12段め：CCで、CCの目はすべて裏編みし、MCの目は浮き目にする。

13段め(減目段)：MCで、裏目1、浮き目1、*裏目3、浮き目1*、*〜*をMの手前に4目残るまで編み、裏目2、裏目の右上2目一度、SM、裏目3、*浮き目1、裏目3*、*〜*をMまでくり返し、SM、裏目の左上2目一度、裏目2、浮き目1、*裏目3、浮き目1*を最後に2目残るまで編み、裏目2。(2目減)

14段め：MCで、MCの目はすべて裏編みし、CCの目は浮き目にする。

15段め(減目段)：MCで、Mの手前に2目残るまで裏編み、裏目の右上2目一度、SM、次のMまで裏編み、SM、裏目の左上2目一度、最後まで裏編み。(2目減)

16段め：CCで、裏目1、*浮き目1、裏目3*、*〜*をMの手前に3目残るまで編み、浮き目1、裏目2、SM、裏目3、*浮き目1、裏目3*、*〜*をMまでくり返し、SM、裏目2、浮き目1、*裏目3、浮き目1*、*〜*を最後に2目残るまで編み、裏目2。

17段め(減目段)：CCで、Mの手前に2目残るまでCCの目はすべて裏編み、MCの目は浮き目にし、裏目の右上2目一度、SM、MまでCCの目はすべて裏編み、MCの目は浮き目にする、SM、裏目の左上2目一度、最後までCCの目はすべて裏編みし、MCの目は浮き目にする。(2目減)

18段め：MCで、*裏目3、浮き目1*、*〜*をMの手前に3目残るまで編み、裏目3、SM、裏目1、浮き目1、*裏目3、浮き目1*、*〜*をMの手前に1目残るまで編み、裏目1、SM、*裏目3、浮き目1*、*〜*を最後までくり返す。

19段め(減目段)：MCで、Mの手前に2目残るまでMCの目はすべて裏編み、CCの目は浮き目にする、裏目の右上2目一度、SM、MまでMCの目はすべて裏編み、CCの目は浮き目にする、SM、裏目の左上2目一度、最後までMCの目はすべて裏編み、CCの目は浮き目にする。(2目減)

20段め：MCで、最後まで裏編み。

21段め(減目段)：CCで、*裏目3、浮き目1*、*〜*をMの手前に2目残るまで編み、裏目の右上2目一度、SM、裏目1、浮き目1、*裏目3、浮き目1*、*〜*をMの手前に1目残るまで編み、裏目1、SM、裏目の左上2目一度、浮き目1、*裏目3、浮き目1*、*〜*を最後まで編む。(2目減)

22段め：CCで、CCの目はすべて裏編み、MCの目は浮き目にする。

23段め(減目段)：MCで、裏目1、浮き目1、*裏目3、浮き目1*、*〜*をMの手前に3目残るまで編み、裏目1、裏目の右上2目一度、SM、裏目3、*浮き目1、裏目3*、*〜*をMまでくり返し、SM、裏目の左上2目一度、裏目1、浮き目1、裏目3、浮き目1、裏目2。(2目減)

24段め：MCで、MCの目はすべて裏編みし、CCの目は浮き目にする。

25段め(減目段)：MCで、Mの手前に2目残るまで裏編み、裏目の右上2目一度、

SM、次のMまで裏編み、SM、裏目の左上2目一度、最後まで裏編み。(2目減)

26段め：CCで、裏目1、*浮き目1、裏目3*、*～*をMの手前に2目残るまで編み、浮き目1、裏目1、SM、裏目3、*浮き目1、裏目3*、*～*をMまで編み、SM、裏目1、浮き目1、裏目3、浮き目1、裏目2。

27段め(減目段)：CCで、Mの手前に2目残るまでCCの目はすべて裏編み、MCの目は浮き目にし、裏目の右上2目一度、SM、MまでCCの目はすべて裏編み、MCの目は浮き目にする、SM、裏目の左上2目一度、最後までCCの目はすべて裏編み、MCの目は浮き目にする。(2目減)

FOOT／フット

針には元の目数の64目になる。BOR m以外のMははずしながら次のように輪に編む：

1・2段め：MCで、*裏目3、浮き目1*、*～*を最後までくり返す。

3段め：MCで、最後まで裏編み。

4・5段め：CCで、*裏目3、浮き目1*、*～*を最後までくり返す。

6・7段め：MCで、裏目1、浮き目1、*裏目3、浮き目1*、*～*を最後に2目残るまでくり返し、裏目2。

8段め：MCで、最後まで裏編み。

9・10段め：CCで、裏目1、浮き目1、*裏目3、浮き目1*、*～*を最後に2目残るまでくり返し、裏目2。

1～10段めで1模様となる。

1～10段めをあと4 (5、5) 回編む。

この時点で小指が隠れる状態になる。長くしたい場合はもう1模様編むとよい。

1・2段めをもう一度編む。

TOE／つま先（輪編み）

MCで2段裏編み。CCで2段裏編み。

糸を切る。

MCで2段裏編み。

次に減目をしながらつま先を編む。

伝統的な方法は次の通り(両先針で編む場合に限る)：

1本の針に16目ずつになるように編み目を移し替える。

BOR mをはずし、左針に2目残るまで裏編み、裏目の左上2目一度。

最後に編めた目を左針に移す。ここで左針が右針になる。

上記の操作を各針2目ずつになるまでくり返す。

代替方法(輪編み)：

1段め：*裏目14、裏目の左上2目一度*、*～*を最後までくり返す。(60目)

2段め：裏目12、裏目の左上2目一度、*裏目13、裏目の左上2目一度*、*～*を3回編む、裏目1。(56目)

3段め：裏目10、裏目の左上2目一度、*裏目12、裏目の左上2目一度*、*～*を3回編む、裏目2。(52目)

4段め：裏目8、裏目の左上2目一度、*裏目11、裏目の左上2目一度*、*～*を3回編む、裏目3。(48目)

5段め：裏目6、裏目の左上2目一度、*裏目10、裏目の左上2目一度*、*～*を3回編む、裏目4。(44目)

6段め：裏目4、裏目の左上2目一度、*裏目9、裏目の左上2目一度*、*～*を3回編む、裏目5。(40目)

7段め：裏目2、裏目の左上2目一度、*裏目8、裏目の左上2目一度*、*～*を3回編む、裏目6。(36目)

8段め：裏目の左上2目一度、*裏目7、裏目の左上2目一度*、*～*を3回編む、裏目5、裏目の左上2目一度。(31目)

9段め：*裏目6、裏目の左上2目一度*を3回編み、裏目4、裏目の左上2目一度、裏目1。(27目)

10段め：裏目4、裏目の左上2目一度、*裏目5、裏目の左上2目一度*、*～*を2回編む、裏目3、裏目の左上2目一度、裏目2。(23目)

11段め：裏目2、裏目の左上2目一度、*裏目4、裏目の左上2目一度*、*～*を2回編む、裏目2、裏目の左上2目一度、裏目3。(19目)

12段め：裏目の左上2目一度、*裏目3、裏目の左上2目一度*、*～*を2回編む、裏目1、裏目の左上2目一度、裏目2、裏目の左上2目一度。(14目)

13段め：*裏目2、裏目の左上2目一度*、*～*を2回編む、裏目の左上2目一度、裏目1、裏目の左上2目一度、裏目1。(10目)

14段め：裏目の左上2目一度、裏目1、裏目の左上2目一度。ここで止める。(8目)

糸を切り、残った8目に通す。

FINISHING／仕上げ

糸始末をする。水通しをし、寸法に合わせてブロッキングする。

Yucca/Yuka Takahashi

12 Berries & Bird Tracks

ベリーと鳥の足跡

このテクスチャー豊かな靴下は流行りにとらわれることがありません。
甲からレッグの前後に模様編みが入ります。

SIZES／サイズ

1 {2, 3}
推奨するゆとり：仕上がり寸法より約－5 cm

FINISHED MEASUREMENTS／仕上がり寸法

フット／レッグ周囲：15.5（17.5、20）cm
レッグ長さ：約13 cm（調整可）
フット長さ：調整可

MATERIALS／材料

糸：Grenouille Co.のSock 85/15（メリノ85%・ナイロン15%、400m／100 g）〈Inky Depths〉1カセ
またはフィンガリング〈中細〉程度の糸を255（285、340）m

針：2.25 mm（US 1／JP 0または1号）輪針

その他の用具：ステッチマーカー、なわ編み針

GAUGE／ゲージ

32目×46段（メリヤス編み・10cm角、ブロッキング後）
38目×46段（模様編み編み・10cm角、ブロッキング後）

SPECIAL ABBREVIATIONS／特別な用語

右上1目交差（下の目が裏目）：1目をなわ編み針に移し、編み地の手前におき、左針から裏目1、なわ編み針から表目1。
左上1目交差（下の目が裏目）：1目をなわ編み針に移し、編み地の後ろ側におき、左針から表目1、なわ編み針から裏目1。
左上1目と2目の交差（下の目が裏目1、表目1）：2目をなわ編み針に移し、編み地の後ろ側におき、左針から表目1、なわ編み針から（裏目1、表目1）。

Note／メモ

チャートAのかけ目は、次段でねじり目にして編むことで前段のかけ目をとじます。

CONSTRUCTION／構造

このテクスチャー豊かな靴下はつま先から編みはじめ、ヒールフラップとマチを編みます。カフは1目のツイステッドリブ編みにします。

DIRECTIONS／編み方

TOE／つま先

ジュディーズマジックキャストオン［Judy's Magic CO］の方法で18（22、26）目作る。輪につなげる。
1本目の針〈N1〉は甲側の目、2本目の針〈N2〉は足底の目とする。［各針9（11、13）目ずつ］
1段め：〈N1〉表目1、2目の編み出し増し目、最後に3目残るまで表編み、2目の編み出し増し目、表目2。〈N2〉表目1、2目の編み出し増し目、最後に3目残るまで表編み、2目の編み出し増し目、表目2。（4目増）
1段めをあと2（3、3）回編む。［各針15（19、21）目になる］

次段：〈N1〉：表目1、2目の編み出し増し目、最後に3目残るまで表編み、2目の編み出し増し目、表目2。〈N2〉：最後まで表編み。（2目増）
［〈N1〉は17（21、23）目、〈N2〉は15（19、21）目になる］

次段：〈N1〉：表目1、2目の編み出し増し目、最後に3目残るまで表編み、2目の編み出し増し目、表目2。〈N2〉：表目1、2目の編み出し増し目、最後に3目残るまで表編み、2目の編み出し増し目、表目2。（4目増）

次段：〈N1〉・〈N2〉ともに表編み。
最後の2段をあと4（3、4）回編む。
［〈N1〉は27（29、33）目、〈N2〉は25（27、31）目になる］
次段：〈N1〉・〈N2〉ともに表編み。

［サイズ1のみ］
次段：〈N1〉表目1、2目の編み出し増し目、最後に3目残るまで表編み、2目の編み出し増し目、表目2。〈N2〉：最後まで表編み。（2目増）

［サイズ2・3のみ］
次段：〈N1〉：表目1、2目の編み出し増し目、最後に3目残るまで表編み、2目の編み出し増し目、表目2。
〈N2〉：表目1、2目の編み出し増し目、最後に3目残るまで表編み、2目の編み出し増し目、表目2。（4目増）
［〈N1〉に29（31、35）目、〈N2〉に25（29、33）目、合計54（60、68）目になる］

メリヤス編みで作り目から4.5（4.5、5）cmになるまで編む。

FOOT／フット

1段め：〈N1〉：裏目1（2、4）、チャートAの1段めを編む、チャートBの1段めを編む、チャートAの1段めを編む、裏目1（2、4）。〈N2〉：最後まで表編み。
2段め：〈N1〉：裏目1（2、4）、チャートAの次段を編む、チャートBの次段を編む、チャートAの次段を編む、裏目1（2、4）。〈N2〉：最後まで表編み。
2段めの手順で「好みのフット長さ－8（8.5、10）cm」になるまで編む。
Note：フットから控えた分の長さはマチとヒールターンの長さになる。マチとヒールは合計36（40、46）段編む。実際のゲージをもとに長さを調整する。
足底は「好みのフット長さ－2 cm」になる。

GUSSET／マチ（輪編み）

1段め（増し目段）：〈N1〉：裏目1（2、4）、チャートAの次段を編む、チャートBの次段を編む、チャートAの次段を編む、裏目1（2、4）。
〈N2〉：2目の編み出し増し目、最後に2目残るまで編み、2目の編み出し増し目、表目1。（2目増）
2段め：〈N1〉：裏目1（2、4）、チャートAの次段を編む、チャートBの次段を編む、チャートAの次段を編む、裏目1（2、4）。
〈N2〉：表目2、PM、最後に2目残るまで編み、PM、表目2。
3段め（増し目段）：〈N1〉：裏目1（2、4）、チャートAの次段を編む、チャートBの次段を編む、チャートAの次段を編む、裏目1（2、4）。
〈N2〉：2目の編み出し増し目、*Mまで表編み、SM*を2回編み、2目の編み出し増し目、表目1。（2目増）
4段め：〈N1〉：裏目1（2、4）、チャートAの次段を編む、チャートBの次段を編む、チャートAの次段を編む、裏目1（2、4）。
〈N2〉：最後まで表編み。
5段め（増し目段）：〈N1〉：裏目1（2、4）、チャートAの次段を編む、チャートBの次段を編む、チャートAの次段を編む、裏目1（2、4）。
〈N2〉：2目の編み出し増し目、*Mまで表編み、SM*を2回編む、最後に2目残るまで編み、2目の編み出し増し目、表目1。（2目増）
6段め：4段めをくり返す。
5・6段めをあと11（12、14）回編む。マチ部分が合計28（30、34）目になる。
［〈N2〉MとMの間に23（27、31）目、両側に15（16、18）目ずつ、合計53（59、67）目］、［〈N1〉29（31、35）目］になる。

次の半周：〈N1〉裏目1（2、4）、チャートAの次段を編む、チャートBの次段を編む、チャートAの次段を編む、裏目1（2、4）。
編み終えた段を書き留めておく。
〈N1〉の編み目を輪針のコード部分または予備の針に移す。

HEEL TURN／ヒールターン

ヒールターンは〈N2〉の目でジャーマンショートロウ［German Short Rows］の引き返し編みを往復に編む：
1段め（表面）：Mまで表編み、SM、mまで表編み、編み地を返す。
2段め（裏面）：MDS、Mまで裏編み、編み地を返す。
3段め：MDS、表目20（24、28）、編み地を返す。
4段め：MDS、裏目18（22、26）、編み地を返す。
5段め：MDS、表目16（20、24）、編み地を返す。
6段め：MDS、裏目14（18、22）、編み地を返す。
7段め：MDS、表目12（16、20）、編み地を返す。
8段め：MDS、裏目10（14、18）、編み地を返す。

［サイズ2・3のみ］
9段め：MDS、表目－（12、16、）、編み地を返す。
10段め：MDS、裏目－（10、14）、編み地を返す。

［サイズ3のみ］
11段め：MDS、表目－（－、12、）、編み地を返す。
12段め：MDS、裏目－（－、10）、編み地を返す。

［すべてのサイズ］
最後のDSの間には11目残る。次の2段はDSを1目としながら編む：
次段（表面）：MDS、Mまで表編み、SM、右上2目一度、編み地を返す。（1目減）
次段（裏面）：浮き目1、SM、Mまで裏編み、SM、裏目の左上2目一度、編み地を返す。（1目減）
［〈N1〉は29（31、35）目、〈N2〉は51（57、65）目］になる。

HEEL FLAP／ヒールフラップ

Note：ヒールフラップでは毎段1目ずつ減目する。
1段め（表面）：すべり目1、SM、*表目1、すべり目1*、*～*をMの手前に1目残るまでくり返す、表目1、SM、右上2目一度、編み地を返す。
2段め（裏面）：浮き目1、SM、Mまで裏編み、SM、裏目の左上2目一度、編み地を返す。
3段め：すべり目1、SM、*すべり目1、表目1*、*～*をMの手前に1目残るまでくり返す、すべり目1、SM、右上2目一度、編み地を返す。
4段め：浮き目1、SM、Mまで裏編み、SM、裏目の左上2目一度、編み地を返す。

チャートA

チャートB

- 表目
- 裏目
- 中上3目一度
- 表目3
- 1目に「表目1、かけ目、表目1」
- 表目のねじり目1
- 右上3目一度（上の目がねじり目）
- かけ目
- すべり目

- 右上1目交差（下の目が裏目）
- 左上1目交差（下の目が裏目）
- 左上1目と2目の交差（下の目が裏目、表目1）

1〜4段めをくり返し、〈N2〉の目数が25（29、33）目になると、2（4、4）段めで編み終わる。
次段：すべり目1、RM、Mまで表編み、RM、表目1。編み地はそのまま、返さない。

LEG／レッグ

休ませていた目を〈N1〉に戻し、再び輪に編む。合計54（60、68）目。
マチの最後に書き留めておいたチャートの段の続きから編みはじめる。

Note：次段では段差をなくすために次のように編む：
〈N1〉の両端で次の縦列から1目拾い、その目と〈N1〉の最初／最後の目を裏目の2目一度に編む。

1段め：〈N1〉：右側の縦列から1目拾い、左針にのせ、裏目で2目一度に編み、段差をなくす。裏目0（1、3）、チャートAの次段を編む、チャートBの次段を編む、チャートAの次段を編む、裏目0（1、3）、すべり目1。
左側の縦列から1目拾い、右針にのせ、右針から2目を左針に戻し、裏目の右上2目一度、段差をなくす。〈N2〉：最後まで表編み。

2段め：〈N1〉：裏目1（2、4）、チャートAの次段を編む、チャートBの次段を編む、チャートAの次段を編む、裏目1（2、4）。
〈N2〉：最後まで表編み。
最後の段をくり返し、レッグが約9 cmまたは好みの長さになるまで編み、チャートAの4段めとチャートBの2段めまたは4段めで編み終える。
チャートAの最後のかけ目は次段でねじり目に編む。

CUFF／カフ

[サイズ1のみ]
1段め：*裏目1、表目のねじり目1*、*〜*を最後までくり返す。

[サイズ2・3]
1段め：*表目のねじり目1、裏目1*、*〜*を最後までくり返す。

[すべてのサイズ]
上記の手順でツイステッドリブを4 cm編む。

次の伸縮性のある止め方ですべての目を止める：
[サイズ1のみ]
1段め：*裏目1、左針に2目戻す、表目のねじり目のように2目一度に編む、表目のねじり目1、左針に2目戻す、表目のねじり目のように2目一度に編む*、*〜*を最後までくり返し、すべての目を止める。

[サイズ2・3のみ]
1段め：*表目のねじり目1、左針に2目戻す、表目のねじり目2目一度に編む、裏目1、左針に2目戻す、表目のねじり目のように2目一度に編む*、*〜*を最後までくり返し、すべての目を止める。

FINISHING／仕上げ

糸始末をする。美しく仕上げるには水通しをしてブロッキングするとよい。

Yuri Kader Kojima

13 Ordinary Love

日常にあった愛

幼い頃、姉妹の靴下にはすぐに見分けがつくようにそれぞれ刺繍が施されていました。シンプルでありながら美しいパターンは、母親の愛情から着想を得たシリーズの中のひとつです。

SIZES／サイズ

1 {2, 3}
推奨するゆとり：仕上がりサイズより0〜−1.5 cm

FINISHED MEASUREMENTS／仕上がり寸法

レッグ／フット周囲：20（23、25）cm
レッグ長さ：16（19、23）cm（調整可）
フット長さ：20（23、25）cm

MATERIALS／材料

糸：Farmer's Daughter FibersのPishkun（MT & WYランブイエウール100％、233 m／100 g)、〈Elk Antler〉1カセ
またはDK（合太〜並太）程度の糸を140（180、230）m

刺繍用の糸（手持ちの残り糸を使用。参考作品では次の糸を2本取りにして約25㎝ずつ使用）：LanivendoleのChic Blend、IsagerのSilk Mohair 、Rosa PomarのVovó

針：3.5 mm（US 4／JP 5）と4 mm（US 6／JP 6）輪針

その他の用具：ステッチマーカー

GAUGE／ゲージ

18目×32段（4mm針でメリヤス編み・10cm角、ブロッキング後）

CONSTRUCTION／構造

カフから編みはじめ、かかとにはヒールフラップを編みます。靴下を編み終え、ブロッキングしたあとで側面に刺繍を入れます。

DIRECTIONS／編み方

CAST-ON／作り目

3.5 mm針でジャーマンツイステッドキャストオン［German Twisted CO］の方法で36（40、48）目作る。BORにPM、編み目がねじれないように注意しながら輪につなげる。

CUFF／カフ

リブ編みの段：*表目2、裏目2*、*〜*を最後までくり返す。
上記の手順で2目ゴム編みを合計12段編む。

LEG／レッグ

4 mm針に持ち替える。
BOR（段の編みはじめ）での段差が出ないようにするため、次のように編む：
1段め：表編みで最後まで編む。
2段め：裏編みで最後まで編む。
3段め：浮き目1、最後まで表編み。
4段め：裏編みで最後まで編む。
5段め：浮き目1、最後まで表編み。

メリヤス編み（毎段表編み）で約17（19、23）cm編む。
Note：レッグ長さを調整するにはメリヤス編みの段数を加減する。

次段：表目18（20、24）。

HEEL FLAP ／ヒールフラップ

前段で編まなかった次の18（20、24）目でヒールフラップを編む。
1段め（表面）：*すべり目1、表目1*、*～*をMまで編む、RM。
2段め（裏面）：すべり目1、最後まで裏編み。
1・2段めをあと8（9、11）回くり返してヒールフラップを編む。

HEEL TURN ／ヒールターン

Note：ヒールターンでは毎段1目ずつ減目する。
［サイズ1のみ］
1段め（表面）：すべり目1、表目9、右上2目一度、表目1、編み地を返す。
2段め（裏面）：すべり目1、裏目3、裏目の左上2目一度、裏目1、編み地を返す。
3段め：すべり目1、段差の1目手前まで表編み、右上2目一度、表目1、編み地を返す。
4段め：すべり目1、段差の1目手前まで裏編み、裏目の左上2目一度、裏目1、編み地を返す。
5段め：すべり目1、段差の1目手前まで表編み、右上2目一度、表目1、編み地を返す。
6段め：すべり目1、段差の1目手前まで裏編み、裏目の左上2目一度、裏目1、編み地を返す。
7段め：すべり目1、段差の1目手前まで表編み、右上2目一度、編み地を返す。
8段め：最後に2目残るまで裏編み、裏目の左上2目一度、編み地を返す。［10目になる］
Gusset／マチへ進む。

［サイズ2・3のみ］
1段め（表面）：すべり目1、表目（10、12）、右上2目一度，表目1、編み地を返す。
2段め（裏面）：すべり目1、裏目3、裏目の左上2目一度、裏目1、編み地を返す。
3段め：すべり目1、段差との間に1目残るまで表編み、右上2目一度、表目1、編み地を返す。
4段め：すべり目1、段差との間に1目残るまで裏編み、裏目の左上2目一度，裏目1，編み地を返す。
3・4段めを合計3回編む。
すべての目が編めたことになる。
※最後の裏編みの段では1目めはすべり目ではなく裏目に編む。［（12、14）目になる］

GUSSET ／マチ

ヒールターンの最初の5（6、7）目を表編みし、PM（BOR m）。
ヒールターンの最後の5（6、7）目を表編みし、ヒールフラップの端から9（10、12）目拾う。PM（M1）、甲側の18（20、24）目を表編みし、PM（M2）、ヒールフラップの反対側の端から9（10、12）目拾う。
BOR mまで表編み。［46（52、62）目になる］

次のように減目する：
1段め：M1の手前に3目残るまで表編み、左上2目一度、表目1、SM1、M2まで甲側を表編み、SM2、表目1、右上2目一度、最後まで表編み。（2目減）
2段め：最後まで表編み。
1・2段めを合計5（6、7）回編む。［36（40、48）目になる］

FOOT ／フット

メリヤス編みでフットが「好みの長さ－3（4、4.5）cm」になるまで編む。

TOE ／つま先

1段め：M1の手前に3目残るまで表編み、左上2目一度、表目1、SM1、表目1、右上2目一度、M2の手前に3目残るまで表編み、左上2目一度、表目1、SM2、表目1、右上2目一度、最後まで表編み。（4目減）
2段め：最後まで表編み。
1・2段めを合計5（5、6）回編む。残りの目数は16（20、24）目になる。
1段めをくり返し、12目まで減らす。

次段：RM（BORm）、M1まで表編み（つま先の端）、RM1。
糸端を30cm残して切る。
つま先の目をはぎ合わせる。

FINISHING ／仕上げ

糸始末をする。水通しをし、寸法に合わせてブロッキングする。

Embroidery ／刺繍

刺繍はとじ針と手持ちの残り糸で刺します。サンプルはフィンガリング（中細）とライトフィンガリング（極細）の糸を引き揃えて使用しています。

レイジーデイジーステッチで花形を刺す：
①花形の中心に針先を出す。
②　①と同じ所に針を入れて、適度な大きさのループを残す。
きつく引き過ぎないよう注意する。
③花弁の先となる位置に針を出し（①の位置から約1.3cm）、②で残したループをかけ、やさしく糸を引く。
④小さな針目で最初の花弁を押さえる。
①～④をあと4回くり返し、花弁を5枚刺す。

花形の中心と飾りの玉にはフレンチノットステッチを刺す：
①フレンチノットステッチを刺す位置に針先を出す。
②左手に糸を持ち、編み地の近くで、針先に糸を2回巻く。
③針先を出した場所のわきに入れ、巻いた糸は寄せて、編み地の面にノットができるようにする。
④針を刺した状態で下に引き、ノットを引き締めてステッチを仕上げる。

14

26

14 週～ 26 週目

Panen — Amelia Putri　Seigaiha — Anke von Ahrentschildt　Elise — Ashley Ratnam
Ofidi, Boixac — Elena Solier Jansà　Bequem Eleganz — Emma Brace　Anni — Emma Duche
Rocails — Pope Vergara　Tennis Socks — Sarah Heymann　Hawick — Sofia Sacket
Pinwheel — Summer Lee　Amber — Veera Välimäk　Kissa — Yucca / Yuka Takahashi

Amelia Putri

14 Panen

パネン

Panenはインドネシア語で「収穫」のこと。苦労が報われる至福のひと時です。
1年のうちで特別な時期、そしてこの時期に生まれるコミュニティの結束から発想を得てデザインしました。

SIZES／**サイズ**

1 {2, 3}
推奨するゆとり：仕上がりサイズより0～-2.5 cm

FINISHED MEASUREMENTS／**仕上がり寸法**

レッグ周囲（平置き）：16（17、18）cm
フット周囲（最大まで伸ばした場合）：21（24、26）cm
Note：リブ編みの模様の性質により周囲は伸びやすいので、寸法には特に注意する。
レッグ長さ：9（9、10）cm
フット長さ：調整可

MATERIALS／**材料**

糸：PapiputのSupersoft Sock（スーパーウォッシュメリノ85%・ナイロン15% nylon、400 m／100 g）〈Beras Kencur〉1カセ
またはフィンガリング〈中細〉程度の糸を約200（260、320）m

針：2.5 mm（US 1.5／JP 1号）針

その他の用具：同じ色または形状のステッチマーカー4個、色または形状の異なるステッチマーカー1個（BOR用）、なわ編み針、ステッチホルダーまたは別糸

GAUGE／**ゲージ**

30目×46段（メリヤス編み・10cm角、ブロッキング後）
20目×21段（チャートAを輪に編んだ場合・5cm、ブロッキング後）

SPECIAL ABBREVIATIONS／**特別な用語**

リブ編みの右上3目交差：3目をなわ編み針に移し、編み地の手前におき、左針から「表目1、裏目1、表目1」、なわ編み針から、「表目1、裏目1、表目1」
リブ編みの左上3目交差：3目をなわ編み針に移し、編み地の向こう側におき、左針から「表目1、裏目1、表目1」、なわ編み針から、「表目1、裏目1、表目1」

CONSTRUCTION／**構造**

この靴下はリバーシブルで、カフから編みはじめ、全体をリブ編みとケーブル模様で編みます。かかと部分にはヒールフラップとマチも編みます。

DIRECTIONS ／編み方

CUFF ／カフ

指でかける作り目[Long-Tail CO]の方法で64（68、72）目作る。編み目を均等に針に分ける。
編み目がねじれないように注意しながら輪につなげ、BOR（段の編みはじめ）にPM。

[サイズ1のみ]
リブ編みの段：（*表目2、裏目1、表目1、裏目1*、*～*を6回編み、表目2）を2回編む。

[サイズ2のみ]
リブ編みの段：（*表目1、裏目1*、*～*を3回編み、*表目2、裏目1、表目1、裏目1*、*～*を5回編み、表目1、裏目、表目1）を2回編む。

[サイズ3のみ]
リブ編みの段：（*表目1、裏目1、表目2、裏目1*、*～*を7回編み、表目1）を2回編む。
リブ編みの段を合計8（8、10）段編む。カフを長めに編みたい場合はあと8段編む。

LEG ／レッグ

チャートAを編みはじめる。
「端のリブ編み」は前後の両端にマーカーで印をつけたリブ編みを指す。

準備段
[サイズ1のみ]
表目2、裏目1、PM、チャートAの1段めを編む、PM、裏目1、表目2、*～*をもう一度編む。

[サイズ2のみ]
（表目1、裏目1）を2回編む、PM、チャートAの1段めを編む、PM、裏目1、表目1、裏目1、表目1、*～*をもう一度編む。

[サイズ3のみ]
表目1、裏目1、表目2、裏目1、PM、チャートAの1段めを編む、PM、裏目1、表目2、裏目1、表目1、*～*をもう一度編む。

[すべてのサイズ]
2～25段め：端のリブ編みを編み、チャートAの通りに25段めまで編む。
続く6段：*端のリブ編み、SM、チャートBの通りに編む（1～6段め）、SM、端のリブ編み*、*～*をもう一度編む。

HEEL FLAP ／ヒールフラップ

編み目を次のように前後に目を分ける：次の32（34、36）目を前側（甲側）の目としてホルダーまたは別糸に移す、RM。
ヒールフラップは後ろ側の32（34、36）目だけで、表目は表目に、裏目は裏目に、目なりに編む。

チャートA

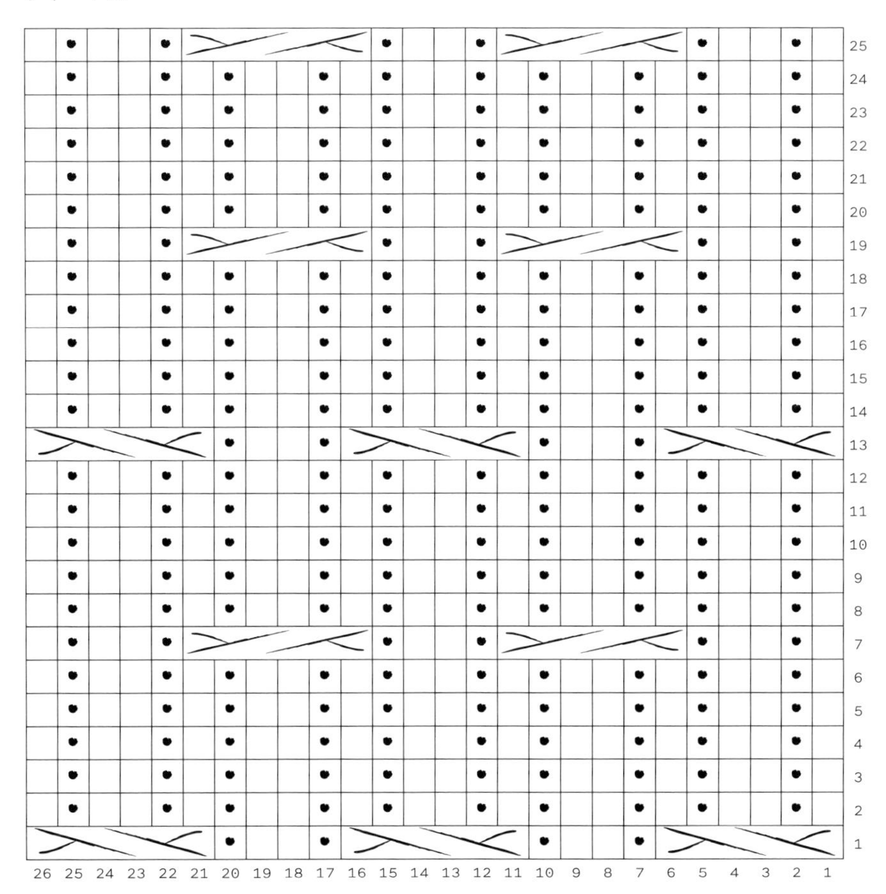

チャートB

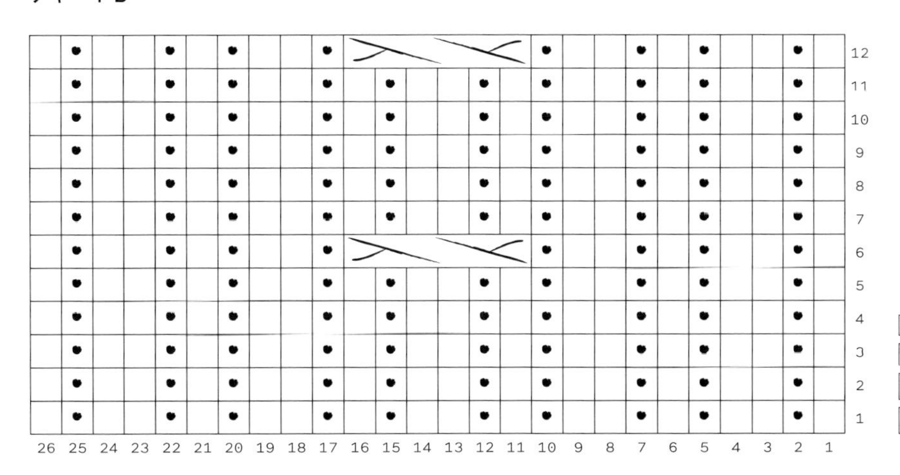

□ 表目
• 裏目
右上１目交差
左上１目交差

1段め(裏面)：浮き目1、最後まで目なりに編む。
2段め(表面)：すべり目1、最後まで目なりに編む。
1・2段めを合計13(14、15)回編む。裏面の段をもう一度編む。

HEEL TURN／ヒールターン

表目は表目に、裏目は裏目に、目なりに編む。
ヒールターンでは毎段1目ずつ減目する。
1段め(表面)：すべり目1、目なりに18(20、22)目編む、右上2目一度、表目1、編み地を返す。(10目編み残す)。
2段め(裏面)：浮き目1、目なりに7(9、11)目編む、裏目の左上2目一度、裏目1、編み地を返す。
3段め：すべり目1、段差との間に1目残るまで編む、右上2目一度、表目1、編み地を返す。
4段め：浮き目1、段差との間に1目残るまで編む、裏目の左上2目一度、裏目1、編み地を返す。
3・4段をくり返し、すべての目が編めるまで編む。[20(22、24)目になる]

GUSSET／マチ

前側(甲側)の32(34、36)目を針に戻す。再び輪に編む。
準備段：ヒールターンから表目20(22、24)、ヒールフラップの端のすべり目に沿って14(15、16)目拾う。

甲側の32(34、36)目を次のように編む：
「端のリブ編み」、SM、チャートB(7段め)を編む、SM、「端のリブ編み」。
ヒールフラップの反対側の端のすべり目に沿って14(15、16)目拾い、表目10(11、12)。
[80(86、92)目になる]。
Note：ヒールの中心がBOR(段の編みはじめ)になるためPM。

以後、足底の32(34、36)目は、表目は表目に、裏目は裏目に、目なりに編む。
準備段：〈足底側〉：表目10(12、14)、*裏目1、表目1*、*～*を5回編む、裏目1、左上2目一度、表目1。
〈甲側〉：「端のリブ編み」、SM、チャートB(8段め)を編み、SM、「端のリブ編み」。
〈足底側〉：表目1、右上2目一度、裏目1、*表目1、裏目1*、*～*を5回編む、表目10(11、12)。(2目減)

次のように減目段を2段ごとに編む：
次段：目なりに最後まで編む。
減目段：〈足裏側〉：目なりに甲側の手前に3目残るまで編み、左上2目一度、表目1。
〈甲側〉：「端のリブ編み」、SM、チャートの通りに編む(チャートの段の順に編み進める)、SM、「端のリブ編み」。
〈足裏側〉：表目1、右上2目一度、目なりに最後まで編む。(2目減)

上記2段を合計6(7、8)回編み、足底側の目数が32(34、36)目になるまで編み、以降は減目をせずに編み続ける。

これと同時に甲側を次の順番に編む：チャートB(9～12段め)、チャートA(14～25段め)、チャートA(1～25段め)、チャートB(1～12段め)を編む。

FOOT／フット

準備段：足底でRM、甲側まで目なりに編み、新しいBORとしてPM。
甲側・足底ともに目なりに編みながら、フットが「好みの長さ－5cm」になるまで編む。

TOE／つま先

準備段：〈甲側〉：表目1、左上2目一度、3目残るまで目なりに編み、右上2目一度、表目1。
〈足底側〉：表目1、右上2目一度、3目残るまで目なりに編み、左上2目一度、表目1。(4目減)
1段め：最後まで目なりに編む。
2段め(減目段)：〈甲側〉：表目1、右上2目一度、3目残るまで目なりに編み、左上2目一度、表目1。
〈足底側〉：表目1、右上2目一度、3目残るまで目なりに編み、左上2目一度、表目1。(4目減)
1・2段めを、目数が16(16、20)目になるまでくり返す。

両先針の場合は残りの目を2本の針に8(8、10)目ずつに分ける。
糸端を17cm残し、つま先をはぎ合わせる。

FINISHING／仕上げ

糸始末をする。水通しをし、寸法に合わせてブロッキングする。

Anke von Ahrentschildt

15 Seigaiha

青海波

この編み込み模様は同心円が重なり合った日本の幾何学模様「青海波」を思い出させます。
この模様は、穏やかな波がどこまでも続く広い海を表します。

SIZES ／サイズ

1 {2, 3}
推奨するゆとり：仕上がりサイズより0〜−2.5 cm

FINISHED MEASUREMENTS ／仕上がり寸法

レッグ／フット周囲：約20.5（23、25.5）cm
レッグ長さ：15 cm（調整可）
フット長：（調整可）

MATERIALS ／材料

糸：Rohrspatz & WollmeiseのTwin（スーパーウォッシュニューウール80%・ポリアミド20%、311 m／100 g）〈MC：Tipo〉、〈CC1：Madame Souris〉、〈CC2：Gloire de Dijon〉
またはフィンガリング〈中細〉程度の糸をMCとして約112（123、135）m、CC 1 として16（17、19）m、CC2として37（41、45）m

針：2 mm（US 0／JP 0号）、2.25 mm（US 1／JP 0又は1号）輪針

その他の用具：ステッチマーカー

GAUGE ／ゲージ

28目×40段（2 mm針でメリヤス編み・10cm角、ブロッキング後）
28目×34段（2.25mm針でカラーワーク・10cm角、ブロッキング後）

CONSTRUCTION ／構造

この靴下はカフからつま先に向けて編み込み模様を編み、ジャーマンショートロウ［German Short Row］の引き返し編みでヒールを編みます。

DIRECTIONS ／編み方

CUFF ／カフ

MCとUS 0 / 2 mmの針でエストニアンキャストオン［Estonian CO］などの伸縮性のある作り目の方法で56（64、72）目作る。
編み目を2本の針に均等に分ける。28（32、36）目ずつになる。
編み目がねじれないように注意しながら輪につなげる。BOR（段の編みはじめ）にPM。

［ツイステッドリブ編み］
1〜5段め：最後まで表編み。
6段め：*表目のねじり目1、裏目1*、*〜*を最後までくり返す。
上記の編み方で合計10段編む。

表編みで2段編む。

LEG ／レッグ

2.25 mm針に持ち替え、チャートの通りに編み込み模様を編む。

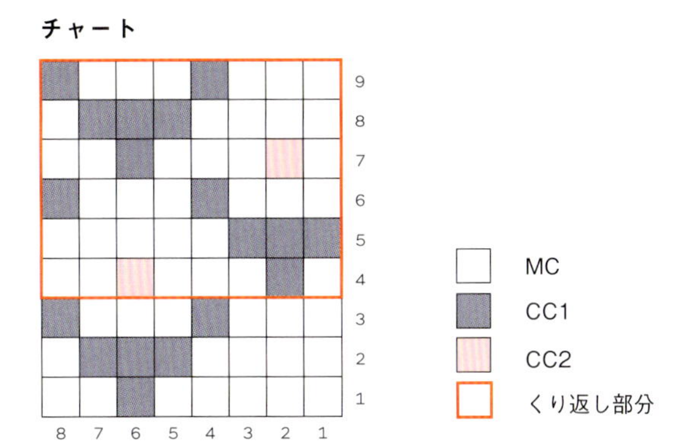

所定の位置でCC1とCC2をつける。
チャートは1段で7（8、9）回くり返す。
1〜3段めを一度編む。
その後、4〜9段めを15cmまたは好みのレッグ長さになるまでくり返し、4段めまたは7段めで編み終える。

HEEL ／ヒール

2 mm針に持ち替える。
CC2と〈N1〉の28（32、36）目だけでジャーマンショートロウヒール［The German Short Row Heel］を往復に編む。
MCとCC1を切る。CC2だけで続きを編む。

［ヒールの前半］
1段め（表面）：表目28（32、36）、編み地を返す。
2段め（裏面）：MDS（Make Double Stitch）、裏目27（31、35）、編み地を返す。
3段め：MDS、次のDSの手前まで表編み、編み地を返す。
4段め：MDS, 次のDSの手前まで裏編み、編み地を返す。
ヒールの両側でDSが9（11、12）になるまで3・4段めの手順をくり返す。
最後のDSは表面で行う。ヒールの最後まで表編み、途中のDSも表編みをして段消しをする。
甲側の1目めを右針に移してw&t（wrap & turn）。

次段（裏面）：ヒールの最後まで裏編み、途中のDSも裏編みをして段消しをする。
甲側の最後の目を右針に移してw&t。

［ヒールの後半］
1段め（表面）：表目20（22、25）、編み地を返す。
2段め（裏面）：MDS、裏目11（11、13）、編み地を返す。
3段め：MDS、DSまで表編み、DSを表編み、表目1、編み地を返す。
4段め：MDS、DSまで裏編み、DSを裏編み、裏目1、編み地を返す。
3・4段めをくり返しながら、両面の端まで編む。
最後のDSは表面の段の最初に編む。
表目15。BORにPM。
新しいBORは足底にし、カラーワークの色替えが目立たないようにする。

FOOT ／フット

2.25 mm の針に持ち替える。
チャートの続きを輪に編む。
DSは1目として表編みにして、甲側の最初と最後のラップした目は、本来の目とラップの目を2目一度のようにして編むことで段消しをしながら編む。
ラップしたCC2の目が裏面に隠れるようにする。
フット長さがおおよそ「好みのフット長さ−6（6、6.5）cm になるまで編む。
最後は3段めまたは6段めで編み終える。
CC1を切る。
CC2と記した目以外はすべてMCの表編みで、チャートの段（4段めまたは7段め）をもう一度編む。

MCで2段表編みし、MCも切る。

TOE ／つま先

2 mmの針に持ち替える。
つま先は配色のCC2の糸で編む。
BOR mをはずす。表目12（16、20）目、BORの位置をもう一度変える。
2本の針には、均等に甲側・足底側ともに28（32、36）目になる。輪に編む。
1段め：最後まで表編み。
2段め：〈N1〉表目1、裏目の左上2目一度、最後に3目残るまで表編み、裏目の左上2目一度、表目 1。〈N2〉表目1、裏目の左上2目一度、最後に3目残るまで表編み、裏目の左上2目一度、表目1.（4目減）
1・2段めをくり返し、目数が16（24、28）目になるまで続ける。

FINISHING ／仕上げ

CC2の糸端を約30cm残して切る。
つま先の目をはぎ合わせ、糸始末をする。
必要に応じて、ヒール部分の隙間を糸端でメリヤス刺繍のようにかがる。
水通しをし、寸法に合わせてブロッキングする。

Ashley Ratnam

16 Elise

エリーゼ

足首丈のEliseは咲き乱れる花々や高い木々に着想を得ています。
細かいケーブル模様と透かし編みはまるで木の葉が足元で舞い上がっているように見えます。

SIZES／サイズ

1 {2, 3}
推奨するゆとり：仕上がりサイズより－2.5～－4 cm

FINISHED MEASUREMENTS／仕上がり寸法

レッグ／フット周囲：20（22.5、25）cm
レッグ長さ：3 cm（調整可）
フット長さ：調整可

MATERIALS／材料

糸：RSBSYのCashmerino Sock（スーパーウォッシュメリノ70%・カシミア20%・ナイロン10%、366 m／115 g）〈Seascape〉1カセ
またはフィンガリング〈中細〉程度の糸を約201（229、274）m

針：2.5 mm（US 1.5／JP1号）の輪針

その他の用具：取り外し可能なステッチマーカー、別糸

GAUGE／ゲージ

32目×44段（メリヤス編み・10cm角、ブロッキング後）

CONSTRUCTION／構造

足首丈の靴下はつま先から編みはじめ、アフターソートヒール[Afterthought Heel]を編みつけます。小振りのケーブル模様とレース模様が特徴的です。

DIRECTIONS／編み方

TOE／つま先

ジュディーズマジックキャストオン[Judy's Magic CO]の作り目の方法で
32（36、40）目作る。[各針に16（18、20）目ずつ]

表編みで1段編む。

次のように増し目をしながら輪に編む：
1段め（増し目段）：〈N1〉：*2目の編み出し増し目、最後に2目残るまで表編み、2目の編み出し増し目、表目1*。
〈N2〉：*～*をくり返す。（4目増）
2段め：〈N1〉：最後まで表編み。
〈N2〉最後まで表編み。
1・2段めをくり返し、合計64（72、80）目になるまで編む。

DIRECTIONS ／編み方

FOOT ／フット

チャートの1～20段めまでをくり返し編み、「好みのフット長さ－6.5（7.5、8）cm」になるまで編む。

甲側の目を目なりに編む。
編み糸を別糸に持ち替え、段の最後まで表編み。[32（36、40）目になる]
編み地を返し、靴下の裏面を見ながら別糸で編んだ目を裏編みしながら戻る。
別糸を切る。
編み地を返し、表面に向ける。
編み糸で、別糸で編んだ目を表目に編む。

表編みで1段編む。

CUFF AND FINISHING ／カフと仕上げ

次のように1目ゴム編みを輪に編む。
1段め：*表目1、裏目1*、*～*を最後までくり返す。
前段の編み目の通りに、カフが3cmまたは好みの長さになるまで編む。
ジェニーズサプライジングリーストレッチ―バインドオフ[Jenny's Surprisingly Stretchy BO]などの伸縮性のある止めの方法で止める。

HEEL ／ヒール

別糸で編んだ段の上下の目の足の右側を拾う。片側32（36、40）目ずつ拾い、合計64（72、80）目になる。とじ針で別糸を取り除く。
表目32（36、40）、レッグとフットの段差から2目拾い、表目32（36、40）、段差からさらに2目拾い、BOR mを最後に拾った2目の間に入れ、輪に編む。（4目増）[68（76、84）目になる]

表編みで5（5、5）段編む。
準備段：表目1、右上2目一度、表目28（32、36）、左上2目一度、表目1、中心を示すmを入れる、表目1、右上2目一度、表目28（32、36）、左上2目一度、表目1。（4目減）
1段め：最後まで表編み。
2段め：表目1、右上2目一度、mの手前に3目残るまで表編み、左上2目一度、表目1、SM、表目1、右上2目一度、最後に3目残るまで表編み、左上2目一度、表目1。（4目減）
1・2段めをくり返し、24（24、28）目になるまで編む。

はぎ合わせるのに使用する分の糸端を30cm残して切る。
かかとをはぎ合わせる。

FINISHING ／仕上げ

糸始末をする。水通しをし、寸法に合わせてブロッキングする。

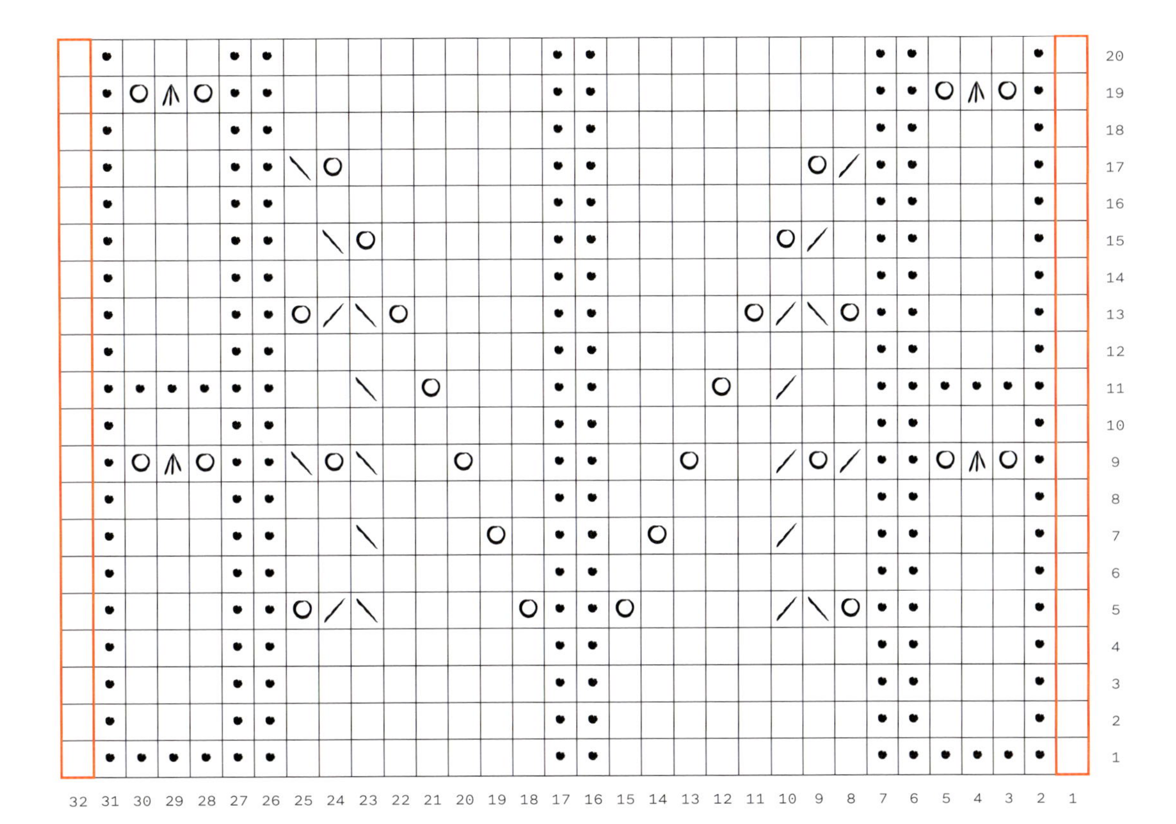

- 表目1（3、5）
- 表目
- 裏目
- 左上2目一度
- 右上2目一度
- かけ目
- 中上3目一度

Elena Solier Jansà

17 Ofidi

オフィディ

Ofidiは豪華なカラーワークのスリッパタイプの靴下でフィット感も抜群です。きつめのゲージで編むため、丈夫で型崩れしません。

SIZES／サイズ

1 {2, 3}
推奨するゆるみ：仕上がり寸法より0〜–2 cm

FINISHED MEASUREMENTS／仕上がり寸法

レッグ／フット周囲：18.5（21.5、24.5）cm
フット長さ：調整可

MATERIALS／材料

糸：XollaのPastora（Ripollesaウール100%、130 m／50 g）
〈MC：Molsa〉〈CC：Fossil〉各1カセ
またはDK（合太〜並太）程度の糸をMCとして92（101、115）mとCCとして87（92、106）m

針：3.25 mm（US 3／JP4号）の輪針

その他の用具：別糸またはCCの糸を約50 cm、予備の両先針（US 3／3.25 mmのものが望ましい）、安全ピン2個

GAUGE／ゲージ

26目×29段（カラーワークで模様編み・10cm角、ブロッキング後）

NOTES／メモ

カラーワークでは色の優位性を意識して編みます。

心地よいヒールを編むため、渡り糸が長くなるときに渡り糸を絡げる箇所の目安をチャート中に示しています。

CONSTRUCTION／構造

この靴下はカラーワークの総模様で、かかとからつま先に向けて編みます。
はき口には別糸を編み入れておき、全体を編み終えてから、はき口の周りにアイコードの縁編みを編みつけます。

DIRECTIONS／編み方

HEEL／ヒール

MCでジュディーズマジックキャストキャストオン[Judy's Magic CO]の方法で13（15、17）目ずつ作る。

CCの糸をつけ、各サイズのヒールのチャートをもとにカラーワークで編みはじめる。
ヒールのチャートの15（19、21）段をすべて編み切る。[48（56、64）目になる][各針に24（28、32）目ずつ]

OPENING SET-UP AND FOOT／はき口の準備とフット

別糸で〈N1〉から表目23（27、31）。編み終えた23（27、31）目を左針に戻す。

次段：〈N1〉：MCで表目1、各自のサイズの甲側のチャートの通りに編む、MCで表目1、CCで表目1。
〈N2〉：MCで表目1、各自のサイズの足底のチャートの通りに編む、MCで表目1、CCで表目1。
上記の要領で、スリッパが「好みのフット長さ－3（3.5、4）cm」になるまで編む。

TOE ／つま先

ここでつま先の減目をはじめる。
甲側と足底のチャートの通りに編みながら、指示にしたがって減目する。
Note：減目は常にMCで行う！

1段め：〈N1〉：右上2目一度、残り3目になるまで甲側のチャートの通りに編み、左上2目一度、CCで表目1。
〈N2〉：右上2目一度、残り3目になるまで足底のチャートの通りに編み、左上2目一度、CCで表目1。(4目減)
2段め：〈N1〉：甲側のチャートの次の段を編む。
〈N2〉：足底のチャートの次の段を編む。
1・2段めをあと2 (2、2) 回編む。[36 (44、52) 目になる] [各針18 (22、26) 目ずつになる]
1段めをあと3 (4、5) 回編む。[24 (28、32) 目になる] [各針12 (14、16) 目になる]

TOE EDGE ／つま先の端

予備の両先針を使って、つま先の最後の編み目を使ってつま先をきれいに止める。
下記のとおり、アイコードのようなニッテッドテュービュラーバインドオフ [Knitted Tubular BO] の技法を使う。
MCを上に、CCを下にして、必要に応じて交差させることで糸は常に適切な位置にあり、段差ができにくい。
準備段：予備の両先針とMCを使って、〈N1〉の最初の2目を右上2目一度。
糸を後ろにおいて〈N1〉の1目めを両先針に移す。
両先針のもう片方の針先に〈N2〉から3目移す。[両先針には5目、〈N1〉・〈N2〉には9 (11、13) 目ずつになる] (1目減)

Note：減目は常にMCで行う。
2本目の両先針を使って、最初の両先針の5目を次のように編む：
1段め：左上2目一度、CCで表目1、右上2目一度。〈N1〉から1目を両先針に移し、両先針のもう片方の針先に〈N2〉から1目移す。[両先針には5目、〈N1〉・〈N2〉には8 (10、12) 目ずつになる] (2目減)
上記の1段めの手順をさらに6 (8、10) 回くり返す。[両先針には5目、〈N1〉・〈N2〉には2目ずつになる] [10 (14、18) 目減]
さらに〈N2〉から両先針に1目移す。(両先針には6目)。
左上3目一度、CCで表目1、右上2目一度。(両先針には3目、〈N1〉には2目、〈N2〉には1目) (3目減)

両先針の目を安全ピンに移す。〈N1〉・〈N2〉の目を2つ目の安全ピンに移す (合計3目)。
糸端を約25cm残して切る。つま先はあとではぎ合わせる。

AFTERTHOUGHT I-CORD EDGE ／アイコードの縁編み

かかとを下に向けて、別糸で編んだ段の下の目の右足を右から左に向けて23 (27、31) 目拾う。同様に別糸の段の上の目の右足を23 (27、31) 目拾う。
針は針先が左を向いた状態で平行になる。[合計46 (54、62) 目になる]

すべての目が針にかかっていることを確認しながら、別糸を丁寧に取り除く。
続けて次のように編む。

準備段：〈N1〉：*MCで表編みしながら、開き部分から1目拾い (渡り糸があるため、この段は少し編みにくく感じるかもしれないが〈N1〉の最後まで編み続ける) *。
〈N2〉：*～*をくり返す。[48 (56、64) 目]

アイコード：ケーブルキャストオン [Cable CO] の方法で2目増し目をし、*表目2、表目のねじり目のように2目一度 (右針には3目)。この3目を編み目の方向を変えずに左針に戻す*。右針の目数が残り3目になるまで*～*をくり返す。糸端を約20cm残して切り、糸端を使って残った目を作り目側にはぎ合せる。

TOE BIND-OFF ／つま先の止め

かかとを下に向けて (足底は左側になる)、安全ピンに移していた編み目を両先針に戻す。
これで両先針2本が平行になり3目ずつかかり、糸端が左側になる。編み針で次の3つの手順をくり返す：

①右針で、FN (手前の針) から1目移し、BN (向こう側の針) からも1目移す (右針には2目かかった状態になる)
1目め (右側の目) を2目めにかぶせる。(1目減)
②MCの糸端を2本の針の間から右側へ移し、後ろにおいて、編み続けられるようにする。
③とじ針に糸を通し、右針にかかっている目に後ろからとじ針を通し、編み目は編み針からはずす。
右から左へ、糸端でつま先の端の最初のMCの目をはぐ。
最後にとじ針を上記ではずした目に手前から後ろへ通し、糸端を2本の針の間から左側へ戻す。
①～③を、針にかかったCCの目 (とCCの糸端) でくり返し、そしてMCの目でもくり返す。このときにはとじ針を靴下の内側に出して糸始末をする。

FINISHING ／仕上げ

糸始末をする。水通しをし、寸法に合わせてブロッキングする。

ヒールのチャート　（サイズ1）

ヒールのチャート　（サイズ2）

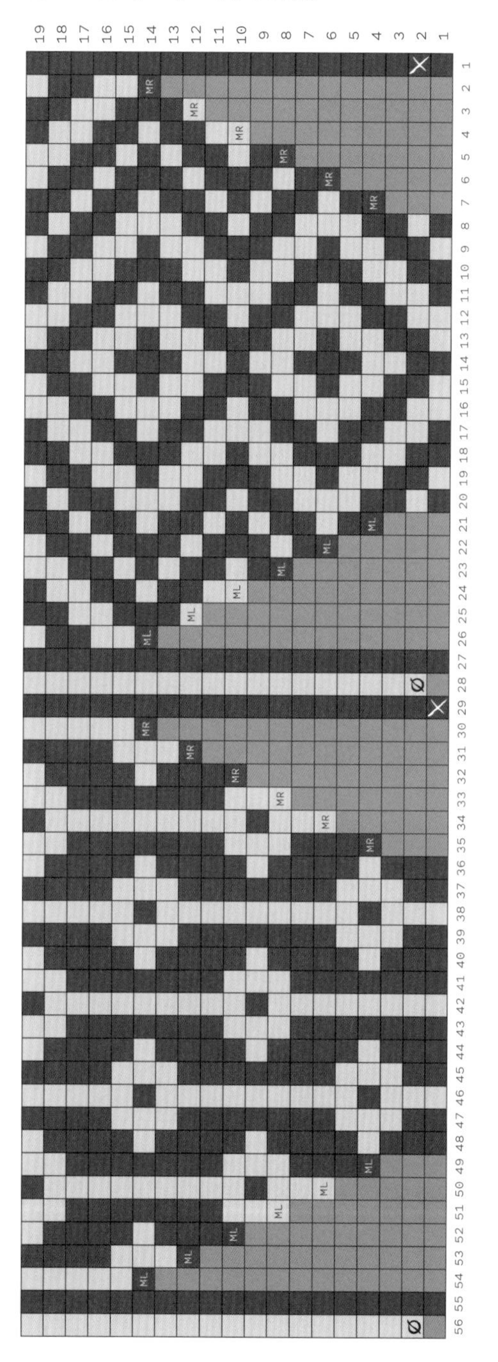

ヒールのチャート　（サイズ3）

- MC
- CC
- 目のないところ
- Ø 前段のCCの渡り糸で左ねじり増し目1
- ✕ 渡り糸を編み包む
- ML 指定の色で左ねじり増し目
- MR 指定の色で右ねじり増し目

内側のチャート（全サイズ）

足底のチャート（全サイズ）

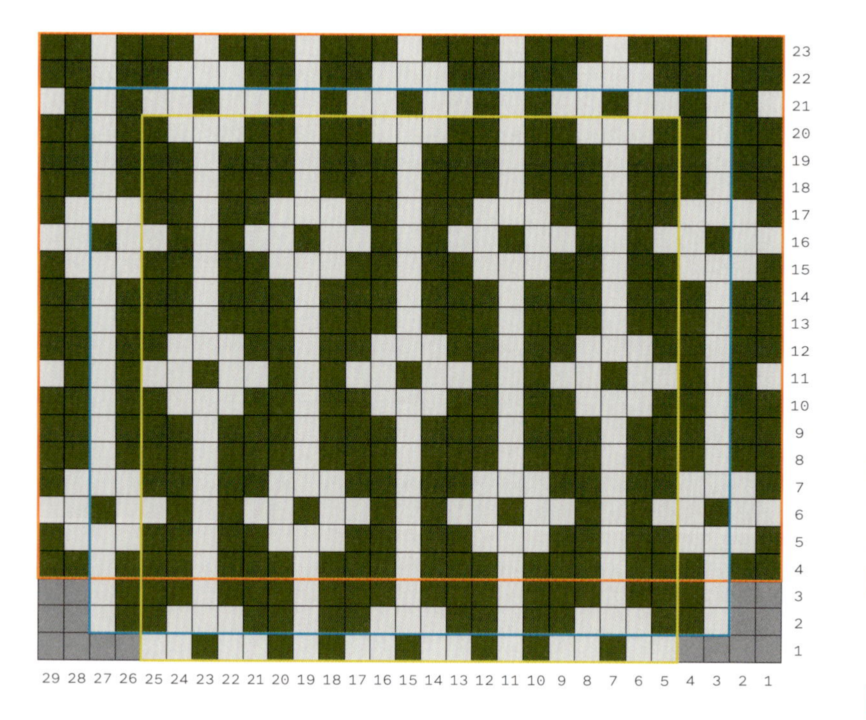

MC

CC

実際には目がない

サイズ1の1模様

*サイズ1のみ：足底のチャート
ヒールを編み終わったら20段めを編んでからチャートの通りに編む。

サイズ2の1模様

サイズ3の1模様

Elena Solier Jansà

18 Boixac

キンセンカ

Boixacはカタロニア語でキンセンカのことで、Elena Solier Jansàの大好きな植物のひとつです。フラワー模様は靴下全体にくり返し編みます。

SIZES／サイズ

1 {2, 3}
推奨するゆとり：仕上がり寸法より－1～－2.5 cm

FINISHED MEASUREMENTS／仕上がり寸法

レッグ／フット周囲：19（21、24）cm
レッ長さ：9 cm（調整可）
フット長さ：調整可

MATERIALS／材料

糸：Woolly Mammoth Fibre CompanyのHearth（BFL50％・ヤコブ50%、330 m／100g）、〈Cognac〉1（1、2）カセ
またはフィンガリング〈中細〉程度の糸を約280（320、360）m

針：2.25 mm（US 1／JP 0または1号）の輪針

その他の用具：2.5 mmのかぎ針、ステッチマーカー（任意）、なわ編み針（任意）

GAUGE／ゲージ

29目×42段（メリヤス編み・10cm角、ブロッキング後）

SPECIAL ABBREVIATIONS／特別な技法

左上1目交差（なわ編み針を使わずに編む方法）[1/1 RC without a CN]：
左針の2目めの手前側に裏目を編むように右針を入れる。左針の2目から左針を引き抜き（1目めは後ろ側で針からはずれた状態）。はずれた目を左針にのせ直し、右針の目を左針に移す。この状態で2目表目に編む。

右上1目交差（なわ編み針を使わずに編む方法）[1/1 LC without a CN]：
左針の2目めの後ろ側に裏目を編むように右針を入れる。左針の2目から左針を引き抜き（1目めは手前で針からはずれた状態）。はずれた目を左針にのせ直し、右針の目を左針に移す。この状態で2目表目に編む。

裏目のねじり増し目 [M1P＝Make 1 purlwise]：
最後に裏目に編んだ目と左針の次の目との間の渡り糸の下に左針を後ろから手前に入れて持ち上げ、持ち上げたループの手前に裏目を編む。（1目増）

ボッブル [Mb＝Make bobble]
ボッブルはかぎ針でも棒針でも編めます。かぎ針で編んだ方がきれいに整うかもしれません。
①［棒針で編む方法］：
同じ目に「表目、かけ目、表目、かけ目、表目」を編み入れる。右針に5目かかる。
この5目に左針を左から右に入れ、右針に糸をかけ、かけた目に5目をかぶせる。右針に1目残る。残った目を左針に移し、表目に編む。
②［かぎ針で編む方法］：
編み目にかぎ針を入れて、糸をかけて引き出す。
かぎ針に糸をかけ、再び編み目にかぎ針を入れて、糸をかけて引き出す。*～*をもう一度くり返す。針先の目数は5目になる。
針先に糸をかけ、先にかかっていた5目を引き抜く。
かぎ針には1目残る。残った目を左針に移し、表目に編む。

NOTES／メモ

このパターンは輪針でマジックループ方式に編ます。
両先針を使用する場合は、〈N1〉・〈N2〉にそれぞれ両先針を2本ずつ使用します。
23 cmの輪針で編む場合はBOR mを忘れずに使います。

キンセンカのチャートでは2通りの模様をくり返し編む：
ケーブル模様は4段1模様、フラワー模様は18段1模様。模様をくり返し編む中で、模様の編みはじめが一致しないので気をつける。
ケーブル模様とフラワー模様の間にステッチマーカーを入れて仕切っておくとよい。

この模様にはシンプルな交差編みがあり、なわ編み針を使わずに簡単に編ます。好みのフット長さによって、フラワー模様の回数を加減する。好みの長さになるまで編み続け、最後のフラワー模様を完成させてからカフに進みます。

CONSTRUCTION／構造

この靴下はトウアップに編み、フリーゲルヒール[Fleegle Heel]を編みます。フットからレッグにかけて立体的なフラワー模様を編みます。

DIRECTIONS／編み方

TOE／つま先

ジュディーズマジックキャストオン[Judy's Magic CO]の方法で11（13、15）目ずつ作る。[22（26、30）目になる] **1段め**：表編みで最後まで編む。
2段め：〈N1〉：*表目1、右ねじり増し目1、最後に1目残るまで表編み、左ねじり増し目1、表目1*。
〈N2〉：*〜*をくり返す。（4目増）
1・2段めをあと7（8、9）回編む。
[合計54（62、70）目、各針27（31、35）目ずつになる]

表編みで1段編む。

FOOT／フット

準備段：〈N1〉：表目3（5、7）、準備のチャートを編む、表目3（5、7）。
〈N2〉：表編みで最後まで編む。
上記の要領で準備のチャートを編む。

次にキンセンカのチャートを編む。
1段め：〈N1〉：表目3（5、7）、裏目1、ケーブル模様を編む、フラワー模様を編む、裏目1、ケーブル模様を編む、裏目1、表目3（5、7）。〈N2〉：表編みで最後まで編む。
上記の要領で〈N1〉ではそれぞれの模様を編み進め、〈N2〉はメリヤス編みに編みながらつま先からのフット長さが「好みの長さ－6（8、9）cm」になるまで編む。

GUSSET／マチ

1段め：〈N1〉：前セクションと同様に編む。〈N2〉：表目1、右ねじり増し目1、最後に1目残るまで表編み、左ねじり増し目1、表目1。
2段め：〈N1〉：前セクションと同様に編む。〈N2〉：最後まで表編み。
1・2段めをさらに11（13、15）回編む。
[合計78（90、102）目。〈N1〉27（31、35）目、〈N2〉：51（59、67）目]
次段：〈N1〉の最後まで前セクションと同様に編む。
それぞれの模様の最後に編んだ段を書き留めておく。
かかとを編み終えたらこの続きから編みはじめる。

HEEL／ヒール

ここからは〈N2〉で往復に編み、元の目数になるまで毎段1目ずつ減目する。
1段め（表面）：表目27（31、35）、右上2目一度、表目1、編み地を返す。
2段め（裏面）：すべり目1、裏目4、裏目の左上2目一度、裏目1、編み地を返す。
3段め：すべり目1、段差の手前に1目残るまで表編み、右上2目一度、表目1、編み地を返す。
4段め：すべり目1、段差の手前に1目残るまで裏編み、裏目の左上2目一度、裏目1、編み地を返す。
3・4段めをあと9（11、13）回編む。

次段（表面）：すべり目1、段差の手前に1目残るまで表編み、右上2目一度。（1目減）
[〈N2〉：28（32、36）目]

LEG／レッグ

ここから再び輪に編む。
1段め：〈N1〉：これまでの通りに編む。〈N2〉：左上2目一度、段の最後まで表編み。（1目減）
2段め：〈N1〉：これまでの通りに編む。〈N2〉：最後まで表編み。
好みの長さになるまで2段めをくり返し、（ケーブル模様の4段めと合うように）フラワー模様の16段めまたは18段めで編み終える。

次段：〈N1〉：表目3（5、7）、裏目1、表目4、裏目11、表目4、裏目1、表目3（5、7）。〈N2〉：最後まで表編み。

CUFF／カフ

[サイズ1のみ]
1段め：表目1、裏目1、*表目2、裏目1*、*〜*を最後に1目残るまでくり返し、表目1。
1段めをさらに11回編む。

[サイズ2のみ]
準備段：〈N1〉：*左上2目一度、表目1、（裏目1、表目2）を最後に1目残るまでくり返し、裏目1*。〈N2〉*〜*をくり返す。（2目減）[60目になる]
1段め：*表目2、裏目1*、*〜*を最後までくり返す。
1段めをさらに10回編む。

[サイズ3のみ]
準備段：*表目2、裏目1*、*〜*を最後に4目残るまでくり返し、表目2、裏目の左上2目一度。（1目減）[69目になる]
1段め：*裏目1、表目2*、*〜*を最後までくり返す。
1段めをさらに10回編む。

次のシンプルステッチーバインドオフ[Simple Stretchy BO]の方法ですべての目を編みながら止める：目なりに2目編み、編んだ2目を左針に戻し、目なりにねじり目の2目一度に編む。*目なりに1目編み、右針の2目を左針に戻し、目なりにねじり目の2目一度に編む*、*〜*を最後までくり返す。

FINISHING／仕上げ

糸始末をする。水通しをし、寸法に合わせてブロッキングする。

準備のチャート

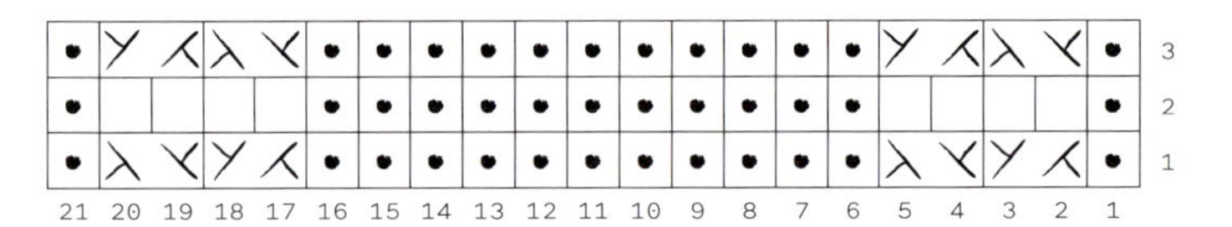

キンセンカのチャート

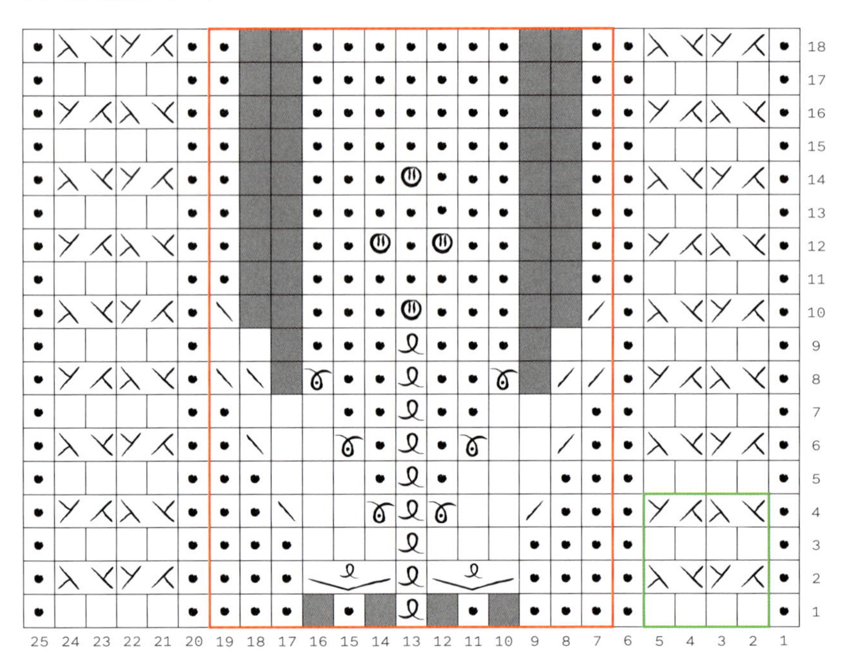

- 表目
- 裏目
- 左上1目交差
- 右上1目交差
- 左上2目一度
- 右上2目一度
- 1目から3目の編みだし（1目に「表目、表目のねじり目、表目」を編む）
- 裏目のねじり増し目
- 表目のねじり目1
- ボッブル
- ケーブル模様（1模様）
- フラワー模様（1模様）
- 実際にはない目

Emma Brace

19 Bequem Eleganz

キンセンカ

クリーム色と茶系の糸が編みこまれ、心地よさとエレガントさを兼ね備えたデザイン。シンプルなかのこ編みとパリ旅行にインスパイアされて作ったこの靴下は、テクニックとテクスチャーの組み合わせを楽しむことができます。

SIZES／サイズ

1 {2, 3}
推奨するゆとり：仕上がり寸法より－3～－5 cm

FINISHED MEASUREMENTS／仕上がり寸法

フット周囲：20（21.5、23.5）cm
フット長さ：20.5（23、25.5）cm
レッグ周囲：26（28、30）cm
レッグ長さ：20 cm

MATERIALS／材料

糸：
ホワイト：MC：Rosa PomarのMondim（ノンスーパーウォッシュポルトガル産ウール100%、385 m／100 g）〈100〉1玉、CC：Daughter of a ShepherdのDrover（Hebridean + Zwartbles 90%・ナイロン10%、166 m／50 g）〈Whernside〉1玉
ダークブラウン：MC：Daughter of a ShepherdのDrover（Hebridean + Zwartbles 90%・ナイロン10%、166 m／50 g）〈Whernside〉2玉、CC：(Vi)LainesのBoulettes Chaussettes Sock（ウール75%・ナイロン25%、85 m／20 g）〈Skinny Dipping〉1玉

またはフィンガリング〈中細〉程度の糸をMCとして256（274、420）m、CCとして49（83、118）m

針：2.5 mm（US 1-2／JP1号）と3.5 mm（US 4／JP5号）針

その他の用具：ステッチマーカー

GAUGE／ゲージ

34目×45段（2.5mm針でメリヤス編み・10cm角、ブロッキング後）
27目×48段（2.5mm針で模様編み・10cm角、ブロッキング前）
38目×53段（2.5mm針で模様編み・10cm角、ブロッキング後）

SPECIAL ABBREVIATIONS／特別な用語

右上1目交差［1/1 LC］（常にMCで編む）：次の目をなわ編み針に移して編み地の手前におき、左針から表目1、なわ編み針から表目1。
左上1目交差［1/1 RC］（常にMCで編む）：次の目をなわ編み針に移して編み地の後ろにおき、左針から表目1、なわ編み針から表目1。

STITCH PATTERN／模様編み（輪編み）

1段め（MC）：*表目1、裏目1*、*～*を最後までくり返す。
2段め（MC）：*すべり目1、裏目1*、*～*を最後までくり返す。
3段め（MC）：*裏目1、表目1*、*～*を最後までくり返す。
4段め：*MCで裏目1、CCで表目1*、*～*を最後までくり返す。

NOTES／メモ

CCは2玉に分けておくと編みやすく、渡り糸が少なく済みます。靴下の中に1玉入れておき、もう1玉は外に置いた状態で編むと絡みません。

CONSTRUCTION／構造

この靴下はカフから下に向けて編み、かかとで引き返し編みをして、後ろ側と両端の縦方向に細かい模様が入ります。作り目はMC2本とCC1本を引き揃えて行います。作り終わったらCCは切り、カフはMCを2本取りにして編みます。こうすることで折り返しのカフに厚みがでます。カフを編み終えると、MC、CC共に1本取りで編みます。

DIRECTIONS／編み方

CUFF AND LEG／カフとレッグ

3.5 mmの針とCC1本でスリップノットを作る。
次に、MCを2本取りにしてスリップノットを作る。
針にはスリップノットが2本かかった状態で、この2本も目数に含む。

両方の糸を使って(CC1本とMC2本)、指でかける作り目[Long-Tail CO]の方法で、次のように1色ずつ作り目をする：CCで1目作り、CCをMCの上から移して指にかかっている糸を持ち替える。MCが人差し指、CCが親指にかかった状態で1目作る。

このように向こう側の糸が手前の糸の上を通るようにして色を替え、針にかかった目の色が交互になるように64 (68、76)目作る。CCを切る。

編み目がねじれないように注意しながら輪につなげて、段のはじめにPM。輪に編む。

1段め：(MCを2本取りにして)：*表目2、裏目2*、*～*を最後までくり返す。
上記の要領で2目ゴム編みを12段または作り目から4cmになるまで編む。

糸端を7.5 cm残し、MCの1本を切り、針を2.5 mmの針に持ち替える。
Note：2本取りの編み目を分けてしまわないように注意し、目数は変わらず64 (68、76)目であることを確認する。

13～15段め：最後まで裏編みする。
次に、左針から右針へ1目移し、糸を1目めと2目めの間から糸を手前に出す。編み目を左針に戻し、編み地を返して中表にする。そうすると表目が外側になる。

段の最初の目が糸を巻き付けた目の左側を新たにBORとし、mを入れる：
次のように模様を編む：
1段め(MC)：表目2、*表目1、裏目1*、*～*を最後に2目残るまでくり返し、表目2。
2段め：CCで表目1、MCで表目1、*すべり目1、MCで裏目1*、*～*を最後に2目残るまでくり返し、すべり目1、MCで表目1。
3段め(MC)：表目2、*裏目1、表目1*、*～*を最後までくり返す。
4段め：MCで表目2、*MCで裏目1、CCで表目1*、*～*を最後に2目残るまでくり返し、MCで裏目1、MCで表目1。
1～4段めをあと12回くり返す。

HEEL／ヒール

次のように後ろ側で増し目をしながらヒールを編む：
1段め(MC)：表目2、*表目1、裏目1*、*～*を最後に2目残るまでくり返し、表目2。
2段め：CCで表目1、MCで表目1、*すべり目1、MCで裏目1*、*～*を最後に2目残るまでくり返し、すべり目1、MCで表目1。
3段め(MC)：表目3、*表目1、裏目1*、*～*を最後に3目残るまでくり返し、表目3。
4段め：MCで表目2、右上1目交差、MCで裏目1、MCで表目1、*MCで裏目1、CCで表目1*を26 (28、32)回、MCで裏目1、MCで表目1、MCで裏目1、左上1目交差、MCで表目1。
5段め(MC)：表目1、*右上1目交差*を2回、表目1、*表目1、裏目1*を27 (29、33)回、*左上1目交差*を2回。
6段め：CCで表目1、MCで表目3、右上1目交差、MCで表目1、*MCで裏目1、すべり目1*を25 (27、31)回、MCで裏目1、MCで表目1、左上1目交差、MCで表目3。
7段め(MC)：裏目1、右上1目交差、表目2、右上1目交差、*表目1、裏目1*を25 (27、31)回、表目1、左上1目交差、表目2、左上1目交差。
8段め：MCで裏目1、MCで表目1、MCで裏目1、MCで左ねじり増し目1、MCで表目3、右上1目交差、MCで表目1、CCの2玉目を使って*CCで表目1、MCで裏目1*を23 (25、29)回、MCで表目1、MCで裏目1、左上1目交差、MCで表目3、MCで右ねじり増し目1、MCで表目2。(2目増)
9段め(MC)：表目1、裏目1、表目1、右上1目交差、表目3、右上1目交差、表目1、*表目1、裏目1*を23 (25、29)回、左上1目交差、表目3、左上1目交差、表目1、裏目1。
10段め：*すべり目1、MCで裏目1*を2回、MCで左ねじり増し目1、右上1目交差、MCで表目2、CCの1玉目を使って、CCで表目1、右上1目交差、MCで表目1、*MCで裏目1、すべり目1*を21 (23、27)回、MCで裏目1、MCで表目1、左上1目交差、CCの2玉目を使って、CCで表目1、MCで表目2、左上1目交差、MCで右ねじり増し目1、MCで裏目1、すべり目1、MCで裏目1。(2目増)[68 (72、80)目になる]
11段め(MC)：*裏目1、表目1*を3回、右上1目交差、表目3、右上1目交差、*表目1、裏目1*を21 (23、27)回、表目1、左上1目交差、表目3、左上1目交差、*表目1、裏目1*を2回、表目1。
12段め：*MCで裏目1、CCで表目1*を2回、MCで裏目1、MCで表目1、MCで裏目1、MCで左ねじり増し目1、右上1目交差、MCで表目3、右上1目交差、MCで表目1、*CCで表目1、MCで裏目1*を19 (21、25)回、MCで表目1、MCで裏目1、左上1目交差、MCで表目3、左上1目交差、MCで右ねじり増し目1、MCで裏目1、MCで表目1、*MCで裏目1、CCで表目1*を2回。(2目増)
13段め(MC)：*表目1、裏目1*を4回、表目1、右上1目交差、表目3、右上1目交差、*裏目1、表目1*を19 (21、25)回、裏目1、左上1目交差、表目3、左上1目交差、*表目1、裏目1を*4回。
14段め：*すべり目1、MCで裏目1*を5回、MCで左ねじり増し目1、右上1目交差、MCで表目2、CCで表目1、右上1目交差、MCで表目1、*MCで裏目1、すべり目1*を17 (19、23)回、MCで裏目1、MCで表目1、左上1目交差、前段のCCの渡り糸で表目1、MCで表目2、左上1目交差、MCで右ねじり増し目1、*MCで裏目1、すべり目1*を4回、MCで裏目1。(2目増)
15段め(MC)：*裏目1、表目1*を6回、右上1目交差、表目3、右上1目交差、*表目1、裏目1*を17 (19、23)回、表目1、左上1目交差、表目3、左上1目交差、*表目1、裏目1*を5回、表目1。
16段め：*MCで裏目1、CCで表目1*を4回、*MCで裏目1、MCで表目1*を2回、MCで裏目1、MCで左ねじり増し目1、右上1目交差、MCで表目3、右上1目交差、MCで表目1、*CCで表目1、MCで裏目1*を15 (17、21)回、MCで表目1、MCで裏目1、左上1目交差、MCで表目3、左

上1目交差、MCで右ねじり増し目1、*MCで裏目1、MCで表目1*を2回、*MCで裏目1、CCで表目1*を4回。(2目増)
17段め(MC)：*表目1、裏目1*を7回、表目1、右上1目交差、表目3、右上1目交差、表目1、*表目1、裏目1*を15(17、21)回、左上1目交差、表目3、左上1目交差、*表目1、裏目1*を7回。
18段め：*すべり目1、MCで裏目1*を8回、MCで左ねじり増し目1、右上1目交差、MCで表目2、CCで表目1、右上1目交差、MCで表目1、*MCで裏目1、すべり目1*を13(15、19)回、MCで裏目1、MCで表目1、左上1目交差、前段のCCの渡り糸で表目1、MCで表目2、左上1目交差、MCで右ねじり増し目1、*MCで裏目1、すべり目1*を7回、MCで裏目1。(2目増)
19段め(MC)：*裏目1、表目1*を9回、右上1目交差、表目3、右上1目交差、*表目1、裏目1*を13(15、19)回、表目1、左上1目交差、表目3、左上1目交差、*表目1、裏目1*を8回、表目1。
20段め：*MCで裏目1、CCで表目1*を6回、*MCで裏目1、MCで表目1*を3回、MCで裏目1、MCで左ねじり増し目1、右上1目交差、MCで表目2、MCで右上2目一度、*CCで表目1、MCで裏目1*を13(15、19)回、MCで左上2目一度、MCで表目3、左上1目交差、MCで右ねじり増し目1、*MCで裏目1、MCで表目1*を3回、*MCで裏目1、CCで表目1*を6回。(増し目なし)[76(80、88)目]
21段め(MC)：*表目1、裏目1*を10回、表目1、右上1目交差、表目2、*裏目1、表目1*を12(14、18)回、裏目1、表目4、左上1目交差、*表目1、裏目1*を10回。
22段め：*すべり目1、MCで裏目1*を11回、MCで左ねじり増し目1、MCで表目1、前段のCCの渡り糸で表目1、MCで表目1、*MCで裏目1、すべり目1*を12(14、18)回、MCで裏目1、MCで表目2、前段のCCの渡り糸で表目1、左上1目交差、MCで右ねじり増し目1、*MCで裏目1、すべり目1*を10回、MCで裏目1。(2目増)
23段め(MC)：*裏目1、表目1*を12回、表目3、*裏目1、表目1*を13(15、19)回、表目3、*裏目1、表目1*を11回。
24段め：*MCで裏目1、CCで表目1*を8回、*MCで裏目1、MCで表目1*を3回、MCで裏目1、MCで左ねじり増し目1、MCで表目3、*CCで表目1、MCで裏目1*を13(15、19)回、MCで表目3、MCで右ねじり増し目1、*MCで表目1、MCで裏目1*を4回、*CCで表目1、MCで裏目1*を7回、CCで表目1。(2目増)
25段め(MC)：*表目1、裏目1*を12回、表目3、*裏目1、表目1*を13(15、19)回、表目3、*表目1、裏目1*を12回。
26段め：すべり目1、MCで裏目1*を12回、MCで左ねじり増し目1、MCで表目1、CCで表目1、MCで表目1、*MCで裏目1、すべり目1*を13(15、19)回、MCで表目1、前段のCCの渡り糸で表目1、MCで表目1、MCで右ねじり増し目1、*すべり目1、MCで裏目1*を12回。(2目増)
27段め(MC)：*裏目1、表目1*を12回、裏目1、表目3、*表目1、裏目1*を13(15、19)回、表目3、*表目1、裏目1*を12回、表目1。[82(86、94)目になる]

[サイズ1・2のみ]
28段め：*MCで裏目1、CCで表目1*を10回、*MCで裏目1、MCで表目1*を3回、MCで表目2、*CCで表目1、MCで裏目1*を13(15)回、MCで表目3、*MCで表目1、MCで裏目1*を3回、*CCで表目1、MCで裏目1*を9回、CCで表目1。
29段め(MC)：*表目1、裏目1*を12回、表目4、*裏目1、表目1*を13(15)回、表目3、*裏目1、表目1*を12回、裏目1。

[サイズ3のみ]
28段め：*MCで裏目1、CCで表目1*を10回、*MCで裏目1、MCで表目1*を2回、MCで裏目1、MCで左ねじり増し目1、MCで表目3、*CCで表目1、MCで裏目1*を19回、MCで表目3、MCで右ねじり増し目1、*MCで表目1、MCで裏目1*を3回、*CCで表目1、MCで裏目1*を9回、CCで表目1。(2目増)
29段め(MC)：*表目1、裏目1*を13回、表目3、*裏目1、表目1*を19回、表目3、*表目1、裏目1*を13回。(96目になる)

糸端を7cm残し、CCの糸をすべて切る。

HEEL TURN／ヒールターン

ヒールターンはMCの糸で引き返し編みをしながら往復に編む。
BOR mは移しながら編む。
準備段1(表面)：表目3、編み地を返す。
準備段2(裏面)：浮き目1、裏目4、編み地を返す。

[サイズ1・2]
3段め：すべり目1、*表目1、裏目1*を2回、表目1、編み地を返す。
4段め：*浮き目1、表目1*を2回、浮き目1、左上2目一度、編み地を返す。(1目減)

[サイズ3のみ]
3段め：すべり目1、*表目1、裏目1*を2回、左上2目一度、編み地を返す。
4段め：*浮き目1、表目1*を2回、浮き目1、裏目の左上2目一度、編み地を返す。(2目減)

[すべてのサイズ]
5段め(表面)：すべり目1、*裏目1、表目1*を3回、裏目の左上2目一度、編み地を返す。
6段め(裏面)：浮き目1、*裏目1、表目1*を3回、裏目1、左上2目一度、編み地を返す。
7段め：すべり目1、*裏目1、表目1*を4回、裏目1、左上2目一度、編み地を返す。
8段め：浮き目1、*表目1、浮き目1*を5回、左上2目一度、編み地を返す。
9段め：すべり目1、*裏目1、表目1*を6回、裏目の左上2目一度、編み地を返す。
10段め：浮き目1、*裏目1、表目1*を7回、裏目の左上2目一度、編み地を返す。
11段め：すべり目1、*表目1、裏目1*を7回、表目1、裏目の左上2目一度、編み地を返す。
12段め：浮き目2、*表目1、浮き目1*を8回、左上2目一度、編み地を返す。
13段め：すべり目1、*裏目1、表目1*を9回、裏目の左上2目一度、編み地を返す。
14段め：浮き目1、*裏目1、表目1*を10回、裏目の左上2目一度、編み地を返す。
15段め：すべり目1、*表目1、裏目1*を10回、表目1、裏目の左上2目一度、編み地を返す。
16段め：浮き目2、*表目1、浮き目1*を11回、左上2目一度、編み地を返す。
17段め：すべり目1、*裏目1、表目1*を12回、裏目の左上2目一度、編み地を返す。
18段め：浮き目1、*裏目1、表目1*を12回、裏目1、左上2目一度、編み地を返す。
19段め：すべり目1、*裏目1、表目1*を12回、裏目1、左上2目一度、編み地を返す。
20段め：浮き目1、*表目1、浮き目1*を13回、表目1、裏目の左上2目一度、編み地を返す。
21段め：すべり目1、*表目1、裏目1*を13回、表目1、裏目の左上2目一度、編み地を返す。

[サイズ1・2のみ]
22段め：浮き目1、*裏目1、表目1*を13回、裏目1、左上2目一度、裏目1、編み地を返す。
23段め：すべり目1、*表目1、裏目1*を14回、左上2目一度、裏目1、表目1。[62（66）目になる]

[サイズ3のみ]
22段め：浮き目1、*裏目1、表目1*を13回、裏目の左上2目一度、左上2目一度、裏目1、編み地を返す。
23段め：すべり目1、*表目1、裏目1*を14回、左上2目一度、裏目1、表目1。（74目になる）

BOR mを移す。BORの新しい位置は靴下の端の2本の針先の間になる。再度輪に編む。

FOOT／フット

[準備・サイズ1のみ]
1段め：CCで表目1、MCで表目1、MCで右ねじり増し目1、*MCで裏目1、すべり目1*を13回、MCで左ねじり増し目1、MCで表目1、CCの2玉目から糸をつけて、CCで表目1、MCで表目1、*すべり目1、MCで裏目1*を15回、MCで表目1。
2段め（MC）：表目2、*裏目1、表目1*を14回、表目3、*裏目1、表目1*を15回、表目1。
3段め：MCで表目2、MCで右ねじり増し目1、*MCで裏目1、CCで表目1*を14回、MCで左ねじり増し目1、MCで表目3、*MCで裏目1、CCで表目1*を15回、MCで表目1。（2目増）
4段め（MC）：表目2、*裏目1、表目1*を15回、表目3、*表目1、裏目1*を15回、表目1。

[準備・サイズ3のみ]
1段め：CCで表目1、*MCで右上2目一度*を2回、*すべり目1、MCで裏目1*を16回、*MCで左上2目一度*を2回、CCの2玉目から糸をつけて、CCで表目1、MCで表目1、MCで右ねじり増し目1、*すべり目1、MCで裏目1*を15回、MCで左ねじり増し目1、MCで表目1。
2段め（MC）：表目2、*表目1、裏目1*を17回、表目3、*表目1、裏目1*を16回、表目1。
3段め：MCで表目2、*CCで表目1、MCで裏目1*を17回、MCで表目3、MCで右ねじり増し目1、*CCで表目1、MCで裏目1*を16回、MCで左ねじり増し目1、MCで表目1。
4段め（MC）：表目2、*裏目1、表目1*を17回、表目3、*表目1、裏目1*を17回、表目1。

[すべてのサイズ]
1段め：CCで表目1、MCで表目1、*MCで裏目1、すべり目1*を15（15、17）回、MCで表目1、CCの2玉目から糸をつけて、CCで表目1、MCで表目1、*すべり目1、MCで裏目1*を15（15、17）回、MCで表目1。
2段め（MC）：表目2、*表目1、裏目1*を15（15、17）回、表目3、*裏目1、表目1*を15（15、17）回、表目1。
3段め：MCで表目2、*CCで表目1、MCで裏目1*を15（15、17）回、MCで表目3、*MCで 裏 目1、CCで 表 目1*を15（15、17）回、MCで表目1。
4段め（MC）：表目2、*裏目1、表目1*を15（15、17）回、表目3、*表目1、裏目1*を15（15、17）回、表目1。
1～4段めをあと11（13、14）回くり返す。

TOE／つま先

1段め：CCで表目1、MCで表目1、*MCで裏目1、すべり目1*を15（15、17）回、MCで表目1、CCで表目1、つま先の端に裏目M、MCで表目1、*すべり目1、MCで裏目1*、*～*をBOR mの1目手前までくり返し、MCで表目1。
2段め（MC）：表目2、*表目1、裏目1*、*～*をMの2目手前までくり返し表目2、SM、表目1、*裏目1、表目1*、*～*をBOR mの1目手前までくり返し、表目1。
3段め（MC）：表目2、*表目1、裏目1*、*～*をMの2目手前までくり返し、表目2、SM、表目1、*裏目1、表目1*、*～*をMの1目手前までくり返し、表目1。
4段め（MC）：表目2、*裏目1、表目1*、*～*をMの2目手前までくり返し、表目2、SM、表目1、*表目1、裏目1*、*～*をMの1目手前までくり返し、表目1。
5段め：CCで表目1、MCで右上2目一度、*すべり目1、MCで裏目1*、*～*をMの3目手前までくり返し、MCで左上2目一度、CCで表目1、SM、MCで右上2目一度、*MCで裏目1、すべり目1*、*～*をMの2目手前までくり返し、MCで左上2目一度。（4目減）
6段め（MC）：表目2、*裏目1、表目1*、*～*をMの2目手前までくり返し、表目2、SM、表目1、*表目1、裏目1*、*～*をMの1目手前までくり返し、表目1。
7段め（MC）：表目1、右上2目一度、*表目1、裏目1*、*～*をMの3目手前までくり返し、左上2目一度、表目1、SM、右上2目一度、*裏目1、表目1*、*～*をMの2目手前までくり返し、左上2目一度。（4目減）
8段め（MC）：表目2、*裏目1、表目1*、*～*をMの2目手前までくり返し、表目2、SM、表目1、*表目1、裏目1*、*～*をMの1目手前までくり返し、表目1。
9段め：CCで表目1、MCで右上2目一度、*すべり目1、MCで裏目1*、*～*をMの3目手前までくり返し、MCで左上2目一度、CCで表目1、SM、MCで右上2目一度、*MCで裏目1、すべり目1*、*～*をMの2目手前までくり返し、MCで左上2目一度。（4目減）

目数が甲側に12（12、16）目、足底側に10（10、14）目になるまで6～9段めをくり返す。

つま先の甲側と足底側を、引き返し編みをしながら合わせ、BOR mを移しながら編む。

これまでのカラーワークを続けながら、次のように編む：
準備段（MC）：表目1、右上2目一度、編み地を返す。（1目減）
1段め（MC）：すべり目1、裏目1、裏目の左上2目一度、編み地を返す。（1目減）
2段め（MC）：すべり目1、表目1、右上2目一度、編み地を返す。（1目減）
3段め（MC）：すべり目1、裏目1、裏目の左上2目一度、編み地を返す。（1目減）
4段め：すべり目1、CCで表目1、MCで右上2目一度、編み地を返す。（1目減）
残りの目数が7目になるまで1～4段めをくり返す。1段めをもう一度編む。

糸端を20 cm残して、すべての糸を切る。針の3目ずつをMCではぎ合わせる。

FINISHING／仕上げ

CCが表面に響かないように気をつけながらすべての糸端の糸始末をする。水通しをし、寸法に合わせてブロッキングする。

Emma Ducher

20 Anni

アニ

このデザインはバウハウスから生まれた著名なドイツ人テキスタイルアーティスト、Anni Albersとご主人でアーティストのJosef Albersから発想を得たものです。彼らの作品は幾何学模様と色を自在に操った、魅力的な融合です。

SIZES／サイズ

1 {2, 3}
推奨するゆとり：仕上がり寸法より0～–2.5 cm

FINISHED MEASUREMENTS／仕上がり寸法

レッグ／フット周囲：18（20、23）cm
レッグ長さ：15 cm
フット長さ：17（18、19）cm（調整可）

MATERIALS／材料

糸：The Uncommon ThreadのEveryday Sock（スーパーウォッシュメリノ75%・ナイロン25%、85m／20g）〈MC：Nutcracker〉2（2、3）カセ〈CC1：Into Dust〉1カセ、〈CC2：Manuscript〉1カセ
またはフィンガリング〈中細〉程度の糸をMCとして160（185、216）m、CC1として
50（55、60）m、CC2として50（57、67）m。

針：2.5 mm（US 1.5／JP1号）と3.25 mm（US 3／JP4号）の輪針

その他の用具：ステッチマーカー1個、別糸2色

GAUGE／ゲージ

32目×36段（3.25mm針でカラーワーク・10cm角、ブロッキング後）

NOTES／メモ

カラーワーク（編み込み模様）を編むときには、1色を左手、もう1色を右手に持つとテンションを維持しながら2目ごとの色替えがしやすくなります。

CONSTRUCTION／構造

この靴下はカフの1目ゴム編みから編みはじめ、つま先へ編み進めます。全体に3色使っていますが、1度に使うのは2色だけです。アフターソートヒール［The Afterthought Heel］は最後に編みます。

DIRECTIONS／編み方

CUFF／カフ

MCと2.5 mmの針で、ロングテールチュビュラーキャストオン［Long Tail Tubular CO］の方法で56（64、72）目作る。針に編み目を均等に分ける。
編み目がねじれないように注意しながら輪につなげる。段のはじめにPM。

次段：*表目1、裏目1*、*～*を最後までくり返す。
上記の手順で、カフが4cmになるまで、1目ゴム編みを編む。

次段：最後まで表編み。

LEG／レッグ

3.25 mmの針に持ち替える。

CC1とCC2をつけ、チャートの1～20段めを合計40段編む。
CC1とCC2を切る。

AFTERTHOUGHT HEEL SET-UP／ヒールの準備

別糸をとじ針に通し、セイフティラインとして次の28（32、36）目に通す。

別糸を切る。

別の別糸で28（32、36）目を表編み。別糸を切る。

別糸で編んだ目を左針に戻し、MCで28（32、36）目を表編み。

CC1とCC2をつけ直し、チャートの1段めの最初の28（32、36）目の通りに編む。

別糸ととじ針に通し、2本目のセフティラインとして次の28（32、36）目に通す。
別糸を切る。

ここからチャートの2段めを編む。

FOOT／フット

チャートの通りに12（13、14）cmまたはつま先を編みはじめる5cm手前まで編む。
CC1とCC2を切る。

TOE／つま先

MCだけで編む。2.5 mm針に持ち替える。

2本の針に28（32、36）目ずつに分ける。

次段：最後まで表編み。
前段と同様にもう一度編む。

1段め：〈N1〉：表目1、右上2目一度、最後に3目残るまで表編み、左上2目一度、表目1。〈N2〉：表目1、右上2目一度、最後に3目残るまで表編み、左上2目一度、表目1。（4目減）
2段め：最後まで表編み。
各針の目数が16（18、20）目になるまで1・2段めをくり返す。
各針の目数が10（12、14）目になるまで1段めをくり返す。

糸端を30cm残して糸を切る。残った目をはぎ合わせる。

AFTERTHOUGHT HEEL／アフターソートヒール（あとから編みつけるかかと）

別糸の段が見えるように靴下を平らに置く。丁寧に別糸を取り除き、かかと部分を開く。
セイフティラインがあるので編み目がほどけることはない。

MCと2.5 mmの輪針で、下のセイフティラインを通した目に針を通し、コードを引き出す。続けてセイフティラインを通した上の目にも針を通す。セイフティラインを引いて取り除く。針には28（32、36）目ずつ残る。

以降、MCだけで編む。

次段：段の最後まで表編み。
1段め：最後まで表編み。
2段め：〈N1〉：表目1、右上2目一度、最後に3目残るまで表編み、左上2目一度、表目1。〈N2〉：表目1、右上2目一度、最後に3目残るまで表編み、左上2目一度、表目1。（4目減）
各針の目数が10（12、14）目になるまで1・2段めをくり返す。

糸端を30cm残して糸を切る。残った目をはぎ合わせる。

FINISHING／仕上げ

必要に応じて、とじ針でヒールの端のゆるみを引き締める。
糸始末をする。水通しをし、寸法に合わせてブロッキングする。

チャート

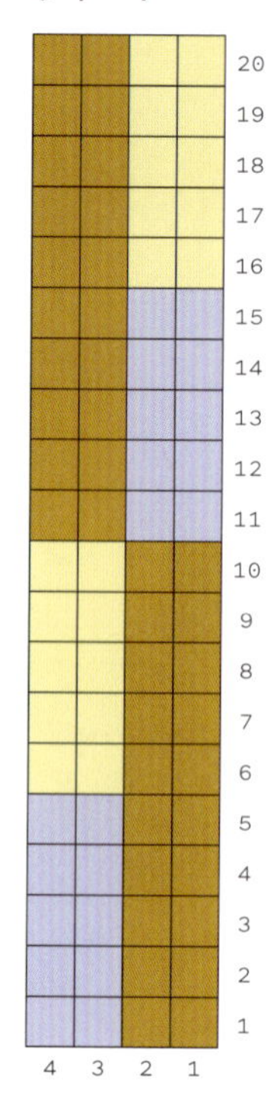

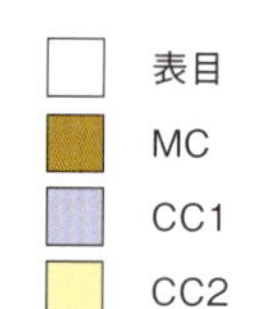

Pope Vergara

21 Rocails

ロカイルス

この靴下は今まで見た中で一番かわいい靴下かもしれません。しかも編むのも楽しいのです！ ストライプ模様の靴下をビーズで装飾し、モヘヤのフリルを編んで仕上げます。

SIZES／サイズ

1 {2, 3}
推奨するゆとり：仕上がり寸法より0〜－2.5 cm

FINISHED MEASUREMENTS／仕上がり寸法

レッグ／フット周囲：19（20.5、25.5）cm
レッグ長さ：18 cm（調整可）
フット長さ：調整可

MATERIALS／材料

糸：Madeja SurのSock（SWメリノ75%・ナイロン25%、400 m／100 g）
〈C1：Ocean（サンプル：青）またはLight Rose（赤バージョン）〉1カセ
〈C2：Petroleo（サンプル：青）またはBourbon（赤）〉バージョン）〉1カセ
Madeja SurのKid Mohair（キッドモヘア72%・シルク28%、420 m／50 g）
〈C3：Petroleo（サンプル：青）またはBourbon（赤バージョン）〉1カセ
Purl SohoのMineral Silk（シルク75%・合成ラメ素材25%、360 m／50 g）
〈C4：Gold（両バージョン共通）〉1カセ

またはフィンガリング〈中細〉程度の糸をC1として160（170、200）m、C2として92（100、120）m
レースウェイト（極細）程度の糸をC3として100（140、180）m、C4として100（140、180）m

針：2.25 mm（US 1／JP1号）と3.25 mm（US 3／JP4号）の輪針

その他の用具：ステッチマーカー、とじ針
0.75 mm（US 14／JP10号）のレース針（ビーズ用）
3.25 mm（US 3／JP5/0号または6/0号）のかぎ針（フリルの止め用）

ビーズ：
ビーズ①：8（12、16）g トーホー6/0スクエア〈Petrol〉
ビーズ②：8（12、16）g MIYUKI 8/0、デリカ〈Gold〉
ビーズ③：8 g トーホー4/0、スクエア〈Petrol〉

GAUGE／ゲージ

32目×40段（メリヤス編み・10cm角、ブロッキング後）

STITCH PATTERNS／模様編み（輪編み）

ストライプ模様
C1を使用
1〜7段め：最後まで表編み。
C4に持ち替える。
8段め：最後まで表編み。
C2とC3引き揃えに持ち替える。
9〜10段め：最後まで表編み。
C4に持ち替える。
11段め：最後まで表編み。
C1に持ち替える。
12〜13段め：最後まで表編み。
C4に持ち替える。
14段め：最後まで表編み。
C2とC3の引き揃えに持ち替える。
15〜16段め：最後まで表編み。
C4に持ち替える。
17段め：最後まで表編み。

Note：糸は切らずに、糸替えの際には絡げておく。

SPECIAL TECHNIQUES／特別なテクニック

ニットウェアにビーズを編み込む方法
ビーズをかぎ針の針先に通す。
左針の目をかぎ針に移し、ビーズを編み目に通す。その目を左針に戻していつも通りに表目に編む。

CONSTRUCTION／構造

この靴下はトップダウンに、ヒールフラップを編みながら編み進めます。質感や異なる糸で編むのがポイント。ダブル仕立てのカフにはビーズで装飾し、モヘアでフリルを編んで仕上げます。

DIRECTIONS／編み方

CUFF／カフ

C1でジャーマンツイステッドキャストオン[German Twisted CO]の方法で60 (66、72)目作る。
編み目がねじれないように注意しながら輪につなげる。段のはじめにPM。輪に編む。

セクション1
1〜12段め：最後まで表編み。

C1は切らず、C4に持ち替える。
13〜14段め：最後まで表編み。
C4は切る。

セクション2
続けてC1で編む。
1〜12段め：チャートの通りに編む。
C4に持ち替える。
13段め：最後まで表編み。

次に、ダブルカフは次のように編む
14段め：C1で、針にかかっている目1目と作り目側からの拾い目を1目いっしょに表目に編む。ダブルカフの目をすべて編み終えるまで、「1目拾って2目をいっしょに編む」をくり返す。

LEG／レッグ

ストライプ模様の1〜17段めを合計3回編む。
次に、1〜7段めをもう一度編む。

C4に持ち替える。
次段：最後まで表編み。
C2とC3の引き揃えに持ち替える。
次段：最後まで表編み。
C1とC4を切る。

HEEL FLAP／ヒールフラップ

C2とC3を引き揃えて編む。
裏面を見るように中表にする。
1段め(裏面)：すべり目1、裏目30 (30、34)。
ヒールフラップは上記で編んだ31 (31、35)目を往復に編む。
[29 (35、37)目をコードに休ませる]。
以降、編み針を〈N1〉、残りの目は〈N2〉で休ませる。

2段め(表面)：*すべり目1、表目1*、*〜*を最後に1目残るまでくり返し、表目1、編み地を返す。
3段め(裏面)：すべり目1、最後まで裏編み。
2・3段めを合計10 (12、14)回くり返す。

HEEL TURN／ヒールターン

Note：ヒールターンでは毎段1目ずつ減目する。
1段め(表面)：すべり目1、表目17 (17、21)、右上2目一度、表目1、編み地を返す。

[サイズ1・2のみ]
2段め(裏面)：すべり目1、裏目6、裏目の左上2目一度、裏目1、編み地を返す。
3段め(表面)：すべり目1、表目7、右上2目一度、表目1、編み地を返す。
4段め：すべり目1、裏目8、裏目の左上2目一度、裏目1、編み地を返す。
5段め：すべり目1、表目9、右上2目一度、表目1、編み地を返す。

[すべてのサイズ]
1段め(裏面)：すべり目1、裏目10、裏目の左上2目一度、裏目1、編み地を返す。
2段め(表面)：すべり目1、表目11、右上2目一度、表目1、編み地を返す。
3段め：すべり目1、裏目12、裏目の左上2目一度、裏目1、編み地を返す。
4段め：すべり目1、表目13、右上2目一度、表目1、編み地を返す。
5段め：すべり目1、裏目14、裏目の左上2目一度、裏目1、編み地を返す。
6段め：すべり目1、表目15、右上2目一度、表目1、編み地を返す。
7段め：すべり目1、裏目16、裏目の左上2目一度、裏目1、編み地を返す。

[サイズ3のみ]
8段め(表面)：すべり目1、表目17、右上2目一度、表目1、編み地を返す。
9段め(裏面)：すべり目1、裏目18、裏目の左上2目一度、裏目1、編み地を返す。
10段め：すべり目1、表目19、右上2目一度、表目1、編み地を返す。
11段め：すべり目1、裏目20、裏目の左上2目一度、裏目1、編み地を返す。

GUSSET／マチ

輪編みを続ける。
〈N1〉には足底の目、〈N2〉には甲側の目がかかっている。
1段め(表面)：〈N1〉の最後まで表編み、マチの角から1目拾い、ヒールフラップの端に沿って表目11 (13、15)、[12 (14、16)目増]、再び甲側に戻る。PM、表目29 (35、37)、PM、マチの角から1目拾い、ヒールフラップの端に沿って表目11 (13、15)、[12 (14、16)目増]。
新しいBORにPM。[72 (82、92)目になる]

Note：BOR mには色または形状の違うマーカーを使う。
C4に持ち替える。ストライプ模様を8段めから、必要に応じて色替えしながら編む。

2段め(表面)：〈N1〉〈N2〉の手前に2目残るまで表編み、左上2目一度。
〈N2〉：最後まで表編み。
〈N1〉：右上2目一度、Mまで表編み。(2目減)
C1に持ち替える。
3段め(表面)：最後まで表編み。
2段めをくり返しながら目数が60 (66、72)目になるまで編む。

FOOT／フット

これまで通りのストライプ模様を編む。
フット長さが「好みの長さ−4 (4.5、5) cm」になるまでメリヤス編み。
C4で編み終える。

TOE／つま先

つま先はC2とC3を引き揃えて編む。
BORmをはずす。甲側には30 (33、36)目、足底側も30 (33、36)目になる。
1段め：〈N1〉・〈N2〉ともに最後まで表編み。
2段め：〈N1〉：表目1、右上2目一度、Mの手前に3目残るまで表編み、左上2目一度、表目1。
〈N2〉：表目1、右上2目一度、Mの手前

に3目残るまで表編み、左上2目一度、表目1。(4目減)
1・2段めをくり返し、残り16 (18、16) 目になるまで編み続ける。

糸端を30cm残して切る。
つま先をはぎ合わせる。

RUFFLE ／フリル

フリルはC3と3.25mmの針で編む。
カフの最初のC4の目に沿って、すべての目を拾う。編み目がねじれないように注意しながら輪につなげ、BORにPM。
1段め：2目の編み出し増し目を最後までくり返す。
2段め：最後まで表編み。
2段めをあと4回編む。

C4とかぎ針でクロッシェバインドオフ[Crochet BO]の方法で止める。

FINISHING ／仕上げ

糸始末をする。水通しをし、寸法に合わせてブロッキングする。

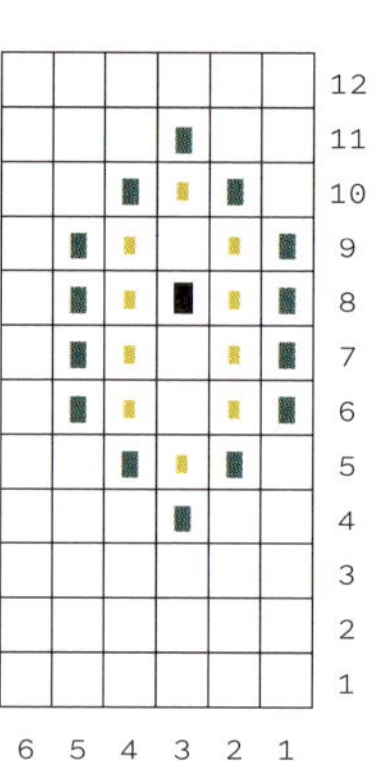

□ メリヤス編み
■ ビーズ1
■ ビーズ2
■ ビーズ3

Sarah Heymann

22 Tennis Socks

テニス ソックス

楽しいカラーワークで編む靴下は、優れたフィット感でスニーカーによく似合う市販のテニスソックスに着想を得ました。参考作品ではレッグに「KNITTER」の文字を編み込んでいますが、お好きな文字にアレンジできます！

SIZES ／サイズ

1 {2, 3}
推奨するゆとり：仕上がり寸法より1.5〜－4 cm

FINISHED MEASUREMENTS ／仕上がり寸法

レッグ／フット周囲：17（20、23）cm
レッグ長さ：16（16.5、19）cm
フット長さ：調整可

MATERIAL ／材料

糸：IsagerのSock Yarn（アルパカ40%・メリノ40%・リサイクルナイロン20%、387 m／100 g）〈MC：0〉、〈CC1：32〉、〈CC2：44〉各1玉
またはフィンガリング〈中細〉程度の糸をMCとして約200（230、275）m、CC1として48（60、80）m、CC2として24（32、40）m

針：2.5mm（US1.5／JP1号）針
2.5 mm（US 1.5／JP1号）針と2.5 mm（D/3／JP4/0号）のかぎ針

その他の用具：ステッチマーカー、別糸

GAUGE ／ゲージ

28目×36段（メリヤス編み・10cm角、ブロッキング後）

SPECIAL TECHNIQUES ／特別なテクニック

ラダーバックテクニック [Ladder Back Technique]
※機械編みの「タッピ返し」に当たる。渡り糸が長くならないように渡り糸を裏面で縦に絡げ、表目が縦に1列通るように編む（梯子＝ラダーのような表情になる）ことで渡り糸を処理する方法。

サイズ2・3では、渡り糸が長くなるときにラダーバックテクニックを使用できます。

チャート中のオレンジラインがその位置を示します。サイズ3では、「準備段1」に記載している通り、ラダーバックを5目ごとに配置するとよいでしょう。

このテクニックが使いにくい場合は、5目ごとを目安に渡り糸を編み包むだけでも構いません。

NOTES ／メモ

レッグ周囲を少し大きくしたい場合は、最初のリブ編みのセクションとチャートを1号太い針で編むとよいでしょう。

小さくしたい場合は、とじ針を使って、作り目側の端にゴム糸を通すとよいでしょう。

レッグ部分を長くしたい場合は、ふくらはぎ周りのカラーワークは伸縮性に欠けるめ、ふくらはぎより上の部分で長くすることをおすすめします。

文字用のチャートには全ローマ字を掲載しているので好みの文字を入れてください。「KNITTER」のチャートのように、文字と文字の間に1目入れ、また段のはじめはMCで編むことで次段に移りやすくなります。

色替えの際は、指示がない限り糸は切らずにおきます。

CONSTRUCTION ／構造

この靴下はトップダウンに編み進め、途中でフレンチヒール[French Heel]を編みます。カフと甲の2目ゴム編み以外はメリヤス編みにします。

DIRECTIONS ／編み方

LEG ／レッグ

別糸を使って、後からほどける作り目の方法で52（60、68）目作る。

CC1でメリヤス編み（毎段表編み）を7（7、9）段編む。

ここで、作り目側の目と針にかかっている目をMCで次のように2目一度に編む：
作り目側の目を予備の針にのせる。
編んでいた目の後ろ側に作り目側の目を添え、それぞれ1目ずつをいっしょに編む。
すべての目を合わせて編む。

［サイズ1・3のみ］
1段め：*裏目2、表目2*、*～*を段の最後までくり返しながら、12（16）段編む。

［サイズ2のみ］
1段め：*表目2、裏目2*、*～*を段の最後までくり返しながら、12段編む。

［すべてのサイズ］
表編みで1段編む。

CC2で表編みを3段編む。CC2の糸を切る。

MCで表編みを2段編む。
Note：長い渡り糸をラダーバックテクニックで編んでいる場合は、表編みを1段だけ編む。

MCとCC1で、チャートの通りに編む。

［サイズ1のみ］
チャートの通りに編みはじめる。

［サイズ2のみ］
準備段1：表目49、2目の編み出し増し目、表目3、2目の編み出し増し目、表目3、2目の編み出し増し目、表目2。（3目増）
準備段2：50目をチャートの通りに表編み。編み糸（MC）を編み地の手前におき（ここは重要）、CC1で裏目1、*MCで表目4、MCを手前におき、CC1で裏目1*、*～*をもう一度編み、MCで表目2。

［サイズ3のみ］
準備段1：表目49、2目の編み出し増し目、*表目4、2目の編み出し増し目*を3回編み、表目3。（4目増）
準備段2：50目をチャートの通りに表編み。
編み糸（MC）を編み地の手前にして（ここは重要）、CC1で裏目1、*MCで表目5、MCを手前にして、CC1で裏目1*、*～*をあと2回くり返し、MCで表目3。

［サイズ2・3のみ］
チャートの通り、表編みをラダーバックステッチの手前まで編む。編み糸（MC）を編み地の手前にして、ラダーバックステッチをCC1で裏目に編む
ラダーバックステッチはすべてこのように編む。

チャートの最終段：
最初のラダーバックステッチまで表編み。ラダーバックステッチを次の目といっしょに表目に編む。段の最後まで続ける。

チャートの最終段を編み終えるとCC1を切る。
MCで2段表編み。
CC2で3段表編み、CC2を切る。
MCで2段表編み。

次のように2目ゴム編みを編む
［サイズ1・3のみ］
2目ゴム編み：*裏目2、表目2*、*～*を最後までくり返す。

［サイズ2のみ］
2目ゴム編み：*表目2、裏目2*、*～*を最後までくり返す。
2目ゴム編みを20（22、26）段または好みの長さまで編む。

HEEL SET-UP ／ヒールの準備

左右のふくらはぎに「KNITTER」の文字を適切な位置に合わせるために、左右でBORの位置が異なる。

右足
2目ゴム編みで38（44、50）目編む。（表目は表目に裏目は裏目に、目なりに編んでPM。
ここが新しいBORになる。

左足
2目ゴム編みで14（16、18）目編む。（表目は表目に裏目は裏目に、目なりに編んでPM。
ここが新しいBORになる。

HEEL FLAP ／ヒールフラップ

次の30（34、38）目で次の通りヒールフラップを編む：
1段め（表面）：すべり目1、段の最後まで表編み。
2段め（裏面）：浮き目1、段の最後まで裏編み。
1・2段めをあと11（12、13）回編む。
24（26、28）段編んだことになる。

1段め（表面）：すべり目1、表目18（20、24）、右上2目一度、表目1、編み地を返す。（1目減）
2段め（裏面）：浮き目1、裏目9（9、13）、裏目の左上2目一度、裏目1、編み地を返す．（1目減）
3段め：すべり目1、段差の手前に1目残るまで表編み、右上2目一度、表目1、編み地を返す。（1目減）
4段め：浮き目1、段差の手前に1目残るまで裏編み、裏目の左上2目一度、裏目1、編み地を返す。（1目減）
3・4段めをあと3（4、4）回編む。ヒールの目として20（22、26）目残る。

再び輪に編みはじめる。
ヒールの目20（22、26）目すべてを表編み。

編み地は返さず、ヒールの端から12（13、14）目拾う。次の22（26、30）目は目なりに2目ゴム編みに編む。ヒールの反対側の端からさらに12（13、14）目拾う。

ヒールの目すべてと最初に拾い目をした目を表編み。PM。これが新しいBORになる。
［66（74、84）目になる］

ER

HEEL SHAPING／**ヒールのシェーピング**

1段め(減目段)：次の22（26、30）目を目なりに2目ゴム編みにする。表目1、右上2目一度、Mの手前に3目残るまで表編み、左上2目一度、表目1。（2目減）
2段め：目なりに編む。（表目は表目に、裏目は裏目に編む）
1・2段めをくり返し、残りの目数が48（56、64）目になるまで編む。

このまま目なりに編み続けながらフット長さが「好みの寸法−3.5（4、4.5）cm」になるまで編む。

TOE SHAPING／**つま先のシェーピング**

甲側と足底側の目数が異なるため、ここで編み目を移し、BORの位置も変える。
次段：最後に1目残るまで表編み、PM。ここが新しいBORになる。これまでのBORmをはずす。
表目24（28、32）、PM、*〜*をもう一度編む。甲側・足底側ともに24（28、32）目になる。
1段め：*表目1、右上2目一度、Mの手前に3目残るまで表編み、左上2目一度、表目1*、*〜*をもう一度編む。（4目増）
2段め：最後まで表編み。
1・2段めをくり返し、目数が24（28、32）目になるまで編む。

糸端を38cm残して切る。糸端でつま先をはぎ合わせる。

FINISHING／**仕上げ**

糸始末をする。水通しをし、寸法に合わせてブロッキングする。

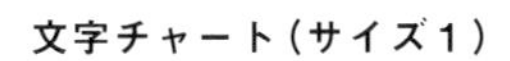

文字チャート（サイズ1）

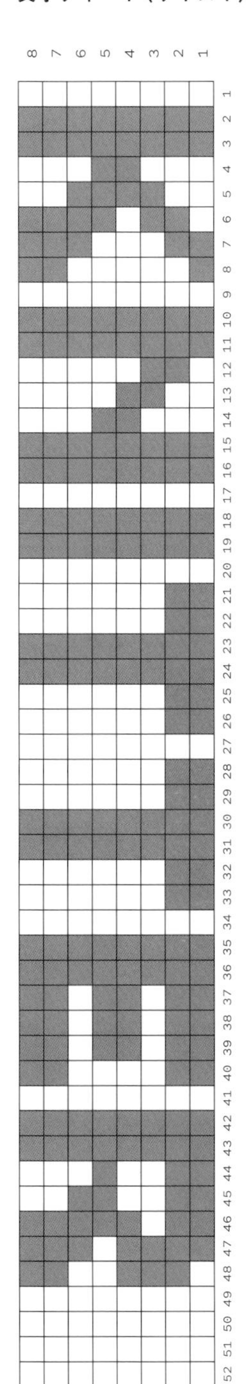

文字チャート（サイズ2）

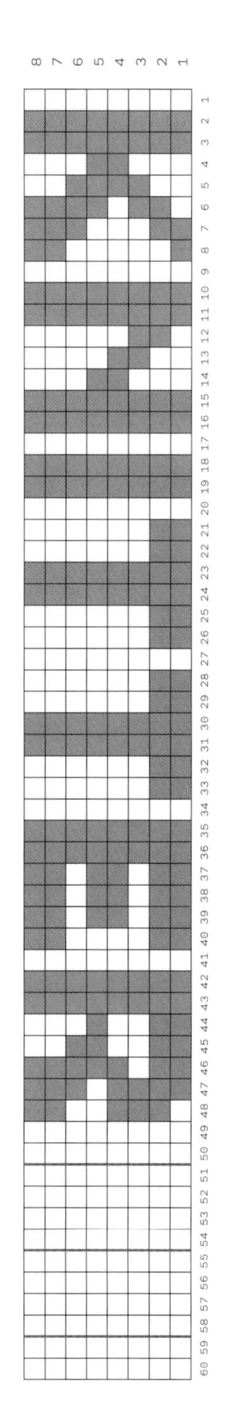

文字チャート（サイズ3）

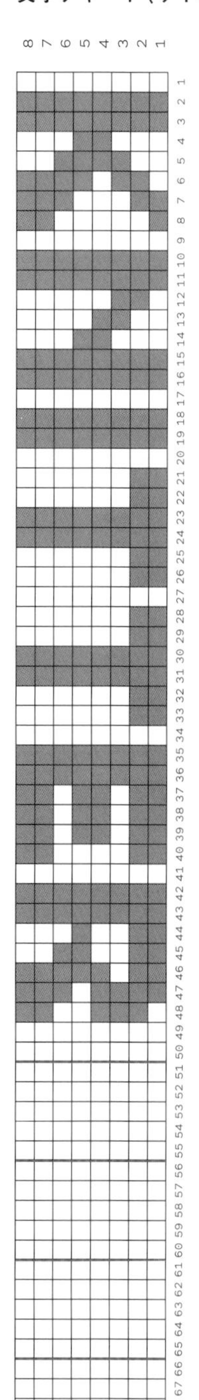

□ MC

■ CC1

ローマ字チャート

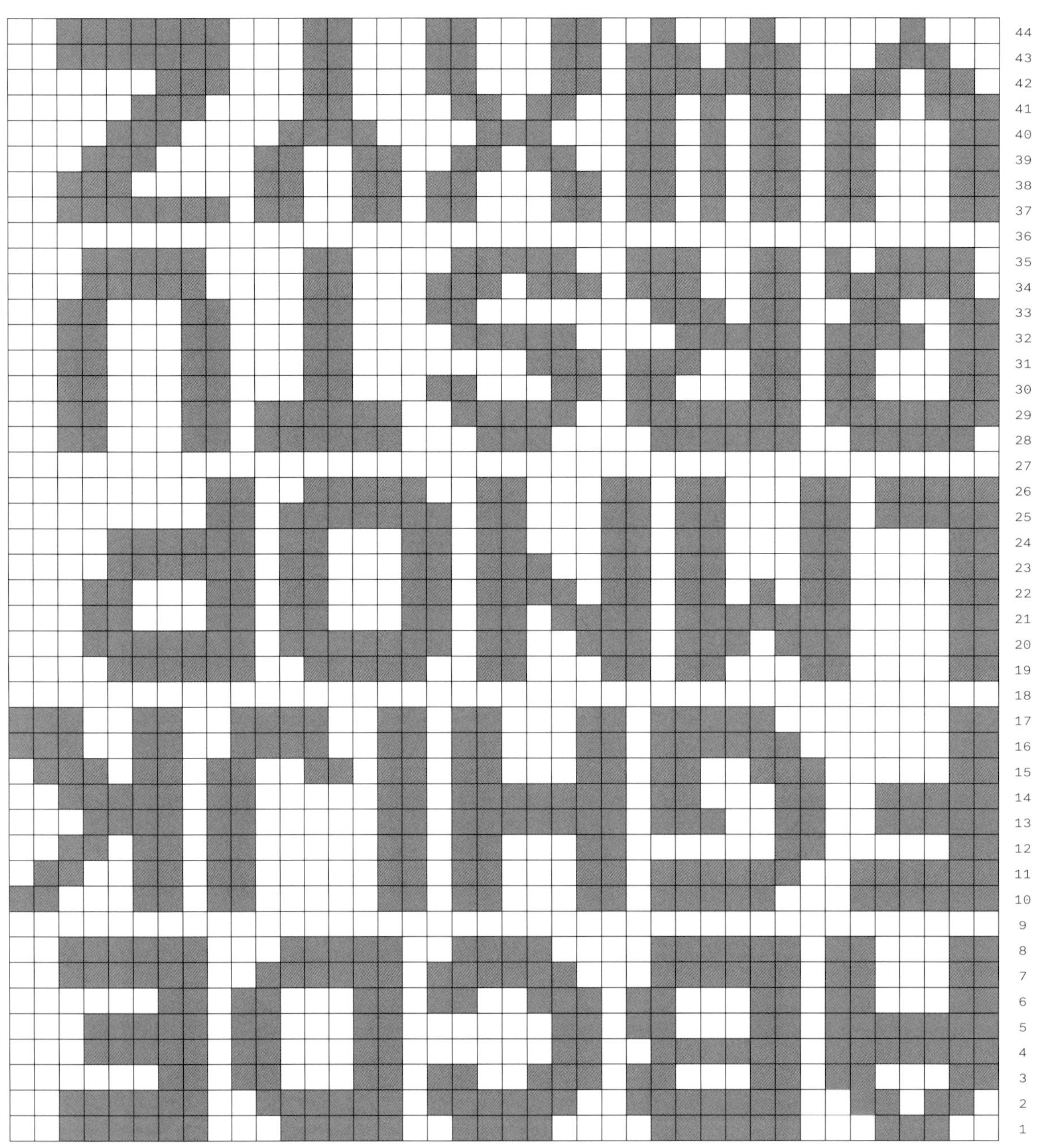
44
43
42
41
40
39
38
37
36
35
34
33
32
31
30
29
28
27
26
25
24
23
22
21
20
19
18
17
16
15
14
13
12
11
10
9
8
7
6
5
4
3
2
1
40 39 38 37 36 35 34 33 32 31 30 29 28 27 26 25 24 23 22 21 20 19 18 17 16 15 14 13 12 11 10 9 8 7 6 5 4 3 2 1

Sofia Sackett

23 Hawick

ホーイック

この靴下の名前は「ツイード」と言う言葉の発祥の地であるスコットランドの町Hawickから名付けました。すべり目によってできる厚手の編み地は、温もりと耐寒性を生み出します。

SIZES／サイズ

1 {2, 3}
推奨するゆとり：仕上がり寸法より－2.5 cm

FINISHED MEASUREMENTS／仕上がり寸法

レッグ／フット周囲：17（20、23）cm
レッグ長さ：10（11、12）cm
フット長さ：21（24、28）cm（調整可）

MATERIALS／材料

糸：Rosa PomarのMondim（ノンスーパーウォッシュポルトガル産ファインウール100%、385 m／100 g）〈C1：100〉〈C2：107〉〈C3：110〉各1カセ
またはフィンガリング〈中細〉程度の糸をC1：70（115、137）m、C2：70（115、137）m、C3：90（137、160）m

針：2 mm（US 0／JP0号）と2.25 mm（US 1／JP1号）の輪針

その他の用具：ステッチマーカー

GAUGE／ゲージ

32目×45段（2.25mm針でツイードステッチ・10cm角、ブロッキング後）
28目×40段（2mm針でメリヤス編み・10cm角、ブロッキング後）

STITCH PATTERNS／模様編み

ツイードステッチ
Note：括弧で記載している糸を使用してその段を編む。
1段め（C1）：*浮き目、表目2*、*～*を最後までくり返す。
2段め（C1）：*すべり目1、裏目2*、*～*を最後までくり返す。
3段め（C2）：*表目2、浮き目1*、*～*を最後までくり返す。
4段め（C2）：*裏目2、すべり目1*、*～*を最後までくり返す。
5段め（C3）：表目1、*浮き目1、表目2*、*～*を最後に2目残るまでくり返す、浮き目1、表目1。
6段め（C3）：裏目1、*すべり目1、裏目2*、*～*を最後に2目残るまでくり返す、すべり目1、裏目1。

CONSTRUCTION／構造

この靴下はつま先から編みはじめ、モザイク編みのカラーワークにクラシカルなウェッジトウ[Wedge Toe]、ジャーマンショートロウヒール[German Short Row Heel]、配色でリブ編みしたカフを合わせています。

DIRECTIONS／編み方

TOE／つま先

C3と2 mmの針で、ターキッシュキャストオン[Turkish CO]またはつま先から編む作り目の好みの方法で18 (20、20) 目作る。

準備段：最後まで表編む。

つま先の増し目をはじめる
1段め：〈N1〉：*表目1、右ねじり増し目、最後に1目残るまで表編み、左ねじり増し目、表目1*。
〈N2〉：*～*をくり返す。(4目増)
1段めを合計2 (3、4) 回編む。[26 (32、36) 目になる]

次のように増し目の間隔をあけて、2段ごとに編む
2段め：最後まで表編み。
3段め：〈N1〉：*表目1、右ねじり増し目、最後に1目残るまで表編み、左ねじり増し目、表目1*。
〈N2〉：*～*をくり返す。(4目増)
2・3段めを合計7 (8、9) 回合う。[54 (64、72) 目になる]
2段めをもう一度編む。

[サイズ2のみ]
次のように編みながら〈N1〉だけ増し目をする：
1段め：〈N1〉：表目1、右ねじり増し目、最後に1目残るまで表編み、左ねじり増し目、表目1。
〈N2〉：最後まで表編み。(2目増)
2段め：最後まで表編み。

〈N1〉の最後の目を〈N2〉に移す。
[合計54 (66、72) 目、各針27 (33、36) 目ずつになる]

FOOT／フット

2.25 mm針に持ち替え、C1とC2をつけ、ツイードステッチの模様編みを合計9 (10、11) 模様編む。
ツイードステッチ部分はつま先から約12 (13、15) cmになるか、「好みの長さ－5 cm」まで編む。

HEEL／ヒール

2 mm針に持ち替え、〈N1〉[最初の27 (33、36) 目]でかかとをジャーマンショートロウ[German Short Rows]の引き返し編みをする。かかとはC3だけで編む。

1段め (表面)：表目9 (11、12)、PM、表目9 (11、12)、PM、表目9 (11、12)、編み地を返す。
2段め (裏面)：MDS、最後まで裏編み、編み地を返す。
3段め (表面)：MDS、DSまで表編み、編み地を返す。
2・3段めをくり返し、かかとの両側にDSを9 (11、12) 回行う。

表面で最後のDSを終えたら、編み地を返さず次のように続ける：
DSも表目に編みながら最後まで表編み、編み地を返す。

4段め：DSも裏目に編みながら最後まで裏編み、編み地を返す。

〈N1〉のはじめになる。
かかとの後半を次のように編む：
5段め：Mまで表編み、SM、Mまで表編み、SM、表目1、編み地を返す。
6段め：MDS、RM、Mまで裏編み、RM、裏目1、編み地を返す。
7段め：MDS、DSまで表編み、DSを表目に編む、表目1、編み地を返す。
8段め：MDS、DSまで裏編み、DSを裏目に編む、裏目1、編み地を返す。
7・8段めをくり返し、両側に残り1目ずつになるまで編む。
最後のDSを次のように解消する：
9段め：MDS、DSまで表編み、DSを表目に編む、編み地を返す。
10段め：DSまで裏編み、DSを裏目に編む、編み地を返す。
表面を向いて、〈N1〉のはじめになる。

LEG／レッグ

2.25 mm針に持ち替える。
C1からツイードステッチを編みはじめ、6段の模様を5 (6、7) 回くり返すか、レッグが約7 (8、9) cmになるまで編むか、「好みのレッグ長さが－3 cm」になるまで編む。

CUFF／カフ

2 mmの針に持ち替える。C1とC2は切る。
C3で次のように**片面のねじり1目ゴム編み[1 x 1 Half Twisted Rib]**を12段輪に編む：
1段め：*表目のねじり目1、裏目1*、*～*を最後まで編む。
カフが約3cmになるまで1段めの手順をくり返す。
ジェニーズサプライジングリー・ストッレッチーバインドオフ[Jeny's Surprisingly Stretchy BO]または好みの伸縮性のある方法で止める。

FINISHING／仕上げ

かかとに隙間が開いていないか確認しながら糸始末をし、水通しをし、寸法に合わせてブロッキングする。

Summer Lee

24 Pinwheel

風車

Summer Leeは常に編み物以外の手工芸からインスピレーションを探しています。今回は伝統的なピンホイールキルトの美しさが、靴下に相応しいグラフィック模様として彼女の目にとまりました。

SIZES／サイズ

1 {2, 3}
推奨するゆとり：仕上がり寸法より約－2.5 cm

FINISHED MEASUREMENTS／仕上がり寸法

レッグ／フット周囲：20（22、24.5）cm
レッグ長さ（カフからヒールの編みはじめまで）：14cm（調整可）
フット長さ：調整可

MATERIALS／材料

糸：LangのJawoll（ウール75%・ナイロン／ポリアミド25%、210 m／50g）
〈MC：94 Pearl〉、〈CC1：109 Pink〉、〈CC2：159 Orange〉、〈CC3：220 Something Blue〉、
〈CC4：60 Crimson〉、〈CC5：385 Fluorescent Pink〉、〈CC6：288 Adriatic Sea〉

またはフィンガリング〈中細〉程度の糸を下記の通り：
MC：79（92、115）m
CC1：48（63、77）m
CC2：37（50、64）m
CC3：27（37、48）m
CC4：37（50、64）m
CC5：37（50、64）m
CC6：29（42、58）m

針：2.25（US 1／JP1号）と2.75 mm（US 2／JP2号）の針

その他の用具：ステッチマーカー

GAUGE／ゲージ

36目×48段（メリヤス編みとカラーワーク・10cm角、ブロッキング後）

NOTES／メモ

チャートの8目1模様は1段で9（10、11）回くり返します。
サンプルと同様に仕上げるには、チャートの10段を次の色順で編みます。
最初に記載している色で編みはじめます。

レッグ
1模様目：CC1・CC2
2模様目：CC3・CC4
3模様目：CC5・CC6
4模様目：CC2・MC
5模様目：CC4・CC1

フット
1模様目：CC6・CC3
2模様目：CC2・CC1
3模様目：CC5・MC
4模様目：CC4・CC3
5模様目：CC2・CC6
6模様目：CC5・CC1

CONSTRUCTION／構造

この靴下はカフからつま先に向けて編み、かかとはフォアソートヒール［Forethought Heel］。編み込み模様は楽しく、覚えやすいです。

DIRECTIONS ／編み方

CUFF ／カフ

MCと2.25 mmの針で72（81、87）目作り、編み目がねじれないように注意しながら輪につなげる。

2目と1目のリブ編み［2 x 1 Rib］を次のように編む：
表目2、裏目1、*〜*を最後までくり返す。カフが2 cmまたは好みの長さになるまでリブ編みを続ける。
カフの最後の段で、各自のサイズに合わせて次のように増し目または減目する：
サイズ1：*表目2、裏目1*、*〜*を最後までくり返す。（増減目なし）（72目）
サイズ2：左上2目一度、裏目1、*表目2、裏目1*、*〜*を最後までくり返す。（1目減）（80目になる）
サイズ3：表目1、右ねじり増し目、表目1、裏目1、*表目2、裏目1*、*〜*を最後までくり返す。（1目増）（88目になる）
MCを切る。

LEG ／レッグ

2.75 mmの針に持ち替え、CCの糸をつける。
チャートにしたがって編み、レッグまで10段めの模様を色替えしながらくり返す。カフも含め14 cmになるまで、または好みの長さになるまで編む。チャートの9段めで編み終える。まだ糸は切らないでおく。

フォアソートヒール用の別糸を編み入れる：
このパターンではフォアソートヒールでかかとを編む。
かかとを編む位置に別糸を編み入れ、あとからその位置にかかとを編む。

最初の36（40、44）目をパターン通りに（チャートの10段めを）編む。

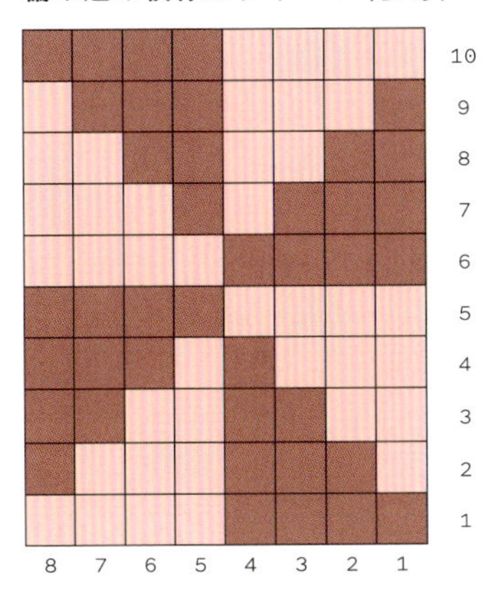

どちらの糸も切る。
別糸をつけ、残りの36（40、44）目を表編み。

糸端は長めに残して表側に出しておく。（こうしておくと後で取り除きやすい）。
別糸を切る。

FOOT／フット

新しい2色をつけ、再びチャートの通りに（1段めから）編む。

続けてチャートを編み、つま先の減目を行う手前まで編む。
チャートのどの段で止めてもよい。

つま先の減目は「フット長さ－4（4.5、5）cm」の位置からはじめるとよい。このときかかとの長さも考慮し、例えば、フット長さを23cmに仕上げたい場合、つま先分として4（4.5、5）cm差し引き、さらにかかと分として5（5、5.5）cmを差し引くと14（13.5、12.5）cmをフット部分として編む。

TOES／つま先

CCを切り、2.25 mmの針に持ち替える。MCで次のようにつま先の減目を輪に編む：
1段め：表目1、右上2目一度、表目30（34、38）、左上2目一度、表目1、PM、表目1、右上2目一度、表目30（34、38）、左上2目一度、表目1。（4目減）
2段め：最後まで表編み。
3段め：表目1、右上2目一度、Mの手前に3目残るまで表編み、左上2目一度、表目1、SM、表目1、右上2目一度、最後に3目残るまで表編み、左上2目一度、表目1。（4目減）
2・3段めをくり返し、目数が32（36、40）目になるまで編む。

つま先をはぎ合わせる。

WORKING THE HEEL／ヒールを編む

フォアソートヒールを編むには、まず編み目を針に戻す。この時点全体の目数の半数に別糸を編み入れた状態になっている。

編み地の表面が外側に向いていることを確認する。別糸の目の直下の目の右側の足を次のように拾う：
2.25 mmの針で、別糸で編んだ最初の目の直下の目の右足を拾う。次に別糸で編んだ次の目の直下の目の右足を拾う。このように、別糸で編んだ目の直下の目の右足を最後まで拾い続ける。針の目数は36（40、44）目になる。同じ手順で別糸の反対側の目も拾う。[針にかかっている目数は72（80、88）目になる]。

かかとの目を拾い終えると別糸を取り除く。（マジックループ方式で編んでいる場合は編み目をすべてコード上に移す。こうすると別糸を抜きやすくなる）。

MCで、3段メリヤス編み、次にかかとの減目をはじめる。（この減目はつま先の減目とまったく同じように減らす）。

1段め：表目1、右上2目一度、表目30（34、38）、左上2目一度、表目1、PM、表目1、右上2目一度、表目30（34、38）、左上2目一度、表目1。（4目減）
2段め：最後まで表編み。
3段め：表目1、右上2目一度、mの手前に3目残るまで表編み、左上2目一度、表目1、SM、表目1、右上2目一度、最後に3目残るまで表編み、左上2目一度、表目1。（4目減）
2・3段めをくり返し、目数が32（36、40）目になるまで編む。

つま先をはぎ合わせる。

FINISHING／仕上げ

糸始末をする。水通しをし、寸法に合わせてブロッキングする。

Veera Välimäki

25 Amber

琥珀

この靴下は寒い日でも必ず足を温めてくれます。素朴で素敵な色合いと起毛したモヘアにより、保温性が一層高まります。

SIZES ／サイズ

1 {2, 3}
推奨するゆとり：仕上がり寸法より0～－2.5 cm

FINISHED MEASUREMENTS ／仕上がり寸法

レッグ／フット周囲：20 (23, 25) cm
レッグ長さ：14 cm（調整可）
フット長さ：調整可

MATERIALS ／材料

糸：Aara YarnのAatos（メリノウール75%・ナイロン25%、225 m／100 g）〈Amfora〉1（2、2）カセ
Aara YarnのHieno（キッドモヘア72%・シルク28%、420 m／50 g）〈Amfora〉1カセ
※全体を通して2種類の糸を1本ずつ引き揃えて使用。

またはDK（合太～並太）程度の糸に相当するよう糸を引き揃えて220（275、330）m

Note：参考作品（左ページ）のサイズ1にはAatosを1カセすべて（スワッチ分も含む）使用。

針：3 mm（US 2.5／JP3号）と3.5 mm（US 4／JP5号）の輪針

その他の用具：ステッチマーカー3個

GAUGE ／ゲージ

24目×34段（3.5mm針でテクスチャーステッチとメリヤス編み・10cm角、ブロッキング後）

STITCH PATTERN ／模様編み

テクスチャーステッチ（輪編み）
1・2段め（表面）：最後まで表編み。
3段め（表面）：*裏目の左上2目一度、かけ目*、*～*を最後までくり返す。
4・5段め：最後まで表編み。
6段め：*表目1、裏目1*、*～*を最後までくり返す。
7段め：最後まで表編み。
8段め：*表目1、裏目1*、*～*を最後までくり返す。
9段め：最後まで表編み。
10段め：*表目1、裏目1*、*～*を最後までくり返す。
11段め：最後まで表編み。
12段め：*表目1、裏目1*、*～*を最後までくり返す。
13段め：最後まで表編み。
14段め：*表目1、裏目1*、*～*を最後までくり返す。
15・16段め：最後まで表編み。
17段め：*かけ目、裏目の右上2目一度*、*～*を最後までくり返す。
18～28段め：4～14段めと同様に編む。

CONSTRUCTION ／構造

トップダウンに編む靴下で、リブ編み風のテクスチャーとヒールフラップが特徴です。シルクモヘアの肌触りによって心地よさが増します。

DIRECTIONS／編み方

CUFF AND LEG／カフとレッグ

3 mmの針と糸を1本ずつ引き揃えて、ジャーマンツイステッドキャストオン［German Twisted CO］の方法で48（56、60）目作る。
PM、編み目がねじれないように注意しながら輪につなげる。

片面のねじりゴム編み［1 x 1 Twisted Rib］で次ように編む：
表目のねじり目1、裏目、*～*を最後までくり返す。
以降、目なりに合計14段編む。
3.5 mmの針に持ち替え、テクスチャーステッチを編む。
テクスチャーステッチ（28段/模様）を編み、2度めの繰り返しの10段めまでを編み終えたら、レッグや作り目から約13 cmになる。

HEEL FLAP／ヒールフラップ

1段め（表面）：*すべり目1、表目1*、*～*を12（14、15）回編む（前半の目が編めて）、編み地を返す。
Note：ヒールフラップは上記の目だけで編む。
2段め（裏面）：浮き目1、裏目23（27、29）、編み地を返す。
3段め（表面）：*すべり目1、表目1*、*～*を最後までくり返す。
2・3段めをあと13（15、17）回編む。

HEEL TURN／ヒールターン

Note：ヒールターンでは毎段1目ずつ減る。
1段め（裏面）：浮き目1、最後に11目残るまで裏編み、裏目の左上2目一度、裏目1、編み地を返す。
2段め（表面）：すべり目1、最後に11目残るまで表編み、右上2目一度、表目1、編み地を返す。
3段め：浮き目1、前段の引き返し位置の手前に1目残るまで裏編み、裏目の左上2目一度、裏目1、編み地を返す。
4段め：すべり目1、前段の引き返し位置の手前に1目残るまで表編み、右上2目一度、表目1、編み地を返す。
3・4段めをくり返し、端からすべての目が編めるまで編み続ける。
［残り14（18、20）目になる］

GUSSET／マチ

1段め（表面）：ヒールフラップの端から針にかかっている甲側の目に向けて14（16、18）目拾う、PM、甲側の目でテクスチャーステッチを編む（模様の続きの段から）、PM、ヒールフラップの反対側の端から14（16、18）目拾う、BORとしてPM。［針には66（78、86）目になる］
2段め：Mの手前に3目残るまで表編み、左上2目一度、表目1、SM、Mまでテクスチャーステッチを編む、SM、表目1、右上2目一度、最後まで表編み。
3段め：Mまで表編み、SM、Mまでテクスチャーステッチを編む、SM、最後まで表編み。
2・3段めをくり返し、目数が48（56、60）目になるまで編む。
BOR mをはずし、最初のmまで表編み。
このMが新しいBORになる。
前段のようにテクスチャーステッチとメリヤス編みを編みながら、靴下が「好みの長さ－4（5、5）cm」になるまで編む。

TOE／つま先

1段め（減目段）：*表目1、右上2目一度、Mの手前に3目残るまで表編み、左上2目一度、表目1*、*～*をもう一度編む。（4目減）
2段め：最後まで表編み。
1・2段めをくり返し、目数が24目になるまで編む。
甲側と足底側の編み目12目ずつの針2本を平行に持ち、はぎ合せる。

FINISHING／仕上げ

糸始末をする。水通しをし、寸法に合わせてブロッキングする。

Yucca/Yuka Takahashi

26 Kissa

キッサ

面白い質感の模様編みが特長で、カフとヒールは配色で編むため、
残り糸の活用にも有効です。

SIZES／サイズ

1 {2, 3}
推奨するゆとり：仕上がり寸法より－5～－5.5 cm

FINISHED MEASUREMENTS／仕上がり寸法

レッグ／フット周囲：15.5（17.5、20）cm
レッグ長さ：13.5cm（調整可）
フット長さ：調整可

MATERIALS／材料

糸：Mominoki YarnのSock Happy（ウール80%・ポリアミド20%、366 m／100 g）
〈MC: Kahvi（ブラウン）〉1カセ／100g、
〈CC1：Lakka（オレンジ）〉、〈CC2：Pistachio（グリーン）〉各1カセ／50g
またはフィンガリング〈中細〉程度の糸をMCとしてを180（200、250）m、CC1として25（30、35）m、CC2として30（30、40）m

針：2.25 mm（US 1／JP0号）、2.5 mm（US 1.5／JP1号）の輪針

その他の用具：ステッチマーカー、なわ編み針

GAUGE／ゲージ

32目×44段（2.25mm針でメリヤス編み・10cm角、ブロッキング後）
36目×44段（2.25mm針でチャートの模様編み・10cm角、ブロッキング後）
34目（2.5mm針でチャートの模様編み・10cm角、ブロッキング後）

SPECIAL ABBREVIATIONS／特別な用語

右上がねじり目の1目交差［1/1 LC tbl］：1目をなわ編み針に移し編み地の手前におき、左針から表目1、なわ編み針から表目のねじり目1
左上がねじり目の一目交差［1/1 RC tbl］：1目をなわ編み針に移し編み地の後ろにおき、左針から表目のねじり目1、なわ編み針から表目1
右上がねじり目で下の目が裏目の1目交差［1/1 LPC tbl］：1目をなわ編み針に移し編み地の手前におき、左針から裏目1、なわ編み針から表目のねじり目1
左上がねじり目で下の目が裏目の1目交差［1/1 RPC tbl］：1目をなわ編み針に移し編み地の後ろにおき、左針から表目のねじり目1、なわ編み針から裏目1

CONSTRUCTION／構造

この靴下はつま先から編みはじめ、かかとは引き返し編みをして編みます。フットからレッグにかけて豊かなテクスチャーの模様を編みます。

DIRECTIONS ／編み方

TOE ／つま先

MCと2.25 mmの針で、ジュディーズマジックキャストオン［Judy's Magic CO］の方法で20（24、28）目作る。輪に編む。
甲側の目は〈N1〉、足底の目は〈N2〉。どちらも［10（12、14）］目ずつになる。

1段め：〈N1〉・〈N2〉ともに表編み。
2段め：〈N1〉：表目1、右ねじり増し目、最後に1目残るまで表編み、左ねじり増し目、表目1。〈N2〉：表目1、右ねじり増し目、最後に1目残るまで表編み、左ねじり増し目、表目1。［合計4目になる］
1・2段めをあと7（8、9）回編む。［合計52（60、68）目、各針に26（30、34）目ずつ］

次段：〈N1〉：最後に1目残るまで表編み、残った目を〈N2〉に移す。（1目移動）
〈N2〉：最後まで表編み、〈N1〉から表目1。（1目移動）［合計52（60、68）目、〈N1〉には24（28、32）目、〈N2〉には28（32、36）目］

作り目から4.5（4.5、5）cmになるまでメリヤス編み。

FOOT ／フット

1段め：〈N1〉：チャートの1段めを編む。〈N2〉：最後まで表編み。
2段め：〈N1〉：チャートの次の段を編む。〈N2〉：最後まで表編み。
2段めをくり返し、「好みのフット長さ－4.5（5、5.5）cm」になるまで編む。

次の各自のサイズに該当するいずれかの段で編み終える：
サイズ1：4、10、16、22段めのいずれか
サイズ2：5、12、19、26段めのいずれか
サイズ3：6、14、22、30段めのいずれか
Note：上記の寸法はヒールの長さです。ヒールは20（22、24）段編む。フット長さは実際のゲージに合わせて調整する。

次の半周：〈N1〉・チャートの次の段を編む。
編み終えた段を書き留めておく。〈N1〉の目を輪針のコードまたは予備の編み針に移す。

HEEL ／ヒール

ヒールターンは〈N2〉の28（32、36）目で往復にジャーマンショートロウ［German Short Rows］の引き返し編みをしながら編む。CC1に持ち替える。MCは切らずにおく。

引き返し編みのかかとの前半
1段め（表面）：最後まで表編み、編み地を返す。
2段め（裏面）：MDS、PM、最後まで裏編み、編み地を返す。
3段め：MDS、PM、Mまで表編み、RM、編み地を返す。
4段め：MDS、PM、Mまで裏編み、RM、編み地を返す。
3・4段めをあと8（9、10）回編む。

次段（表面）：MDS、PM。
マーカーの間は8（10、12）目になる。

引き返し編みのかかとの後半
1段め（表面）：Mまで表編み、RM、DSを表目に編む、PM、DSを表目に編む、編み地を返す。
2段め（裏面）：すべり目1、SM、Mまで裏編み、RM、DSを裏目に編む、PM、DSを裏目に編む、編み地を返す。
3段め：すべり目1、SM、Mまで表編み、RM、すべり目1、PM、DSを表目に編む、編み地を返す。
4段め：すべり目1、SM、Mまで裏編み、RM、すべり目1、PM、DSを裏目に編む、編み地を返す。
3・4段めとあと6（7、8）回編む。

次段：すべり目1、SM、Mまで表編み、RM、すべり目1、DSを表目に編むと〈N2〉の終わりに達する、編み地を返す。
次段（裏面）：すべり目1、Mまで裏編み、RM、すべり目1、DSを裏目に編むと〈N2〉の終わりにに達する、編み地を返す。
CC1を切り、MCに持ち替える。
次段（表面）：最後まで表編み。

LEG ／レッグ

休ませておいた目を〈N1〉に戻し、再び輪に編む。［合計52（60、68）目になる］
フットセクションの最後に編んだチャートの段の次の段から編みはじめる。

準備段：〈N1〉：チャートの次の段を編む。〈N2〉：最後まで表編み。

〈N2〉も〈N1〉と同じチャートの段から始める。
2.5 mm針に持ち替える。
1段め：〈N1〉：チャートの次の段を編む。〈N2〉：表目2、〈N1〉と同様にチャートの通りに編み、表目2。
2段め：〈N1〉：チャートの次の段を編む。〈N2〉：右上がねじり目の1目交差、〈N1〉と同様にチャートの通りに編み、左上がねじり目の1目交差。
1・2段めをくり返し、レッグが約9 cmまたは「好みの長さまで編み」、チャートの1、13（15、17）段めで編み終える。
MCを切る。

CUFF ／カフ

CC2と2.25 mmの針に持ち替える。2段めの最初の目は色替えの段差をなくすために1段下の目に表目を編む。カフの色替えをせずに、MCで編み続ける場合は2段めをとばして編む。

1段め：最後まで表編み。
2段め：1段下の目に表目、*裏目2、表目2*、*～*を最後に3目残るまで編み、裏目2、表目1。
3段め：*表目1、裏目2、表目1*、*～*を最後までくり返す。
カフが約4.5cmになるまで3段めの手順をくり返す。

伸縮性のある好みの止め方ですべての目を止める。

FINISHING ／仕上げ

糸始末をする。ヒール部分の角に隙間が開くようであれば、MCで編み地の裏側から、またはヒールに使用したCCの糸端を使って処理する。
きれいに仕上げるには水通しするとよい。

模様編みのチャート（サイズ1）

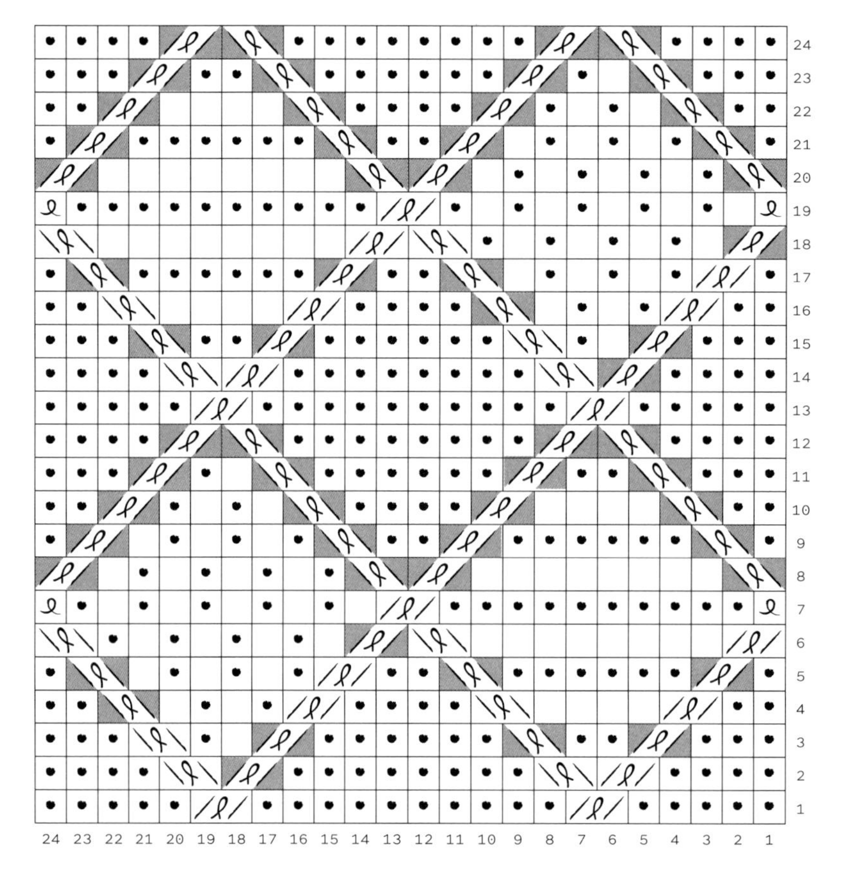

表目
裏目
表目のねじり目

右上がねじり目の１目交差
左上がねじり目の１目交差
右上がねじり目で下の目が裏目の１目交差
左上がねじり目で下の目が裏目の１目交差

模様編みのチャート（サイズ２）

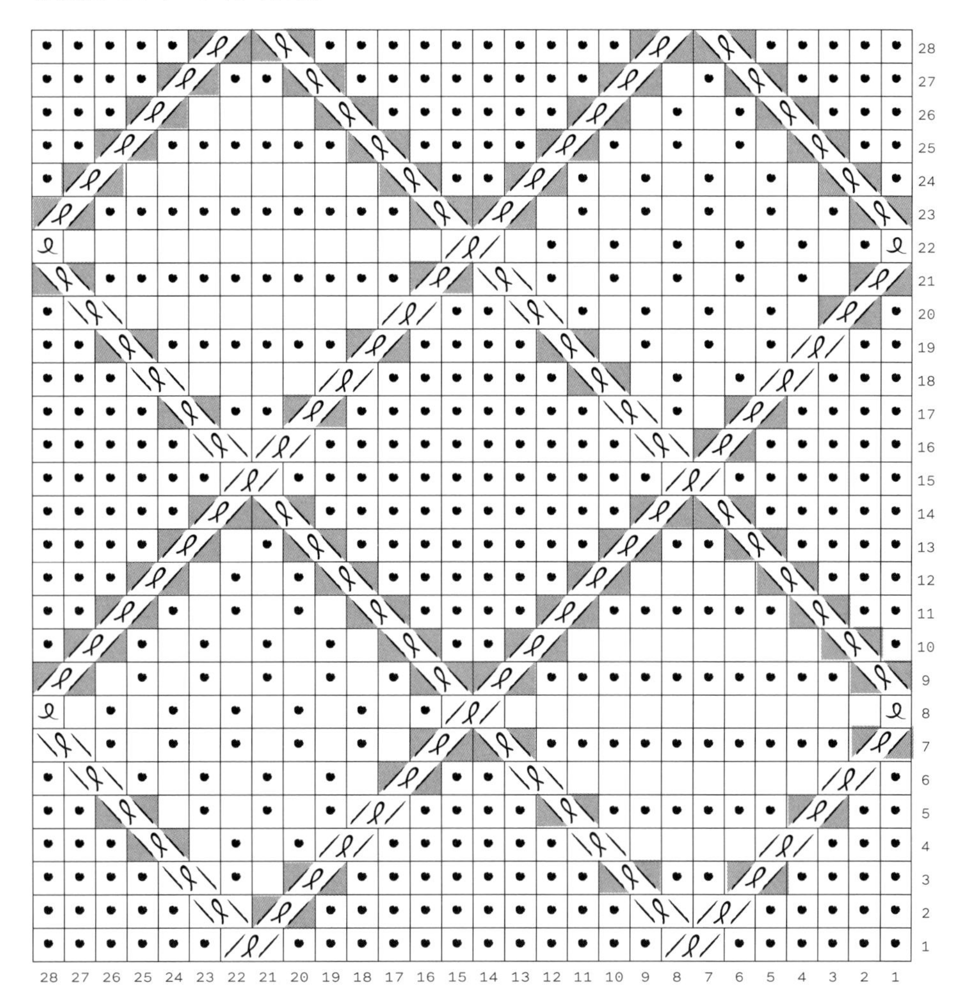

模様編みのチャート（サイズ3）

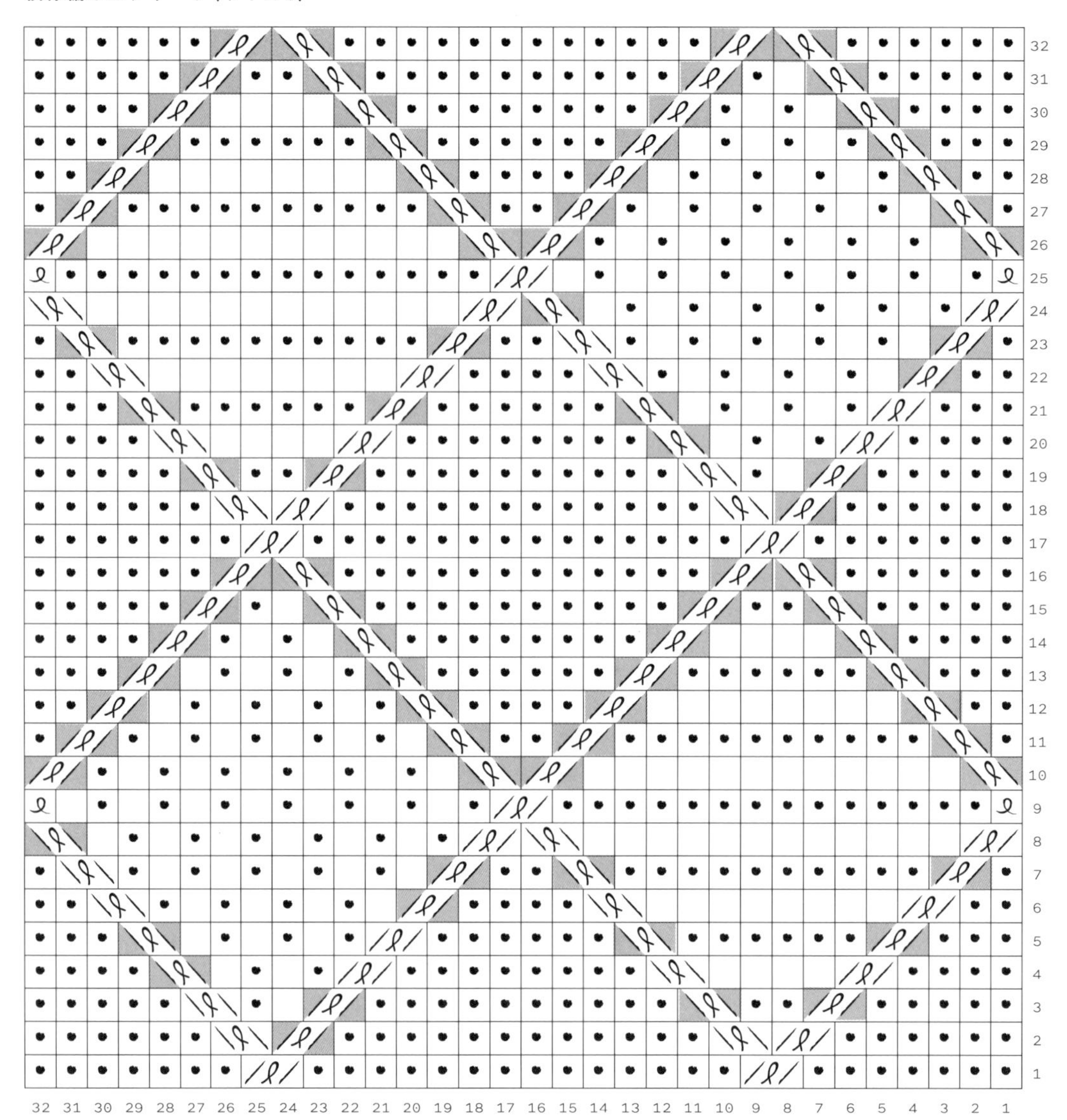

27

39

27 週～ 39 週目

Gaufrette — Alma Bali　My Favourite Yoga Socks — Ara Stella　Forest Trail — Barbara von Stieglitz　Romance — Christelle Bagea　Aloe — Fay Dashper-Hughes　Eorna — Heather Nolan　Aurora — Heli Rajavaara　Enrai — Keiko Kikuno　Hilda — Kristin Drysdale　Rhythm — Marie-Christine Lévesque　Lato — Paula Wiśniewska　Rosebay — Paula Pereira　Daybreak — Pauliina Kuunsola

27 Gaufrette

ゴーフレット

この靴下は楽しい立体的な質感が特長です。美味しいゴーフル・ドゥ・ブリュッセル(ベルギーワッフル)を思い出したので、このように名付けました。

SIZES ／**サイズ**

1 {2, 3}
推奨するゆとり：仕上がり寸法より0〜－3 cm

FINISHED MEASUREMENTS ／**仕上がり寸法**

レッグ／フット周囲：16（19、21）cm
レッグ長さ：6.5cm（調整可）
フット長さ：調整可

MATERIALS ／**材料**

糸：La Bien AiméeのMerino Super Sock（ウールメリノ75%・ナイロン25%、425 m／100 g）
ピンクの参考作品(左ページ)：〈MC：Ponyo and Sosuke〉、〈CC：Goldenrod〉各1カセ
薄紫の参考作品(P.4)：〈MC：Ghost〉、〈CC：Anemone〉各1カセ
またはフィンガリング〈中細〉程度の糸をMCとして183（210、242）m、CCとして61（70、80）m

針：2.25 mm（US 1／JP0号）と2.5 mm（US 1.5／JP1号）の針

その他の用具：ステッチマーカー(BOR用に種類の異なるものを1個含む)

GAUGE ／**ゲージ**

37目×52段(2.5mm針で模様編み・10cm角、ブロッキング後)

CONSTRUCTION ／**構造**

この靴下はつま先からカフに向けて編み、かかとはフリーグルヒール[Fleegle Heel]と2色の細かい総柄の編み込み模様が特長です。
Note：このデザインの参考作品は4ページにも掲載しています。

DIRECTIONS／編み方

TOE／つま先

MCと2.5mmの針で、ジュディーズマジックキャストオン[Judy's Magic CO]の方法で28（32、36）目作る。最初の14（16、18）目は足底、あとの14（16、18）目は甲側になる。

1段め：最後まで表編みをしながら、段の真ん中にあたる足底と甲の間にPM。
2段め（増し目段）：*表目1、右ねじり増し目1、Mの手前に1目残るまで表編み、左ねじり増し目1、表目1、SM*、*～*をもう一度編む。（4目増）
3段め：最後まで表編み.
2・3段めをあと7（8、9）回編む。[60（68、76）目になる]

FOOT／フット

カラーワークの模様編みを編みはじめる：
1段め：MCで、最後まで表編み。
2段め：MCで、*表目2、裏目2*、*～*を最後までくり返す。
3・4段め：*MCで表目2、CCで表目2*、*～*を最後までくり返す。
1～4段めをくり返し、「好みのフット長さ－10（10、11）cmになるまで編み、4段めで編み終える。

GUSSET／マチ

1段め（増し目段）：MCで表目1、右ねじり増し目1、Mの手前に1目残るまで表編み、左ねじり増し目1、表目1、SM、最後まで表編み。（2目増）
2段め：MCで表目3、*裏目2、表目2*、*～*をMの手前に5目残るまでくり返し、裏目2、表目3、SM、*裏目2、表目2*、*～*を最後に2目残るまでくり返し、裏目2。
3段め（増し目段）：MCで表目1、右ねじり増し目1、表目2、*CCで表目2、MCで表目2*、*～*をMの手前に1目残るまでくり返し、MCで左ねじり増し目1、表目1、SM、*CCで表目2、MCで表目2*、*～*を最後に2目残るまでくり返し、CCで、表目2。（2目増）
4段め：MCで表目4、*CCで表目2、MCで表目2*、*～*をMの手前に2目残るまでくり返し、MCで表目2、SM、*CCで表目2、MCで表目2*、*～*を最後に2目残るまでくり返し、CCで表目2。
5段め（増し目段）：1段めをくり返す。（2目増）
6段め：MCで表目1、*裏目2、表目2*、*～*をMの手前に3目残るまでくり返し、裏目2、表目1、SM、*裏目2、表目2*、*～*を最後に2目残るまでくり返し、裏目2。
7段め（増し目段）：MCで表目1、右ねじり増し目1、*CCで表目2、MCで表目2*、*～*をMの手前に3目残るまでくり返し、CCで表目2、MCで左ねじり増し目1、表目1、SM、*CCで表目2、MCで表目2*、*～*を最後に2目残るまでくり返し、CCで表目2。（2目増）
8段め：*MCで表目2、CCで表目2*、*～*を最後までくり返す。
1～8段めをあと3（3、4）回くり返す。
[合計92（100、116）目：足底側が62（66、78）目、甲側が30（34、38目）]

HEEL／ヒール

準備段1（MC）：最後まで表編み。
準備段2（MC）：*表目2、裏目2*、*～*を最後までくり返す。

糸を切る。
ここからは往復編みしながら毎段1目ずつ減目する。

[サイズ1・3のみ]
Note：段差を防ぐために、2色を使う段の編みはじめはCCとMCの糸を絡げる。
編み目をすべらせて移してからかかとの真ん中で糸をつける。
1段め（表面）：すべり目30（–、38）目、CCで表目2、MCで右上2目一度、表目1、編み地を返す。
2段め（裏面）：すべり目1、MCで裏目1、CCで裏目2、MCで裏目の左上2目一度、裏目1、編み地を返す。
3段め（MC）：すべり目1、段差の手前に1目残るまで表編み、右上2目一度、表目1、編み地を返す。
4段め（MC）：すべり目1、*裏目2、表目2*、*～*を段差の手前に2目残るまでくり返し、裏目1、裏目の左上2目一度、裏目1、編み地を返す。
5段め：すべり目1、*MCで表目2、CCで表目2*、*～*を段差の手前に3目残るまでくり返し、MCで表目2、右上2目一度、表目1、編み地を返す。
6段め：すべり目1、MCで裏目3、*CCで裏目2、MCで裏目2*、*～*を段差の手前に1目残るまでくり返し、MCで裏目の左上2目一度、裏目1、編み地を返す。
7段め（MC）：すべり目1、段差の手前に1目残るまで表編み、右上2目一度、表目1、編み地を返す。
8段め（MC）：すべり目1、*表目2、裏目2*、*～*を段差の手前に2目残るまでくり返し、表目1、左上2目一度、裏目1、編み地を返す。
9段め：すべり目1、*CCで表目2、MCで表目2*、*～*を段差の手前に3目残るまでくり返し、CCで表目2、MCで右上2目一度、表目1、編み地を返す。
10段め：すべり目1、MCで裏目1、*CCで裏目2、MCで裏目2*、*～*を段差の手前に3目残るまでくり返し、CCで裏目2、MCで裏目の左上2目一度、裏目1、編み地を返す。
11段め（MC）：すべり目1、段差の手前に1目残るまで表編み、右上2目一度、表目1、編み地を返す。
12段め（MC）：すべり目1、*裏目2、表目2*、*～*を段差の手前に2目残るまでくり返し、裏目1、裏目の左上2目一度、裏目1、編み地を返す。
5～12段めをあと2（–、3）回編む。
足底の両端に1目ずつ編んでいない状態の目が残る。

再び輪に編む。
1段め：すべり目1、*MCで表目2、CCで表目2*、*～*を段差の手前に3目残るまでくり返し、MCで表目2、右上2目一度、SM、*CCで表目2、MCで表目2*、*～*を最後に2目残るまでくり返し、CCで表目2。（1目減）
2段め：MCで左上2目一度、*MCで表目2、CCで表目2*、*～*をMの手前に3目残るまでくり返し（足底の終わり）、MCで表目1、右上2目一度、SM、*CCで表目2、MCで表目2*、*～*を最後に2目残るまでくり返し、CCで表目2。（2目減）
3段め（MC）：左上2目一度、最後まで表

編み。(1目減)
[合計60 (–、76) 目になる：足底・甲側ともに30 (–、38) 目ずつ]
レッグへ続く。

[サイズ2のみ]
Note：段差を防ぐために、2色を使う段の編みはじめはCCとMCの糸を絡げる。
編み目をすべらせて移してからかかとの真ん中で糸をつける。
1段め (表面)：すべり目32、MCで表目2、右上2目一度、表目1、編み地を返す。
2段め (裏面)：すべり目1、MCで裏目3、裏目の左上2目一度、裏目1、編み地を返す。
3段め (MC)：すべり目1、段差の手前に1目残るまで表編み、右上2目一度、表目1、編み地を返す。
4段め (MC)：すべり目1、表目2、裏目2、表目1、左上2目一度、裏目1、編み地を返す。
5段め：すべり目1、*CCで表目2、MCで表目2*、*～*を段差の手前に3目残るまでくり返し、CCで表目2、MCで右上2目一度、表目1、編み地を返す。
6段め：すべり目1、MCで裏目1、*CCで裏目2、MCで裏目2*、*～*を段差の手前に3目残るまでくり返し、CCで裏目2、MCで裏目の左上2目一度、裏目1、編み地を返す。
7段め (MC)：すべり目1、段差の手前に1目残るまで表編み、右上2目一度、表目1、編み地を返す。
8段め (MC)：すべり目1、*裏目2、表目2*、*～*を段差の手前に2目残るまでくり返し、裏目1、裏目の左上2目一度、裏目1、編み地を返す。
9段め：すべり目1、*MCで表目2、CCで表目2*、*～*を段差の手前に3目残るまでくり返し、MCで表目2、右上2目一度、表目1、編み地を返す。
10段め：すべり目1、MCで裏目3、*CCで裏目2、MCで裏目2*、*～*を段差の手前に1目残るまでくり返し、MCで裏目の左上2目一度、裏目1、編み地を返す。(1目減)
11段め (MC)：すべり目1、段差の手前に1目残るまで表編み、右上2目一度、表目1、編み地を返す。
12段め (MC)：すべり目1、*表目2、裏目2*、*～*を段差の手前に2目残るまでくり返し、表目1、左上2目一度、裏目1、編み地を返す。
5～12段めをあと2回編む。
足底の両端に3目ずつ編んでいない状態の目が残る。

再び輪に編む。
1段め：すべり目1、*CCで表目2、MCで表目2*、*～*を段差の手前に3目残るまでくり返し、CCで表目2、MCで右上2目一度、表目2、SM、*CCで表目2、MCで表目2*、*～*を最後に2目残るまでくり返し、CCで表目2。(1目減)
2段め：MCで表目2、左上2目一度、*CCで表目2、MCで表目2*、*～*をmの手前に5目残るまでくり返し(足底の終わり)、CCで表目2、MCで右上2目一度、表目1、SM、*CCで表目2、MCで表目2*、*～*を最後に2目残るまでくり返し、CCで表目2。(2目減)
3段め(MC)：表目1、左上2目一度、最後まで表編み。(1目減)
合計68目になる：足底・甲側ともに34目ずつ。

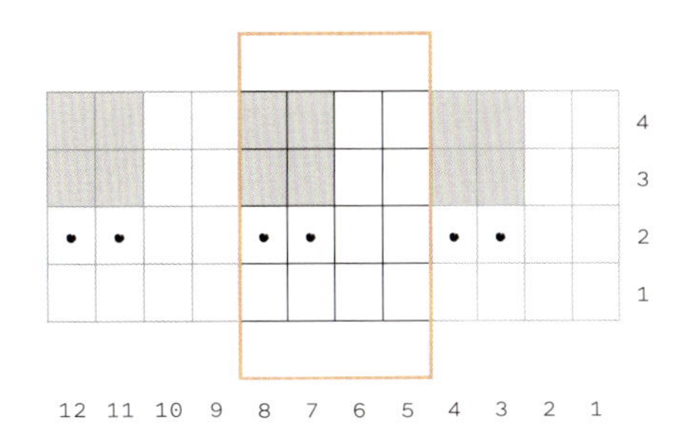

LEG／レッグ

1段め (MC)：*表目2、裏目2*、*～*を最後までくり返しながらRM。
2～3段め：*MCで表目2、CCで表目2*、*～*を最後までくり返す。
4段め：MCで、最後まで表編み.
1～4段めの編み方であと5回、または「好みのレッグ長さ－2cm」になるまで編む。
CCを切る。

CUFF／カフ

2.25 mmの針に持ち替える。

2目ゴム編みを次の様に編む：
2目ゴム編み：MCで、*表目2、裏目2*、*～*を最後までくり返す。
2目ゴム編みの段をあと6回編む。
ジェニーズサプライジングリーストゥレッチーバインドオフ[Jeny's Surprisingly Stretchy BO]の方法ですべての目を目なりに止める。

FINISHING／仕上げ

糸始末をする。水通しをし、寸法に合わせてブロッキングする。

Ara Stella

28 My Favourite Yoga Socks

お気に入りのヨガソックス

オープントウとオープンヒールの靴下はヨガマットの上でも滑ることなく、足を温かく保てます。ふくらはぎをゆったりと包んでくれ、90年代の雰囲気を醸し出します。

SIZES／サイズ

1 {2, 3}

推奨するゆとり：フット部分に仕上がり寸法より－2.5cm

FINISHEDMEASUREMENTS／仕上がり寸法

レッグ周囲：19（21、23）cm.

フット周囲：19（20、22）cm.

レッグ長さ：22（23、25）cm

フット長さ：8.5（10、11）cm

MATERIALS／材料

糸：ARA STELLAのBonBon（ピュアラムウール100%、200 m／50 g）、〈MC：Carrot Cake〉、〈CC：Daisy〉各1カセ

またはフィンガリング〈中細〉程度の糸をMCとして163（168、175）m、CCとして135（137、140）m

針：2.25 mm（US 1／JP1号）と3.25 mm（US 3／JP4号）の針

その他の用具：取り外し可能なマーカー1個

GAUGE／ゲージ

33目×50段（2.25mm針でファローリブステッチ[Farrow Rib St]・10cm角、ブロッキング後）

31目×30段（2.25mm針でデュウドロップステッチ[Dewdrop St]・10cm角、ブロッキング後）

SPECIAL ABBREVIATIONS & TECHNIQUES／特別な用語とテクニック

インビジブルリブバインドオフ[Invisible Ribbed BO]

とじ針を使った伸縮性のある止め方：

（とじ針を使うニットワンパールワンバインドオフ[Knit One Purl-One Bind-Off]とも言う）

止める編み地の長さの3倍の糸端を残して糸を切り、とじ針に通す。最初の表目にとじ針を裏目を編むように（右から左へ）入れて、糸を引く。次の裏目にはとじ針を表目を編むように（左から右へ）入れて、糸を引く。*最初の表目にとじ針を表目を編むように入れて、糸を引いて、編み目を針からはずす。次の表目にとじ針を裏目を編むように入れて、糸を引く。最初の裏目にとじ針を裏目を編むように入れ、糸を引いて、編み目を針からはずす。次の裏目にとじ針を表目を編むように入れて、糸を引く*。残り1目になるまで*～*をくり返す。最後の目にとじ針を通し、編み目を編み針からはずし、糸始末をする。

ヤーンオーバーバインドオフ[yoBO：Yarnover bind-off]

伸縮性に優れた止め方：

表目2、いつもの伏せ目のように編んだ1目めを2目めにかぶせ、かけ目、次に伏せる目をかけ目にかぶせ、次の目を表目に編み、いつも通りに伏せる。

NOTES／メモ

レッグの18段めの終わりには、次段の1目を使って段を編み終えます。ここでは取り外し可能なマーカー（M）を使います。

CONSTRUCTION／構造

このオープントウ・オープンヒールソックスは下からはき口に向かって編みます。

ふくらはぎの伝統的なデュウドロップステッチ[Dewdrop Stitch]はモダンな配色で活発な印象を与えます。

DIRECTIONS／編み方

TOE OPENING／つま先の開き

2.25 mmの針とCCで、オールドノルウィージャンキャストオン［Old Norwegian CO］の方法で60（66、72）目作る。段のはじめにPM。輪に編む。

FOOT／フット

ファローリブステッチ［Farrow Rib St］を輪に編む：

1段め：*表目2、裏目1*、*〜*を最後までくり返す。

2段め：*表目1、裏目2*、*〜*を最後までくり返す。

1・2段めをあと20（24、26）回編む。

HEEL OPENING AND ANKLE／ヒールの開きと足首

1段め：*表目2、裏目1*、*〜*をもう一度編み、ヤーンオーバーバインドオフ［yoBO］の方法で19（22、25）目伏せ、表目1、裏目1（伏せ終わり、右針にかかった目）、*表目2、裏目1*、*〜*を最後までくり返す。

2段め：*表目1、裏目2*、*〜*をもう一度編み、19（22、25）目作る、*表目1、裏目2*、*〜*を最後までくり返す。

3段め：*表目2、裏目1*、*〜*を最後までくり返す。

4段め：*表目1、裏目2*、*〜*を最後までくり返す。

3・4段めをあと11（12、14）回編む。

LEG／レッグ

糸端を20 cm残してCCを切る。

MCと3.25 mm針に持ち替える。

1・2段め：最後まで表編み。

3〜5段め：*表目3、裏目3*、*〜*を最後までくり返す。

6段め：*かけ目、右上3目一度、かけ目、表目3*、*〜*を最後までくり返す。

7〜9段め：*裏目3、表目3*、*〜*を最後までくり返す。

10段め：*かけ目、表目3、かけ目、右上3目一度*、*〜*を最後までくり返す。

11段め：すべり目1、*表目3、裏目3*、*〜*を最後に5目残るまで編み、表目3、裏目2。

12・13段め：裏目1、*表目3、裏目3*、*〜*を最後に5目残るまで編み、表目3、裏目2。

14段め：裏目1、*かけ目、右上3目一度、かけ目、表目3*、*〜*を最後に5目残るまで編み、かけ目、右上3目一度、かけ目、表目2。

15〜17段め：表目1、*裏目3、表目3*、*〜*を最後に5目残るまで編み、裏目3、表目2。

18段め：表目1、*かけ目、表目3、かけ目、右上3目一度*、*〜*を最後に5目残るまで編み、かけ目、表目3、かけ目、表目を編むように右針を入れて移す、RM、左上2目一度、すべらせた目を編んだ目にかぶせる（間のMをはずしながら右上3目一度）、PM。

Note：18段めの最後には次の段の1目めを使って編む。

11〜18段めをあと6（6、7）回編む。11〜13段めをもう一度編む。

CUFF／カフ

2.25 mmの針に持ち替える。

1段め：*表目1、裏目1*、*〜*を最後までくり返す。

1段めと同様にあと14（14、14）回編む。

CCの糸端を95 cm残して切る。

とじ針を使うインビジブルリブバインドオフ［Invisible Ribbed BO］の方法で止める。

FINISHING／仕上げ

糸始末をする。水通しをし、寸法に合わせてブロッキングする。

Barbara von Stieglitz

29 Forest Trail

フォレストトレイル

この靴下はねじり目模様と小振りのケーブル編みで構成され、裏目のラインをレッグから甲に沿って編みます。

SIZES ／**サイズ**

1 {2, 3}
推奨するゆとり：仕上がりサイズより0～-2.5 cm

FINISHED MEASUREMENTS ／**仕上がり寸法**

フット／レッグ周囲：19（22、23）cm
フット長さ（つま先は除く）：18（20、22）cm
つま先の長さ：4（5、6）cm
レッグ長さ：調整可

MATERIALS ／**材料**

糸：John Arbon TextilesのExmoor Sock 4-ply（エクスモアブルーフェイス60%・コリデール20%、ズワルトブレス10%、ナイロン10%、200 m／50 g）
〈MC: Mizzle〉2（2、3）カセ、〈CC：Whortleberries〉1カセ
またはフィンガリング〈中細〉程度の糸をMCとして220（260、315）m、CCとして55（70、85）m

針：2.25 mm（US 1／JP1号）の輪針

その他の用具：取り外し可能なステッチマーカー、なわ編み針（必要に応じて）

GAUGE ／**ゲージ**

30目×44段（模様編み・10cm角、ブロッキング後）

SPECIAL ABBREVIATIONS ／**特別な用語**

1目の左上交差 [1/1 RC]：右針を1目めの前から2目めを表目に編み、左針からはずさず、1目めを表目に編み、2目とも左針からはずす。

Note：各自のサイズに該当するチャートにしたがって編みます。サイズ1と3はチャートの1模様は14目、サイズ2は13目です。

CONSTRUCTION ／**構造**

この靴下はトップダウンに編みます。フレンチヒール[French Heel]はヒールフラップをすべり目で補強し、ガーター編みの縁編みで足にフィットするよう工夫しています。

DIRECTIONS／編み方

CUFF／カフ

CCで、ジャーマンツイステッドキャストン[German Twisted CO]の方法で57（65、71）目作る。編み目がねじれないように注意しながら、作り目の最後の目を最初の目にかぶせて輪にする。56（64、70）目になる。BORにPM。編み目を〈N1〉と〈N2〉の2本の針に均等に分ける。

裏編みで2段編む。

3段め：*表目のねじり目1、裏目1*、*～*を最後までくり返す。
4～7段め：3段めと同様に編む。CCは切らずにおく。
8～10段め：MCをつけ、3段めと同様に編む。MCは切らずにおく。
11～12段め：CCで、3段めと同様に編む。CCを切る。

LEG／レッグ

続けてMCで編む。チャートからフォレストトレイル模様を次のように編む：

[サイズ1と3のみ]
次段：最後まで表編み。

[サイズ2のみ]
次段：表目1、2目の編み出し増し目、段の最後まで表編み。（1目増）（65目になる）
続けてチャートのフォレストトレイル模様を好みのレッグ長さになるまで編む。
模様の1段めで編み終える。

HEEL／ヒール

模様編みを甲側にまとめるように編み目を移す。

甲側と足底の準備段：
[サイズ1のみ（56目）]
BOR mをはずす。
〈N1〉：フォレストトレイル模様を2回編み、最後に編んだ裏目2目を〈N2〉に移す。
〈N2〉：（移した2目を）すべり目2、フォレストトレイル模様を2回編むが最後の2目は編まずに残す。この2目を〈N2〉から〈N1〉に移す。

[サイズ2のみ（65目）]
BOR mをはずす。
〈N1〉：フォレストトレイル模様を2回編み、表目のねじり目1。（27目）
残った目を〈N2〉に移す。
〈N2〉：2目めからフォレストトレイル模様を編みはじめる：*裏目1、表目のねじり目1、裏目1、左上1目交差、裏目1、表目のねじり目1、裏目1、表目のねじり目1、裏目3、表目のねじり目1*、*～*を2回編み、裏目1、表目のねじり目1、裏目1、左上1目交差、裏目1、表目のねじり目1、裏目1、残りの4目を〈N1〉に戻す。

[サイズ3のみ（71目）]
BOR mをはずす。
〈N1〉：フォレストトレイル模様を2回編む、表目のねじり目1。（29目）
残った目を〈N2〉に移す。
〈N2〉：2目めからフォレストトレイル模様を編みはじめる：*裏目1、表目のねじり目1、裏目1、左上1目交差、裏目1、表目のねじり目1、裏目1、表目のねじり目1、裏目4、表目のねじり目1*、*～*をもう一度編み、裏目1、表目のねじり目1、裏目1、左上1目交差、裏目1、表目のねじり目1、裏目1、表目のねじり目1、残りの5目を〈N1〉に移す。

Note：〈N1〉の目数は28（31、34）目[模様編みの13（10、10）目めから編みはじめ、12（1、1）目めで編み終える]。〈N2〉は28（34、36）目[模様編みの13（2、2）目めから編みはじめ、12（9、9）目めで編み終える]。

HEEL FLAP／ヒールフラップ

ヒールフラップは〈N1〉の28（31、34）目を往復に編む。

[サイズ1・3]
1段め（表面）：表目3、*表目1、すべり目1*、*～*を最後に3目残るまでくり返し、表目3。
2段め（裏面）：表目3、最後に3目残るまで裏編み、表目3。

[サイズ2]
1段め（表面）：表目3、*表目1、すべり目1*、*～*を最後に4目残るまでくり返し、表目4。
2段め（裏面）：表目3、最後に3目残るまで裏編み、表目3。

1・2段めをあと13（14、15）回編む。
ヒールフラップの両端にはガーター編みの編み模様の筋が14（15、16）できる。

HEEL TURN／ヒールターン

Note：ヒールターンでは毎段1目ずつ減目する。
1段め（表面）：表目15（18、19）、右上2目一度、表目1、編み地を返す。
2段め（裏面）：すべり目1、裏目3（6、5）、裏目の左上2目一度、裏目1、編み地を返す。
3段め：すべり目1、段差の手前に1目残るまで表編み、右上2目一度、表目1、編み地を返す。
4段め：すべり目1、段差の手前に1目残るまで裏編み、裏目の左上2目一度、裏目1、編み地を返す。
3・4段めをくり返し、すべての編み目を編み切る。〈N1〉に16（19、20）目残る。

GUSSET／マチ

続けて輪に編む。ここからは甲側の目〈N2〉はパターン通りに編み、足底の目〈N1〉はメリヤス編みにする。

準備段：〈N1〉：すべり目1、ヒールターンの目を最後まで表編み。
ヒールフラップのガーター編みの端に沿って、小さいノット部分に針を入れて14（15、16）目拾う。
〈N2〉は〈N1〉と〈N2〉の間から1目拾い、〈N2〉の1目めと裏目（表目、表目）の2目一度にして編む。〈N2〉の最後に1目残るまでパターン通りに編み、〈N2〉とヒールフラップとの間から1目拾い、〈N2〉の最後の目と裏目（表目、表目）の2目一度にして編む。
〈N1〉：新しいBORにPM、ヒールフラップのガーター編みの端に沿って、小さいノット部分に針を入れて14（15、16）目拾い、〈N1〉の残りの目を表編みにする。
[〈N1〉は44（49、52）目、〈N2〉は28（34、36）目になる]

次のように2段ごとに減目をする：
1段め：〈N2〉：パターン通りに編む。
〈N1〉：表目1、右上2目一度、最後に3目残るまで表編み、左上2目一度、表目１。(2目減)
2段め：減目せずに前段までの通りに編む。
1・2段めをくり返し、〈N1〉の目数が28(31、36)目になるまで編む。

FOOT ／フット

〈N1〉の目数は28（31、36）目、〈N2〉は28（34、36）目になる。

フットの長さが18（20、22）cmまたは［好みの長さ－4（5、6）cm］になるまで編む。
模様編みを1段編んで編み終える。

TOE ／つま先

準備段を次のように編む：

［サイズ1・3のみ］
表編みで1段編む。MCを切る。

［サイズ2のみ］
〈N1〉：表目1、右上2目一度、残りの目をすべて表編み。(1目減)（30目）
〈N2〉：最後まで表編み（34目)。
〈N2〉の最初と最後の目を〈N1〉に移す。
両針とも32目ずつになる。MCを切る。
CCで1段表編み。

次のように2段ごとに減目する：
1段め：BORまで表編み。
2段め：〈N1〉：表目1、右上2目一度、最後に3目残るまで表編み、左上2目一度、表目1。
〈N2〉：表目1、右上2目一度、最後に3目残るまで表編み、左上2目一度、表目1。(4目減)
1・2段めをくり返し、〈N1〉・〈N2〉ともに残り8（8、10）目になるまで編む。
1段めで編み終える。

つま先をはぎ合わせる。

FINISHING ／仕上げ

糸始末をする。水通しをし、寸法に合わせてブロッキングする。

フォレストトレイル模様のチャート（サイズ1と3）

14	13	12	11	10	9	8	7	6	5	4	3	2	1	段
•	•	•	•	ℓ	•	ℓ	•	Y	人	•	ℓ	•	ℓ	2
•	•	•	•	ℓ		ℓ	•			•	ℓ		ℓ	1

フォレストトレイル模様のチャート（サイズ2）

13	12	11	10	9	8	7	6	5	4	3	2	1	段
•	•	•	ℓ	•	ℓ	•	Y	人	•	ℓ	•	ℓ	2
•	•	•	ℓ		ℓ	•			•	ℓ		ℓ	1

記号	
□	表目
ℓ	表目のねじり目1
•	裏目
Y人	1目の左上交差

Christelle Bagea

30 Romance

ロマンス

この靴下は繊細でありながら履き心地がよく、春の花々を思わせます。
伝統的なエストニアの模様編みは複雑そうに見えますが、実際は編みやすいです。

SIZES／サイズ

1 {2, 3}
推奨するゆとり：仕上がり寸法より0〜－2.5 cm

FINISHED MEASUREMENTS／仕上がり寸法

レッグ／フット周囲：20.5（23、25）cm
レッグ長さ：13 cm
フット長さ：調整可

MATERIALS／材料

糸：Tricot & StitchのExtrafine Fingering（スーパーウォッシュエキストラファインメリノ85%・ナイロン15%、400 m／100 g)、〈Antique〉

またはフィンガリング〈中細〉程度の糸を約290（310、330）m

針：2.5 mm（US 1.5／JP1号）の輪針

その他の用具：取り外し可能なステッチマーカー、ステッチマーカー2個

GAUGE／ゲージ

28目×46段（メリヤス編み・10cm角、ブロッキング後）

SPECIAL ABBREVIATIONS／特別な用語

左上3目一度［k3tog］：3目を一度に表目に編む。（2目減）
3目から9目の増し目［M9/3］：次の3目に左上3目一度を編むように［（表目1、かけ目）を4回、最後に表目1］をゆるめに編む。長めの編み目が9目できる。（6目増）
右上3目一度（3目を一度に編む方法）［sssk］：（表目を編むように右針を入れて）次の3目を1目ずつ右針に移し、その3目を表目のねじり目を編むように3目一度に編む。（2目減）
右上3目一度（右目をかぶせる方法）［sk2po］：1目めに表目を編むよう右針を入れて移し、次の2目を2目一度に編み、右針に移しておいた目を編んだ目にかぶせる。（2目減）

NOTES／メモ

チャートは〈N1〉の奇数段を記載しています。偶数段は表編みにします。

マジックループ方式で編むとき、靴下の上側・甲・前面を〈N1〉、足底側・かかと側を〈N2〉としています。

CONSTRUCTION／構造

この靴下はつま先から編みはじめ、ヒールを補強して編むデザインです。
伝統的なエストニアンフラワーの模様にはアレンジを加え、センターパネルに使用できるようにしました。

DIRECTIONS／編み方

TOE／つま先

ジュディーズマジックキャストオン[Judy's Magic CO]の方法で28（32、32）目作る。
編み目を2本の針に均等に分ける。各針14（16、16）目ずつになる。
編み目がねじれないように注意しながら輪につなげる。BORにPM。

1段め：最後まで表編み。
2段め（増し目段）：*2目の編み出し増し目、最後に1目残るまで表編み、2目の編み出し増し目、表目1*、*～*をもう一度編む。（4目増）
1・2段めをあと6（6、7）計編む。
[28（28、32）目増][合計56（60、64）目：各針28（30、32）目ずつになる]

表編みで6（6、6）段編む。

次段（増し目段）：〈N1〉表目14（15、16）、右ねじり増し目1、表目14（15、16）。
〈N2〉最後まで表編み。（1目増）
[合計57（61、65）目：〈N1〉に29（31、33）目、〈N2〉に28（30、32）目]

〈N1〉に27（29、31）目、〈N2〉に30（32、34）目かかるように〈N1〉の最初と最後の目を〈N2〉に移し替える。

FOOT／フット

チャートAを1回編む。
Note：〈N1〉でチャートAを編む。〈N2〉は表編み。

チャートBを編む。
Note：チャートBを〈N1〉で編む。〈N2〉は表編み。
1～16段めをくり返し、かかとの終わりから9.5（11、12.5）cm手前まで編む。
偶数段で編み終える。

GUSSET INCREASES／マチの増し目

チャートBの模様編みを続ける。
1段め（奇数段）（増し目段）：〈N1〉模様編みを続ける。
〈N2〉表目1、左ねじり増し目1、PM、最後に1目残るまで表編み、PM、右ねじり増し目1、表目1。（2目増）
2段め（偶数段）：最後まで表編み。
3段め（奇数段）（増し目段）：〈N1〉模様編みを続ける。
〈N2〉Mまで表編み、左ねじり増し目1、SM、Mまで表編み、SM、右ねじり増し目1、最後まで表編み。（2目増）
4段め（偶数段）：最後まで表編み。
3・4段めをくり返し、〈N2〉の目数が60（64、68）目になるまで編む。〈N1〉の目数はマチの増し目には影響されず、チャートBの段によって異なる。

SHORT ROWS／引き返し編み

次段（奇数段）：〈N1〉模様編みの次の段を編む。
〈N2〉で往復に編みながら引き返し編みをする。
※表面から見て右側のMをM1、左側のMをM2とする。
1段め（表面）：M2の手前に1目残るまで表編み、w&t。
2段め（裏面）：M1の手前に1目残るまで裏編み、w&t。
3段め：ラップした目との間に1目残るまで表編み、w&t。
4段め：ラップした目との間に1目残るまで裏編み、w&t。
3・4段めをあと6（7、8）回編む。
M1・M2の間の両端にラップを巻きつけた目が8（9、10）目ずつになる。

段消し（偶数段）：そのまま〈N2〉の表面から、M2の手前までラップの糸とラップされた目を一緒に表目に編みながら（段消しをしながら）M2まで表編み、SM、最後まで表編み。
〈N1〉最後まで表編み。〈N1〉と〈N2〉の間が新しいBORとなりPM。

HEEL FLAP／ヒールフラップ

1段め（奇数段）：〈N1〉M1まで表編み、SM、ラップの糸とラップされた目を一緒に表目に編む（段消しをする）。段消しをした後、続けて〈N2〉の目だけでヒールフラップを往復に編む。

1段め（表面）：M2まで表編み、SM、右上2目一度、編み地を返す。（1目減）

[サイズ1と3のみ]
2段め（裏面）：浮き目1、SM、*裏目2、表目2*、*～*をM1までくり返す、SM、裏目の左上2目一度、編み地を返す。（1目減）
3段め：すべり目1、SM、*裏目2、すべり目2*、*～*をM2までくり返す、SM、右上2目一度、編み地を返す。（1目減）
4段め：浮き目1、SM、*裏目2、表目2*、*～*をM1までくり返す、SM、裏目の左上2目一度、編み地を返す。（1目減）

[サイズ2のみ]
2段め（裏面）：浮き目1、SM、*裏目2、表目2*、*～*をM1の手前に2目残るまでくり返す、裏目2、SM、裏目の左上2目一度、編み地を返す。（1目減）
3段め：すべり目1、SM、表目2、*裏目2、すべり目2*、*～*をM2の手前に2目残るまでくり返す、表目2、SM、右上2目一度、編み地を返す。（1目減）
4段め：浮き目1、SM、*裏目2、表目2*、*～*をM1の手前に2目残るまでくり返す、裏目2、SM、裏目の左上2目一度、編み地を返す。（1目減）

[すべてのサイズ]
〈N2〉に30（32、34）目残るまで3・4段めをくり返す。裏面の段を最後に編むときにMをはずす。〈N1〉は模様編みを続けながら、再び輪に編む（奇数段を編み終える）。

LEG／レッグ

次のように〈N2〉は2目ゴム編みに、〈N1〉はチャートの模様通りに編む：

[サイズ1・3のみ]
1段め：〈N2〉表目1、*表目2、裏目2*、*～*を最後に1目残るまでくり返し、表目1。〈N1〉チャートBの通りに編む（この段は偶数段になる）。

[サイズ2のみ]
1段め：〈N2〉表目1、*表目2、裏目2*、*～*を最後に3目残るまでくり返し、表目3。〈N1〉チャートBの通りに編む（この段は偶数段になる）。

[すべてのサイズ]
1段編む。このとき〈N1〉のチャートBは偶数段／奇数段の該当する段を段編む。
参考作品ではチャートBを合計5回編んでいる。

カフのリブ編みを編みはじめる前に、〈N1〉はチャートCを1回編み、〈N2〉はこれまでの2目ゴム編みを編む。

CUFF ／カフ

次の2目ゴム編みに備えて、編み目を次のように移す：

[サイズ1・3のみ]
〈N2〉の最初と最後の目を〈N1〉に移す。

[サイズ2]
〈N2〉の最初の目と最後の3目を〈N1〉に移す。

どの針も表目2から編みはじめる。

1段め：*表目2、裏目2*、*〜*を最後までくり返す。2目ゴム編みの1段めの最後は、裏目2の代わりに裏目1、裏目の左上2目一度に編む。
2目ゴム編みであと11段編む。

ジェニーズサプライジングリーストッレチーバインドオフ[Jeny's Surprisingly Stretchy Bind-Off]などの伸縮性のある止め方ですべての目を目なりに止める。

FINISHING ／仕上げ

糸始末をする。水通しをし、寸法に合わせてブロッキングする。

チャートA

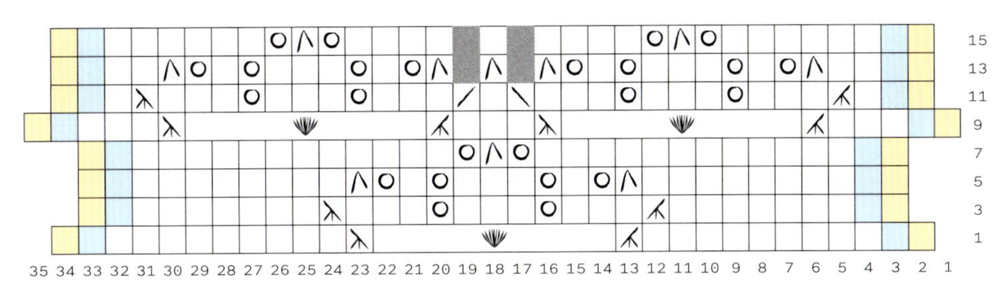

チャートB

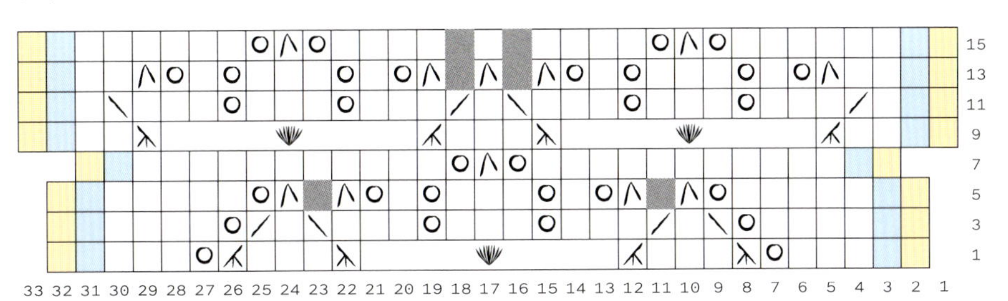

チャートC

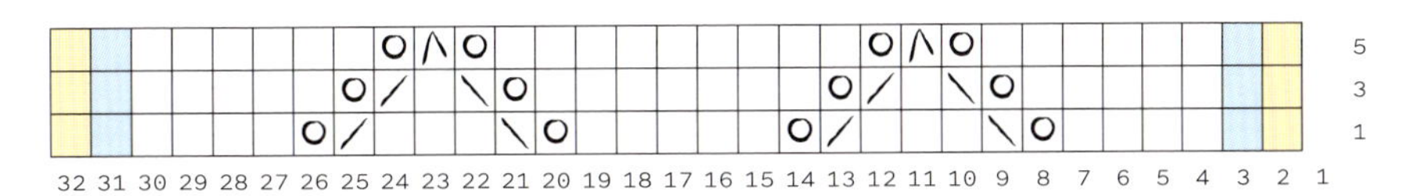

- 表目
- 3目から9目の増し目
- 右上3目一度（3目を一度に編む方法）
- 左上3目一度
- 右上3目一度（右目をかぶせる方法）
- サイズ2・3のみ
- サイズ3のみ
- 左上2目一度
- 右上2目一度
- 実際には目がない
- かけ目

Fay Dashper-Hughes

31 Aloe

アロエ

アロエソックスは2色使いのディップステッチ(引き出し編み目)を用います。難しそうに見えるかもしれませんが実際のところ編みやすい技法です。糸を多めに使用するため弾力性と暖かさが増します。

SIZES ／サイズ

1 {2, 3}
推奨するゆとり：仕上がり寸法より0〜－2.5 cm

FINISHED MEASUREMENTS ／仕上がり寸法

レッグ／フット周囲：19（22、24）cm
レッグ長さ：20.5（23、25.5）cm
フット長さ：調整可

MATERIALS ／材料

糸：Garthenor Organic の Snowdonia Sock（ロムニー75%・ヘブリディアン25%、200 m／50 g）〈MC：Tomen〉2（3、3）カセ、〈CC：Ogwen〉1カセ
またはフィンガリング〈中細〉程度の糸をMCとして約400（440、465）m、CCとして80（80、100）m

針：2 mm（US 0／JP0号）の輪針

その他の用具：ステッチマーカー2個、2.5mm（US B1／JP4/0号）のかぎ針

GAUGE ／ゲージ

37目×52段(ディップステッチ模様・10cm角、ブロッキング後)

SPECIAL ABBREVIATIONS ／特別な用語

dsl [Dip Stitch Left]（左側の目に編み入れるディップステッチ）：
右針を左側2目めの3段下の目(針にかかっている目から下に4目め)に入れ、CCの糸を右側(MCの上)から針に表目を編むように針にかけて、編み地の表側に糸を長めに引き出して右針にかけておく。このまま編み続け、次段で右上2目一度をすることで固定させる。次のdsrまでCCの糸は裏面で渡す。

dsr [Dip Stitch Right]（右側の目に編み入れるディップステッチ）：
左針(またはかぎ針)を右針の右側に2目めの3段下の目(針にかかっている目から下に4目め)に入れる。この目はこの前のdslを編み入れた目と同じ。
CCの糸を左側(MCの下)から針(またはかぎ針)にかけて編み地の表側に糸を長めに引き出し、ねじれないように右針にかける。このまま編み続け、次段で左上2目一度をすることで固定させる。次のdslまでCCの糸は裏面で渡す。
Note：dsrはかぎ針を使用した方が編みやすい。

sl1k（右針から針を入れるすべり目）[Sl 1 st kwise]：表目を編むように針を入れて右針に移す。

sl1p（すべり目）[Sl 1 st pwise]：裏目を編むように針を入れて右針に移す。

SPECIAL TECHNIQUES ／特別な技法

糸をつけるときの糸端の編み包み方：
CCの糸をつけるときは、糸端を2.5 cm程度残してCCをMCの上に重ねる。CCを持ち上げ、編み糸に絡げて1目編み、再び下から持ち上げ次の目を編むときにも編み糸に絡げて編む。このようにCCを上下に動かしながら8目編むことで糸端が固定され、糸始末せずに次段もそのまま使用できる。ただしこれは表編みの場合だけで、裏編みの場合はこの方法で編み包むことはできないので注意。

糸を編み終えるときの糸端の編み包み方：
編み終える糸の糸端を約2.5cm残して糸をつけるときと同様に編み包む。

CONSTRUCTION ／構造

この靴下はカフから下に向かってヒールフラップを編みながら編み進めます。2色で編むディップステッチによる模様編みが特長です。

DIRECTIONS／編み方

CUFF／カフ

MCで72（80、88）目作る。
BORにPM、編み目がねじれないように注意しながら輪につなげる。

1段め：*表目のねじり目1、表目1、表目のねじり目1、裏目1*、*～*を最後までくり返す。
上記の手順であと14段編む。

LEG／レッグ

1～4段め：*表目3、裏目1*、*～*を最後までくり返す。
上記の最後の段の終わりから8目めから次段で使用するCCの糸を編み包みはじめる。
5段め：* CCでdsl、MCで表目3、CCでdsr、MCで裏目1*、*～*を最後までくり返す。
CCをつなげたまま、次に5段めを編むときに備える。［108（120、132）目になる］
6段め：MCで*右上2目一度（CCがMCの上になる）、表目1、左上2目一度（MCとCCを一度に表目に編む）、裏目1*、*～*を最後までくり返す。［72（80、88）目になる］
7～8段め：MCで、*表目3、裏目1*、*～*を最後までくり返す。
5～8段めをあと12回編む。
5・6段めをもう一度編む。

最終段：MCで、*表目3、裏目1*、*～*を9（10、11）回くり返す。［36（40、44）目を編んだことになる］
どちらの糸も切らずにつなげておく。

HEEL FLAP／ヒールフラップ

ヒールフラップは最後の段で編み残した36（40、44）目で編む。
残りの36（40、44）目は休ませておく。

1段め（表面）：MCで、表目2、*右針から針を入れるすべり目、表目1*、*～*をBOR mまでくり返し、編み地を返す。
2段め（裏面）：すべり目1、最後まで裏編み、編み地を返す。
3段め：すべり目1、表目1、*右針から針を入れるすべり目、表目1*、*～*を最後までくり返し、編み地を返す。
4段め：すべり目1、最後まで裏編み、編み地を返す。
5～38段め：3・4段めをあと17回くり返す。
39段め：3段めと同様に編む。
上記により約5cmのヒールフラップができる。
好みの長さに調整する。

HEEL TURN／ヒールターン

Note：ヒールターンでは毎段1目ずつ減目する。

1段め（裏面）：すべり目1、裏目19（21、23）、裏目の左上2目一度、裏目1、編み地を返す。
2段め（表面）：すべり目1、表目5、右上2目一度、表目1、編み地を返す。
3段め：すべり目1、裏目6、裏目の左上2目一度、裏目1、編み地を返す。
4段め：すべり目1、表目7、右上2目一度、表目1、編み地を返す。
5段め：すべり目1、裏目8、裏目の左上2目一度、裏目1、編み地を返す。
6段め：すべり目1、表目9、右上2目一度、表目1、編み地を返す。
7段め：すべり目1、裏目10、裏目の左上2目一度、裏目1、編み地を返す。
8段め：すべり目1、表目11、右上2目一度、表目1、編み地を返す。
9段め：すべり目1、裏目12、裏目の左上2目一度、裏目1、編み地を返す。
10段め：すべり目1、表目13、右上2目一度、表目1、編み地を返す。
11段め：すべり目1、裏目14、裏目の左上2目一度、裏目1、編み地を返す。
12段め：すべり目1、表目15、右上2目一度、表目1、編み地を返す。
13段め：すべり目1、裏目16、裏目の左上2目一度、裏目1、編み地を返す。
14段め：すべり目1、表目17、右上2目一度、表目1、編み地を返す。

［サイズ1のみ］
15段め：すべり目1、裏目18、裏目の左上2目一度、編み地を返す。
16段め：すべり目1、表目18、右上2目一度。（20目）
マチへ進む。

［サイズ2・3のみ］
15段め：すべり目1、裏目18、裏目の左上2目一度、裏目1、編み地を返す。
16段め：すべり目1、表目19、右上2目一度、表目1、編み地を返す。［–（24、28）目］

［サイズ2のみ］
17段め：すべり目1、裏目20、裏目の左上2目一度、編み地を返す。
18段め：すべり目1、表目20、右上2目一度。（22目）
マチへ進む。

［サイズ3のみ］
17段め：すべり目1、裏目20、裏目の左上2目一度、裏目1、編み地を返す。
18段め：すべり目1、表目21、右上2目一度、表目1、編み地を返す。
19段め：すべり目1、裏目22、裏目の左上2目一度、編み地を返す。
20段め：すべり目1、表目22、右上2目一度。
マチへ進む。

GUSSET／マチ

準備段：表面からMCで、ヒールフラップの端目に沿って20目拾う（ヒールフラップの片側の端にできたすべり目の数に相当する）、20目拾い終わったら余分に1目拾い、角の隙間を防ぐ、新しいBORにPM、*表目3、裏目1*、*～*を甲側の目として休ませておいた36（40、44）目でくり返し編む、PM、角から1目余分に拾い、ヒールフラップのもう片方の端に沿って20目拾い、かかとの目を表目20（22、24）、BORmの手前に3目残るまで表編みし、左上2目一度、裏目1。［97（103、109）目になる］
1段め：*CCでdsl、MCで表目3、CCでdsr、MCで裏目1*、*～*をMまでくり返し、SM、（次の7目を編みながらCCを編み包む）、表目1、右上2目一度、表目6、CCの糸端を約2.5 cm残して切り、BORmの手前に1目残るまで表編み、裏目1。［114（122、130）目になる］
2段め：MCで、*右上2目一度（CCがMCの上になる）、表目1、左上2目一度（MCとCCを一度に表目に編む）、裏目1*、*～*をMまでくり返し、SM、BORmの手前に3目残るまで表編み、左上2目一

度、裏目1。[95 (101、107)目になる]
3段め：MCで、*表目3、裏目1*、*～*をmまでくり返し、SM、表目1、右上2目一度、BORmの手前に1目残るまで表編み、裏目1。[94 (100、106)目になる]
4段め：MCで、*表目3、裏目1*、*～*をmまでくり返し、SM、BORmの手前に3目残るまで表編み、左上2目一度、裏目1。[93 (99、105)目になる]
1～4段めをくり返しながら、模様の1段めを編み終えて合計90 (100、110)目に、または3段めを編み終えて72 (80、88)目になるまで編む。
さらに21 (19、17)段編んだことになる。

FOOT／フット

マチを編み終えた段から、4段のディップスティッチ模様を続けながら甲側を編む。
1段め：*CCでdsl、MCで表目3、CCでdsr、MCで裏目1*、*～*をMまでくり返し、SM、(次の8目を編みながらCCを編み包む)、表目8、CCを糸端2.5 cm残して切り、BORmの手前に1目残るまで表編み、裏目1。[90 (100、110)目]
2段め：MCで、*右上2目一度、(CCがMCの上になる)、表目1、左上2目一度、(MCとCCを一度に表目に編む)、裏目1*、*～*をMまでくり返す、SM、BORmの手前に1目残るまで表編み、裏目1。72 (80、88)目になる。
3段め：MCで、*表目3、裏目1*、*～*をMまでくり返し、SM、BORmの手前に1目残るまで表編み、裏目1。
4段め：MCで、*表目3、裏目1*、*～*をMまでくり返し、SM、BORmの手前に9目残るまで表編み、(次の8目を編みながらCCを編み包む)、表目8、裏目1。

1～4段めをくり返し、足底が「必要なフット長さ－約3.5 (4、4) cm」になり、3段めまたは4段めを編み終えるまで編む。
模様編みの4段めを最後に編むときにはCCを編み包まずにおく。

TOE／つま先

1段め：MCで、表目1、右上2目一度、Mの手前に3目残るまで表編み、左上2目一度、表目1、SM、表目1、右上2目一度、BORmの手前に3目残るまで表編み、左上2目一度、表目1。[68 (76、84)目]

2～4段め：最後まで表編み。
5段め：1段めと同様に編む。[64 (72、80)目]
6～7段め：2段めと同様に編む。
8段め：1段めと同様に編む。[60 (68、76)目]
9段め：2段めと同様に編む。
1段めをあと9 (11、13)回編み、目数が24目(各針に12目ずつ)になる。
糸端を約15cm残して糸を切る。つま先をはぎ合す。

FINISHING／仕上げ

カフとつま先部分でMCの糸端の糸始末をする。
編み包んだCCは糸始末した状態にある。
2.5 cmの糸端は内側に残し、CCは糸始末をせずに縮絨(水通しして縮ませる)させる。

水通しをし、寸法に合わせてブロッキングする。

Heather Nolan

32 Eorna

イオルナ

Eorna（アイルランド語で「大麦の若葉」を指す）は、草原が夕日に照らされる様子をデザインしています。モチーフには2色しか使用しないため、編み込み模様を初めて編む方にもおすすめです。

SIZES／サイズ

1 {2, 3}
推奨するゆとり：仕上がり寸法より0～－2.5 cm

FINISHED MEASUREMENTS／仕上がり寸法

レッグ／フット周囲：20.5（23、25.5）cm
レッグ長さ：12.5 cm（調整可）
フット長さ：調整可

MATERIALS／材料

糸：Woollen Twine Fibre StudioのCorriedale Sock（コリデール100%、400 m／100 g）〈MC：Golden Hour〉、〈CC：無染色〉各1カセ
Biches et BûchesのLe Petite Silk et Mohair（マルベリーシルク30%・スーパーキッドモヘア70%）212 m／25 g）〈MC：Yellow Mustard〉〈CC：Off-White〉各1カセ
全体を通して2種類の糸を引き揃えて編む。

またはMCとしてフィンガリング〈中細〉程度の糸とシルクモヘアを約130（150、170）mずつ引き揃え、CCとしてフィンガリング〈中細〉程度の糸とシルクモヘアを約82（92、96）mずつと引き揃える。

針：2.25 mm（US 1／JP0または1号）針

その他の用具：ステッチマーカー、ホルダーまたは別糸

GAUGE／ゲージ

31目×45段（メリヤス編み・10cm角、ブロッキング後）

CONSTRUCTION／構造

横糸を渡す編み込み模様の靴下です。カフからつま先に向かって編み、後からアフターソートヒールを編みつけます。きつめのゲージとシルクモヘアを加えることで耐久性が得られます。

DIRECTIONS ／編み方

CUFF ／カフ

2種類のCCを引き揃えて、指でかける作り目[Long-Tail CO]または好みの方法で64（72、80）目作る。編み目がねじれないように注意しながら輪につなげる。BORにPM。

次段：*表目1、裏目1*、*～*を最後までくり返す。
上記の手順で1目ゴム編みで2cm編む。

LEG ／レッグ

表編みで5段編む。

チャートを1回編む。このとき2段めで2種類のMCの糸を引き揃えてつける。

28段めを編み終えると、CCを切り、MCでメリヤス編みを編み続ける。
作り目の端から12.5cm、または好みの長さになるまで編む。

HEEL SET-UP ／ヒールの準備

次のようにアフターソートヒール[Afterthought Heel]の準備をする：
別糸で、表目32（36、40）。

別糸で編んだ目を左針に戻す。その目をもう一度MCで編む。
アフターソートヒールを編む目印として別糸を編み入れた状態にしておく。
そのまま段の最後まで表編み。

FOOT ／フット

MCでメリヤス編みを続け、「好みのフット長さ－11 cm」になるまで編む。

TOE ／つま先

MCを切り、2種類のCCを引き揃えてつけ直す。
1段め：表目32（36、40）、PM、最後まで表編み。
2段め：右上2目一度、Mの手前に2目残るまで表編み、左上2目一度、SM、右上2目一度、Mの手前に2目残るまで表編み、左上2目一度。（4目減）
3段め：最後まで表編み。
2・3段めを合計8（9、10）回編む。[32（36、40）目]
2段めをあと5（6、7）回編む。[12（12、12）目]

CCの糸端を約15cm残して糸を切る。
残した糸端でつま先をはぎ合わせる。

HEEL ／ヒール

アフターソートヒールを編む。
別糸を取り除き、CCで目を拾い、輪に編めるように整える。
各針の両端では1目ずつ余分に拾う。（4目増）

以下の目数に調整しながら編み進める。
1段め：表目34（38、42）、PM、最後まで表編み。
2段め：右上2目一度、Mの手前に2目残るまで表編み、左上2目一度、SM、右上2目一度、Mの手前に2目残るまで表編み、左上2目一度。（4目減）
3段め：最後まで表編み。
2・3段めを合計8（9、10）回編む。[32（36、40）目]
2段めをあと5（6、7）回編む。[12（12、12）目]

CCの糸端を約15cm残して糸を切る。
残した糸端で残りの目をはぎ合わせる。

FINISHING ／仕上げ

糸始末をする。水通しをし、寸法に合わせてブロッキングする。

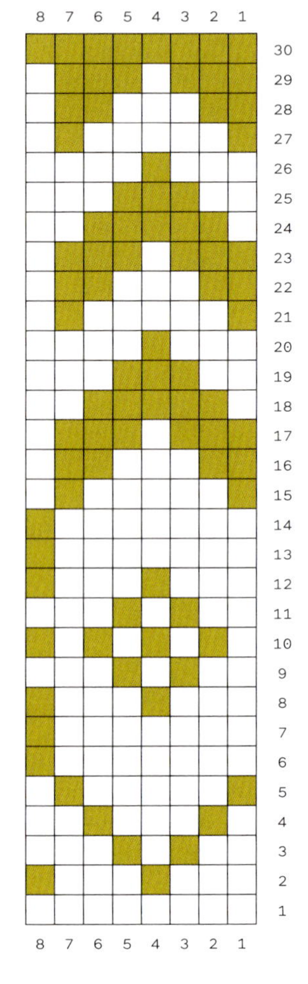

Heli Rajavaara

33 Aurora

オーロラ

オーロラソックスは、かかとを含む靴下全体に編む覚えやすいケーブル模様が特長です。

SIZES／サイズ

1 {2, 3}
推奨するゆとり：仕上がり寸法より－1.5～－2 cm

FINISHED MEASUREMENTS／仕上がり寸法

レッグ／フット周囲：17（19、21）cm
レッグ長さ：14.5 cm（調整可）
フット長さ：調整可

MATERIALS／材料

糸：NurjaのMerino Sock（メリノ75%・ポリアミド25%、420 m／100 g）、〈Meripihka〉1カセ
またはフィンガリング〈中細〉程度の糸を約240（255、285）m

針：2.25 mm（US 1／JP0または1号）の輪針

その他の用具：ステッチマーカー、なわ編み針

GAUGE／ゲージ

30目×46段（メリヤス編み・10cm角、ブロッキング後）
36目×44段（チャートの模様編み・10cm角、ブロッキング後）

SPECIAL ABBREVIATIONS／特別な用語

左上1目と2目の交差［1/2 RC］：2目をなわ編み針に移し編み地の後ろにおき、左針から表目1、なわ編み針から表目2。

右目に2目を通す目通し交差［sl1、k2、psso］
3目あるうちの1目を右針に移す（sl1）、次の2目を表編みにする（k2）、編んだ2目に右針に移した目をかぶせる。

NOTES／メモ

各自のサイズのチャートの通りに、1段で4回くり返します。

CONSTRUCTION／構造

この靴下はカフから編みはじめ、途中でヒールフラップを編みながら編み進む。靴下全体を通してケーブル模様を編みます。

DIRECTIONS ／編み方

CUFF ／カフ

指でかける作り目[Long-Tail CO]の方法で60（68、76）目作る。
編み目がねじれないように注意しながら輪につなげる。BORにPM。
リブ編みの段：*表目のねじり目1、裏目1*、*～*を最後までくり返す。
カフのリブ編みを20段編む。

LEG ／レッグ

各自のサイズのチャートの通りに模様編みの1～8段めを合計5回編み、1～4段めをもう一度編む。レッグとして44段編むことになる。

HEEL FLAP ／ヒールフラップ

レッグ部分の44段を編み終えたら、ヒールフラップを最初の30（34、38）目だけでチャートの模様の続き（5段め）から往復に編む。
1段め（表面）：チャートの次の段を2回編む。
2段め（裏面）：チャートの次の段を2回編む。
1・2段めをあと14（16、18）回編む。

HEEL TURN ／ヒールターン

Note：ヒールターンでは毎段1目ずつ減目する。
1段め（表面）：すべり目1、表目16（18、20）、右上2目一度、表目1、編み地を返す。
2段め（裏面）：すべり目1、裏目5（5、5）、裏目の左上2目一度、裏目1、編み地を返す。
3段め：すべり目1、段差との間が1目になるまで表編み、右上2目一度、表目1、編み地を返す。
4段め：すべり目1、段差との間が1目になるまで裏編み、裏目の左上2目一度、裏目1、編み地を返す。
3・4段めをくり返し、端の目をすべて編み終えるまで編む。
かかとの目として18（20、22）目残る。

サイズ1

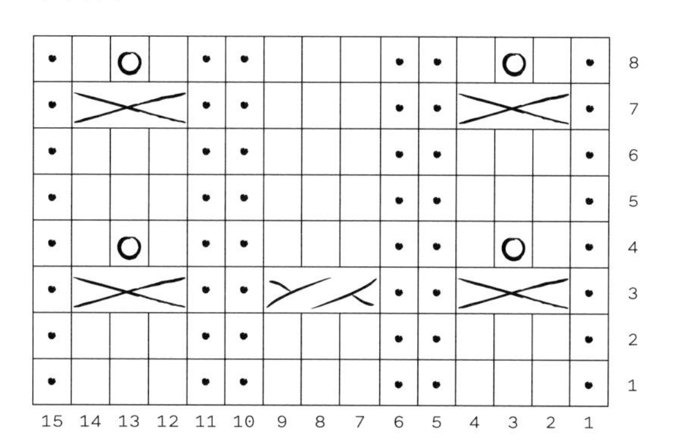

サイズ2

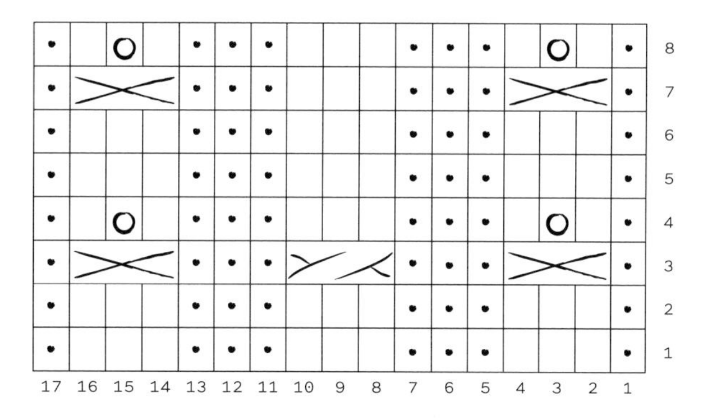

サイズ3

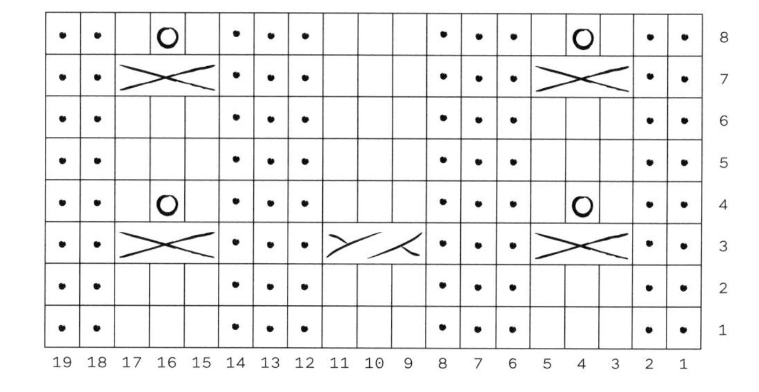

表面：表目、裏面：裏目
表面：裏目、裏面：表目
左上1目と2目の交差
右上に2目を通す目通し交差
かけ目

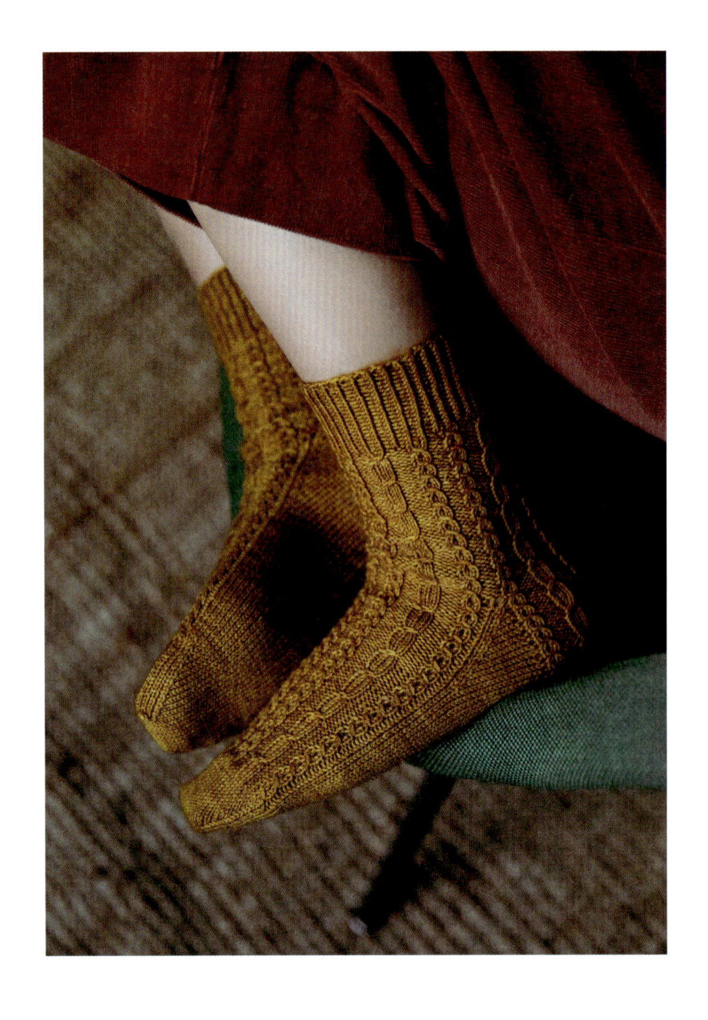

GUSSET／**マチ**

準備段：すべり目1、表目17（19、21）、ヒールフラップの端に沿って15（17、19）目拾い、PM、甲側の目は模様編みの続き（5段めから）をBORmまで編み、SM、ヒールフラップの端に沿って15（17、19）目拾い、Mまで表編み、SM、模様編みの続きをBORmまで編み、SM。78（88、98）目になる。

次段（減目段）：表目1、右上2目一度、Mの手前に3目残るまで表編み、左上2目一度、表目1、SM、模様編みを最後まで続け、SM。（2目減）

次段：Mまで表編み、SM、模様編みを最後まで続け、SM。

最後の2段の手順をくり返し、目数が60（68、76）目になるまで続ける。

FOOT／**フット**

これまでのように、足底はメリヤス編み、甲側はチャートの模様編みを続け、「好みのフット長さ－4.5（5、5.5）cm」になるまで編む。

チャートの4段めまたは8段めで編み終える。

TOE／**つま先**

減目段：*表目1、右上2目一度、mの手前に3目残るまで表編み、左上2目一度、表目1、SM*、*～*をもう一度くり返す。（4目減）

次段：最後まで表編み。

最後の2段の手順をくり返し、目数が20（24、24）目になるまで続ける。

糸端を約20cm残して切る。つま先の目をはぎ合わせる。

FINISHING／**仕上げ**

糸始末をする。水通しをし、寸法に合わせてブロッキングする。

Keiko Kikuno

34 Enrai

遠雷

このソックスは2段ごとに色を替えながらストライプ模様を編みます。フットとレッグの長さは段数を加減することで簡単に調整できます。

SIZES／サイズ

1 {2, 3}
推奨するゆとり：仕上がり寸法より、長さは－1.5～－2 cm、幅は－3から－4 cm

FINISHED MEASUREMENTS／仕上がり寸法

レッグ／フット周囲：16（19、21）cm
レッグ長さ：14cm
フット長さ：19（23、25）cm

MATERIALS／材料

糸：AmirisuのTrek（ウール100%、350 m／100 g）〈MC：Dawn〉、〈CC：Sunrise〉各1カセ

またはフィンガリング〈中細〉程度の糸をMCとして約150（190、260）m、CCとして65（80、115）m

針：2.25 mm（US 1／JP0または1号）輪針

その他の用具：ステッチマーカー

GAUGE／ゲージ

34目×46段（メリヤス編み・10cm角、ブロッキング後）

SPECIAL ABBREVIATIONS／特別な用語

ラップの目を拾う［PUW: Pick up wrap］：次の目の足元に巻き付いている糸（ラップの目）と本来の目の手前側の足に右針を下から上に向けて入れる。

裏編みの段では、次の目の足元に巻き付いている糸（ラップの目）と本来の目の手前側の足に右針を編み地の後ろ側から入れる。2本を1目として扱いながら裏目に編む。
表編みの段では、次の目の手前から右針を入れる。2本を1目として扱いながら表目に編む。

CONSTRUCTION／構造

つま先から2色で編み進め、かかとは引き返し編みをしながら編みます。つま先とかかと、そしてカフはMCで編み、それ以外はストライプ模様で編みます。

DIRECTIONS／編み方

TOE／つま先

MCとジュディーズマジックキャストオン[Judy's Magic CO]の方法で各針に8（8、10）目ずつ作る。[合計16（16、20）目になる]
甲側の目は〈N1〉、足底の目は〈N2〉とする。

1段め：最後まで表編み。
2段め：〈N1〉＊表目1、右ねじり増し目1、最後に1目残るまで表編み、左ねじり増し目1、表目1＊。〈N2〉＊～＊をくり返す。（4目増）
1・2段めをあと9（11、12）回編む。[36（44、48）目増][合計56（64、72）目、各針28（32、36）目]

FOOT／フット

[サイズ1・3のみ]
準備段：〈N1〉表目1、編んだ目を〈N2〉に移し、最後に1目残るまで表編み、最後の目を〈N2〉に移す。〈N2〉最後まで表編み。
[合計56（–、72）目、〈N1〉は26（–、34）目、〈N2〉は30（–、38）目になる]

[サイズ2のみ]
準備段：〈N1〉最後まで表編み。
〈N2〉表目1、編んだ目を〈N1〉に移し、最後に1目残るまで表編み、最後の目を〈N1〉に移す。
[合計64目、〈N1〉は34目、〈N2〉は30目になる]

[すべてのサイズ]
〈N1〉の目でチャートの通りに編み、〈N2〉では必要に応じてCCでストライプ模様をメリヤス編みにする。
1段め：〈N1〉チャートの一段めを最後まで編み、赤枠の繰り返し部分を3（4，4）回編みながら最後まで編む。
〈N2〉最後まで表編み。
2段め：〈N1〉チャートの次の段を最後まで編む。
〈N2〉最後まで表編み。
2段めをくり返し、「フット長さが14（16、18）cm」、または「好みのフット長さ－6（6、7）cm」になるまで編む。最後はチャートの4段め、8段め、12段め、16段め、20段めのいずれかで編み終える。

HEEL ／ヒール

[サイズ1・3のみ]
準備段：〈N1〉MCで、チャートの次の段を最後まで編み、〈N2〉の1目めを〈N1〉に移し、表目1。
〈N2〉の最後の目を〈N1〉に移す。
[合計56（–、72）目、各針28（–、36）目ずつになる]

[サイズ2のみ]
準備段：〈N1〉MCで最後に1目残るまでチャートの次の段を編み、最後の目を〈N2〉に移す。〈N1〉の最初の目を〈N2〉に移す。
[合計64目各針32目になる]

[すべてのサイズ]
ここからは〈N2〉の編み目だけで引き返し編みをしながらかかとを編む。
引き返し編み段1（表面）：最後に1目残るまで表編み、w&t。
引き返し編み段2（裏面）：最後に1目残るまで裏編み、w&t。
引き返し編み段3：ラップのついた目との間が1目になるまで表編み、w&t。
引き返し編み段4：ラップのついた目との間が1目になるまで裏編み、w&t。
引き返し編み段3・4をあと8（9、10）回編む。[ラップを巻きつけた目が両端に10（11、12）目ずつできる]

次の引き返し編み段（表面）：ラップのついた目まで表編み、ラップの目を拾う、w&t。
次の引き返し編み段（裏面）：ラップのついた目まで裏編み、ラップの目を拾う、w&t。
上記の2段をあと8（9、10）回編む。
次の引き返し編み段（表面）：ラップのついた目まで表編み、ラップの目を拾う、編み地を返さないでおく。

段	10	9	8	7	⑥	5	4	3	②	1
20	•	•	•	•	V	V	•	•	•	•
19					V	V				
18										
17										
16	•	•	•	V	V	V	V	•	•	•
15				V	V	V	V			
14										
13										
12	•	•	V	V	•	•	V	V	•	•
11			V	V			V	V		
10										
9										
8	V	V	V	•	•	•	•	V	V	V
7	V	V	V					V	V	V
6										
5										
4	V	V	•	•	•	•	•	•	V	V
3	V	V							V	V
2										
1										

⑥［サイズ3］　②［サイズ1・2］

MC
CC
表編み
• 裏編み
V すべり目
模様のくり返し部分

LEG ／レッグ

再び輪に編む。チャートの2段め、6段め、10段め、14段め、18段めのいずれかを編むことになる。

[サイズ1・3]
準備段：〈N1〉表目1、チャートの次の段を1目残るまで編み、表目1。
〈N2〉ラップの目を拾い、表目13（–、17）。新しいBOR（後ろ中心）にPM。
Note：必要に応じて編み目を移し替えてください。

これ以降はチャートのくり返し部分だけを編む。
次段：CCで、チャートの次の段（サイズ1は「2」、サイズ3は「6」の目）から編みはじめ、段の最後まで編む。
上記の段の要領で、必要に応じて色替えをしながら、レッグ長さが10cm、または好みの長さになるまで編み、MCの段で編み終える。CCを切る。

[サイズ2のみ]
準備段：〈N1〉チャートの次の段（「2」の目）から編みはじめ、最後に1目残るまで編む。
〈N2〉ラップの目を拾い、最後まで表編み。

これ以降はチャートのくり返し部分だけを編む。

次段：CCで、チャートの次の段を最後まで編む。
上記の段の要領で、必要に応じて色替えをしながら、レッグ長さが10cm、または好みの長さになるまで編み、MCの段で編み終える。CCを切る。

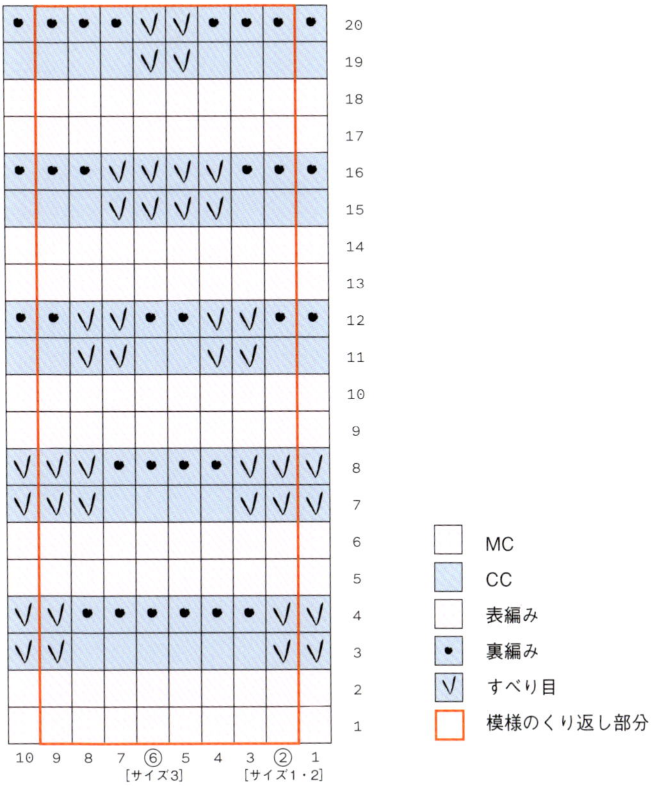

CUFF ／カフ

1段め：MCで、*表目2、裏目2*、*～*を最後までくり返す。
上記の段の要領で、4cm編む。

ジェニーズサプライジングリーストッレチーバインドオフ[Jeny's Surprisingly Stretchy BO]の方法で止める。糸を切る。

FINISHING ／仕上げ

糸始末をする。水通しをし、寸法に合わせてブロッキングする。

Kristin Drysdale

35 Hilda

ヒルダ

少し風変わりなフラワーモチーフは、ノルウェーのローズマリングスタイルの絵画や彼女自身が引き継ぐスカンジナビアの伝統を思い起こさせます。この靴下には曾祖伯母(曾祖父の一番上の姉)の名前を付けています。

SIZES／サイズ

1 {2, 3}
推奨するゆとり：仕上がり寸法より0～－2.5 cm

FINISHED MEASUREMENTS／仕上がり寸法

仕上がった靴下を軽く縮絨させた(水通しして縮ませた)後の寸法
フット周囲：約21.5（24、27）cm
かかとからつま先までの長さ：約21（23、25.5）cm.

MATERIALS／材料

糸：Rauma Garnの3 tr. Strikkegarn（ノルウェー産ウール100%、105 m／50 g）
〈MC：Light Grey Blue（168)〉、〈CC：Off-White（101)〉　各1カセ
またはDK〈合太～並太〉程度の糸をMCとして約61（64、69）m、CCとして63（66、70）m

針：3.25（3.5、3.75）mm／US 3（4、5）／JP4号(JP5号、JP6号)の5本針またはFlexiflipsやクレイジートリオ(Crazy Trios)などのフレキシブル両先3本針(以下、フレキシブル型両先針)

その他の用具：3.25（3.25、3.5）mm/ JP5/0号(JP5/0号、JP6/0号)のかぎ針

GAUGE／ゲージ

24目×24段(3.5mmのかぎ針で編み込み模様・10cm角、ブロッキング後、縮絨前)

ゲージに合う針の号数を確認してください。ゲージを出すのに必要な針の号数は大きく異なることがある。スリッパを小さく仕上げるにはゲージに合う針の号数より1号細くする。また大きく仕上げるにはゲージに合う針の号数より1号太くする。

NOTES／メモ

CCを左手に、MCを右手に持ちます。両方を片手で持つ場合はCCをMCの左側に持ち、CCの色が強く出るようにします。

Note：チャート1は176ページ、チャート2は175ページ、チャート3は174ページに掲載しています。

CONSTRUCTION／構造

この靴下はかかとからつま先に向けて編みます。かかとで作り目をし、メリヤス編みを平編みします。作り目をして甲側の目とし、ここから輪に編みます。編み終えるとヒールフラップを縫い合わせ、履き口にかぎ針で細編みを1段編みます。最後にスリッパを軽く縮絨して仕上げます。

DIRECTIONS／編み方

HEEL／ヒール

CCで指でかける作り目[Long-Tail CO]の方法で31目作る。
※糸端は100cm残して作り目し、あとからその残りでかかとをはぎ合わせる。

かかとはフレキシブル型両先針を2本使って往復に編む。
1段めは装飾的な縁編みで、スリッパの裏面から編む。

CCで1段表編み。

Colourwork and Knit Heel Flat／編み込み模様とヒールフラットを編む

(チャート1の1〜38段め)
チャート1はメリヤス編みを平編みする。チャートの通り、減目／増し目を行う色に注意しながら靴下の端まで模様が続くように編みます。増し目には巻き増し目[Backwards Loop CO]を使います。
増し目を同じ段で揃えるには、右針に巻き増し目をし、奇数段を編み込み模様で端まで編み進め、2目めの巻き増し目を右針にのせます。

Note：砂時計型のかかと(チャート1の1〜38段め)では奇数段はすべて表編みし、偶数段は裏編みにする。

1段め：MCで表編みしながらCCを編み地の裏面で渡す。3目ごとに渡り糸を編み包むことで2段めの裏編みを両方の色で編める。

チャート1の2〜38段めを編む。
Note：1〜20段めでは、毎段最後から2目めでCCを編み包むことで両方の糸をかかとの端まで編み進める。

Cast On Instep and Join to Knit in the Round／甲側の目を作り、輪に編む

1段め：かかとと足底から続く模様を、チャート2の1段めから編む。2本めのフレキシブル型両先針とMCとCCを使って、チャート3の1段めを見て、2色の糸で指でかける作り目[Two-Colour Long Tail CO]の方法で甲側の目として31目作る。このとき人指し指にかけた方の色の糸が編み目の色になる。(合計62目になる)

輪に編む準備をする。表面を外側に向け、2本目の甲側の針が1本目の足底側の後ろ側に平行になるよう編み目を移し変える。(このときの動作は開いた本を閉じるような動きになる)。
チャート2と3の2段めから輪に編む。

チャート2と3の2段め：(5本針の場合)
最初の針でチャート2の1〜16目めを表編み、2本目の針でチャート2の17〜31目めと表編みする。
3本目の針でチャート3の1〜16目めを表編みし、4本めの針でチャート3の17〜31目めを編む。

フレキシブル型両先針を使っている場合は、チャート2の編み目を1本目の針に、そしてチャート3の編み目を2本目の針にのせる。

必要に応じて渡り糸を編み包みながら、チャート2と3の3〜27段めを編む。

TOE SHAPING／つま先のシェーピング

つま先のシェーピングはチャート2と3の28〜39段めで編む。

表編みで輪に編み続け、チャート2・3の編み込み模様を編みながら毎段4目ずつ減目する。

FINISHING／仕上げ

つま先をはぎ合わせる
糸を切り、2色ともとじ針に通す。2色通したとじ針を、編み針に残った目に通す。絞って止める。
スリッパを裏返し、もう一度糸端をしっかり引いてギャザーを寄せ、糸端をそれぞれ糸始末する。

Sew Together Heel／ヒールを縫い合わせる

砂時計型のかかとを半分に折ります。中表に合わせて、作り目側で残した糸端をとじ針に通して、かかとの端を返し縫いで合わせます。端に隙間が開かないように、出来るだけ細かく縫い、糸始末する。

Crochet Edge／かぎ針編みの縁編み

左側のかかとと甲が合わさるところからCCとゲージに合う号数のかぎ針で、はき口に沿って細編みを1段編む。目安は49目(甲側に25目、かかと側に24目)。はき口が伸びないよう、少し寄せながらも心地よくフィットするよう目数を調整する。糸を切り、とじ針に通し、細編みの編みはじめと編み終わりをつなぐように鎖目を1目刺す。裏側で糸始末する。

Gently Felt／やさしく縮絨する

洗濯機でぬるま湯とお好みのウール用洗剤を使用して、短時間のデリケートモードでスリッパを軽く縮絨する。湿った状態でスチームを当ててブロッキングする。形を整えるために一度履いて平干しする(乾燥機の使用は避ける)。先々の手入れも同様に。使用していると伸びることもあるが、洗うことで元のサイズに戻る。

チャート3（甲側の模様）

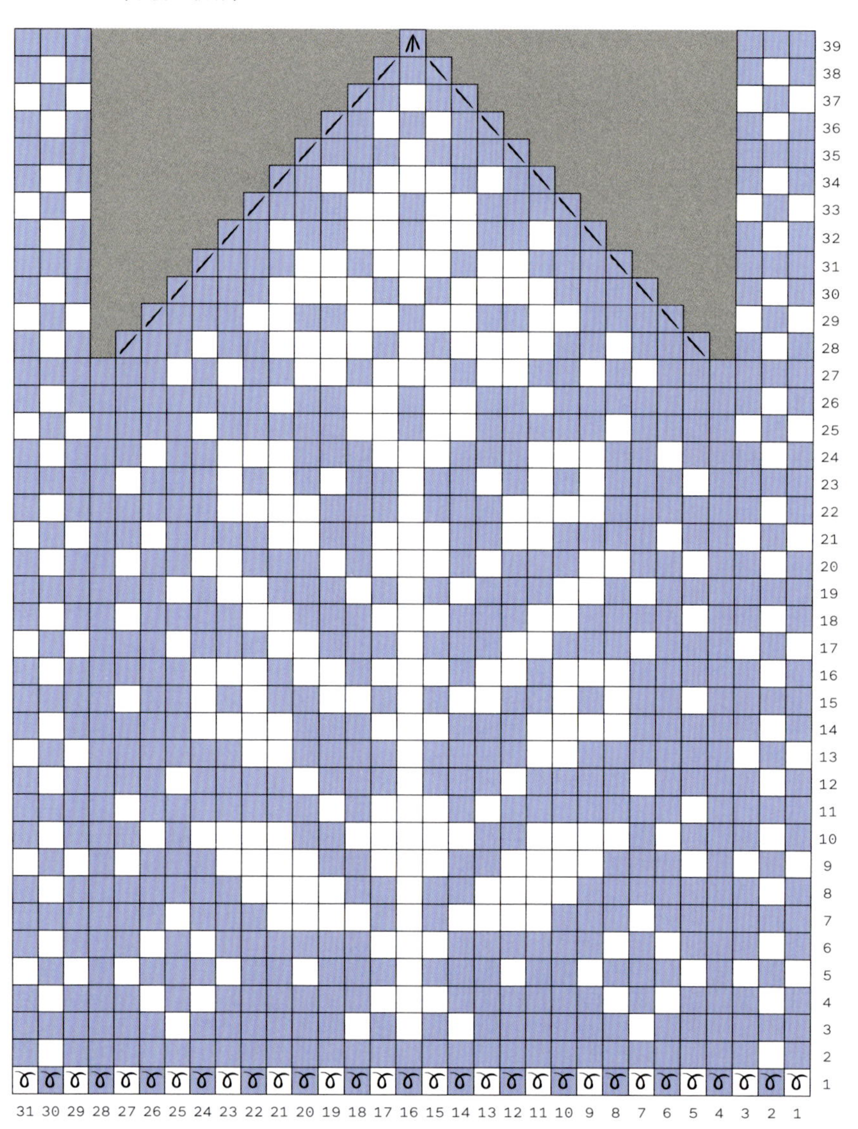

MC

CC

中上3目一度

右上2目一度

左上2目一度

ねじり増し目

実際は編み目なし

チャート２（足底の模様）

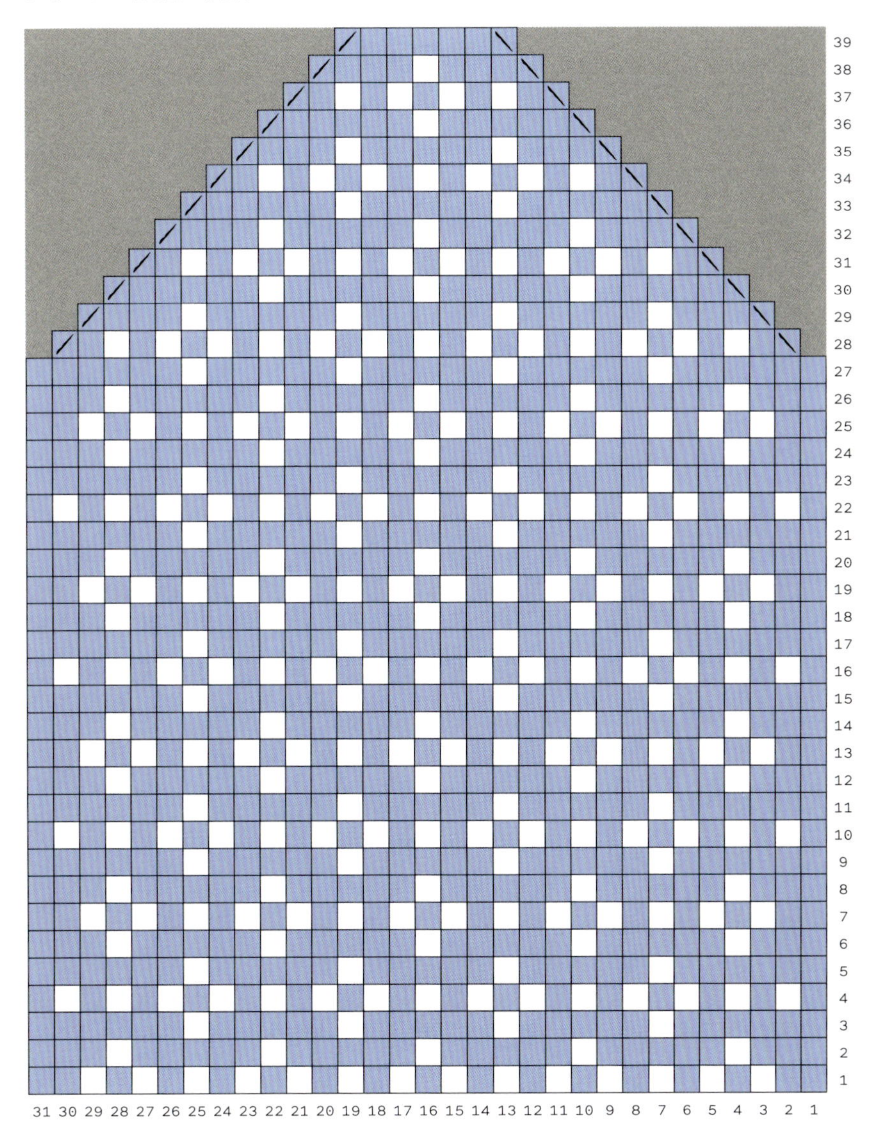
39
38
37
36
35
34
33
32
31
30
29
28
27
26
25
24
23
22
21
20
19
18
17
16
15
14
13
12
11
10
9
8
7
6
5
4
3
2
1
31 30 29 28 27 26 25 24 23 22 21 20 19 18 17 16 15 14 13 12 11 10 9 8 7 6 5 4 3 2 1

チャート1（かかとの模様）

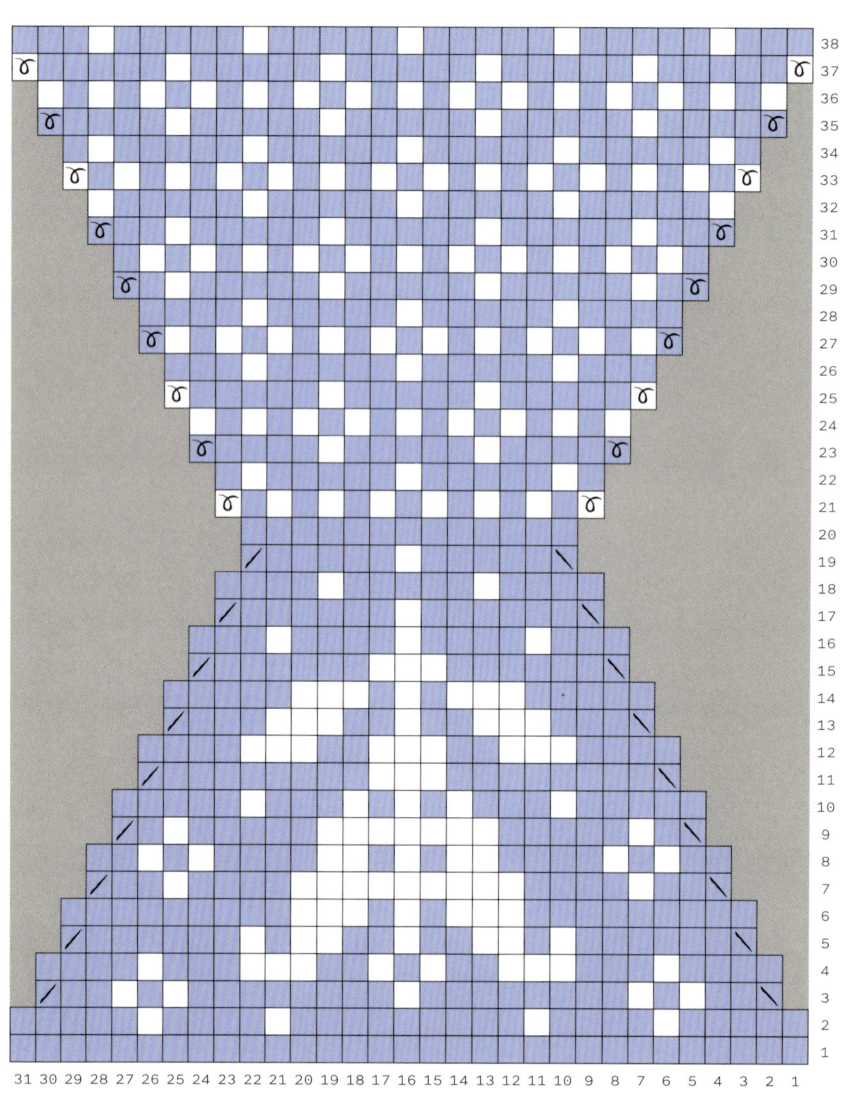

- MC
- CC
- CDD
- 右上2目一度
- 左上2目一度
- ねじり増し目
- 実際は目がない

Marie-Christine Lévesque

36 Rhythm

リズム

このソックスは、シンプルでありながら、ストライプと地模様をシンプルながらも楽しく組み合わせています。好きな色で楽しんでみてください！

SIZES ／**サイズ**

1{2, 3}
推奨するゆとり：仕上がり寸法より0～-2.5 cm

FINISHED MEASUREMENTS ／**仕上がり寸法**

レッグ／フット周囲：16（19、21）cm
レッグ長さ：16.5 cm
フット長さ：22（27、29）cm

MATERIALS ／**材料**

糸：KatiaのUnited Socks（ウール75%・ポリアミド25%、100 m／25 g）
〈MC：26〉2（3、3）カセ、〈CC：14〉1（2、2）カセ
またはフィンガリング〈中細〉程度の糸をMCとして約185（210、240）m、CCとして100（120、145）m

針：2.5mm（US1.5／JP1号）の輪針

その他の用具：ステッチマーカー

GAUGE ／**ゲージ**

34目×45段（メリヤス編み・10cm角、ブロッキング後）
34目×45段（地模様・10cm角、ブロッキング後）

STITCHPATTERN ／**ステッチパターン**

地模様（輪編み）
1～4段め：CCで、最後まで表編み。
5～8段め：CCで、*表目4、裏目*、*～*を最後までくり返す。
9～12段め：MCで、最後まで表編み。
13～16段め：*裏目4、表目4*、*～*を最後までくり返す。

CONSTRUCTION ／**構造**

カフから下方向へ編み進め、途中でヒールフラップとマチを編みます。楽しい地模様がレッグからフットに入ります。

DIRECTIONS／編み方

LEG／レッグ

MCで指でかける作り目［Long-TailCO］の方法で56（64、72）目作る。
段のはじめにPM。輪に編む。針には28（32、36）目ずつになる。
〈N1〉の28（32、36）目は甲側になり、〈N2〉の28（32、36）目は足底とかかとになる。

次のように2目ゴム編みを編む：
表目2、裏目2、*〜*をくり返す。
2目ゴム編みを合計20段編む。
CCで地模様を編む。
16段の模様編みを3回編み、1〜9段めをもう一度編む。
〈N1〉をMCで1段表編みし、〈N2〉でヒールフラップを編む。

HEELFLAP／ヒールフラップ

MCで、〈N2〉の28（32、36）目だけを往復に編む。
1段め（表面）：*すべり目1、表目1*、*〜*を最後までくり返す。
2段め（裏面）：すべり目1、最後まで裏編み。
1・2段めを合計14（16、18）回編む。

HEEL TURN／ヒールターン

MCでヒールを次のように編む：
Note：ヒールターンでは毎段1目ずつ減目する。
1段め（表面）：すべり目1、表目15(17、19)、右上2目一度、表目1、編み地を返す。
2段め（裏面）：すべり目1、裏目5、裏目の左上2目一度、裏目1、編み地を返す。
3段め：すべり目1、表目6、右上2目一度、表目1、編み地を返す。
4段め：すべり目1、裏目7、裏目の左上2目一度、裏目1、編み地を返す。
5段め：すべり目1、表目8、右上2目一度、表目1、編み地を返す。
6段め：すべり目1、裏目9、裏目の左上2目一度、裏目1、編み地を返す。
7段め：すべり目1、表目10、右上2目一度、表目1、編み地を返す。
8段め：すべり目1、裏目11、裏目の左上2目一度、裏目1、編み地を返す。
9段め：すべり目1、表目12、右上2目一度、表目1、編み地を返す。

［サイズ1のみ］
10段め（裏面）：すべり目1、裏目13、裏目の左上2目一度、裏目2、編み地を返す。

［サイズ2・3のみ］
10段め（裏面）：すべり目1、裏目13、裏目の左上2目一度、裏目1、編み地を返す。
11段め（表面）：すべり目1、表目14、右上2目一度、表目1、編み地を返す。
12段め：すべり目1、裏目15、裏目の左上2目一度、裏目–（2、1）、編み地を返す。

［サイズ3］
13段め（表面）：すべり目1、表目16、右上2目一度、表目1、編み地を返す。
14段め（裏面）：すべり目1、裏目17、裏目の左上2目一度、裏目–（–、2）、編み地を返す。［〈N2〉は18（20、22）目になる］

GUSSET／マチ

再び輪に編む。
MCで編みはじめる。かかとの18（20、22）目を表編みし、ヒールフラップに沿って15（17、19）目拾う。
〈N1〉の目で地模様の11段めを編み、ヒールフラップに沿って15（17、19）目拾う。
かかとの18（20、22）目を表編みし、拾った15（17、19）目を表編みする。［〈N1〉に28（32、36）目、〈N2〉は48（54、60）目になる。］

次のようにマチを編む：
1段め：〈N1〉地模様を編む。〈N2〉表目1、右上2目一度、最後に3目残るまで表編みし、左上2目一度、表目1。（2目減）
2段め：〈N1〉地模様を編む。〈N2〉最後まで表編み。
1・2段めをくり返し、〈N2〉が28（32、36）目になるまで編む。

FOOT／フット

フット長さが19（23、25）cmになるまで、または「好みの長さ－3（4、4）cm」になるまで次のように編む：
〈N1〉地模様を編む。
〈N2〉最後まで表編み。
地模様の8段めまたは12段めで編み終える

TOE／つま先

MCで1段表編みしたあと、つま先の減目を次のように編む：
1段め：〈N1〉*表目1、右上2目一度、最後に3目残るまで表編み、左上2目一度、表目1*。〈N2〉*〜*をくり返す。（4目減）
2段め：〈N1〉・〈N2〉ともに表編み。
1・2段めを合計7（8、9）回編む。［各針に14（16、18）目ずつになる］
糸を切り、つま先をはぎ合わせる。

FINISHING／仕上げ

糸始末をする。水通しをし、寸法に合わせてブロッキングする。

Paula Wiśniewska

37 Lato

ラト

足首丈のこのソックスは、柑橘の切り口の形や構造を彷彿させるレースモチーフを施しています。ポーランド語でいう"lato（夏）"にぴったりです。

SIZES／サイズ

1 {2, 3}
推奨するゆとり：仕上がり寸法より－2.5 cm

FINISHED MEASUREMENTS／仕上がり寸法

フット周囲：18.5（20、22.5）cm
レッグ長さ：5.5cm
レッグ長さ（かかとを含む）：9.5（10、10.5）cm
フット長さ：調整可

MATERIALS／材料

糸：Julie AsselinのNomade（メリノ80%・ナイロン20%、411 m／115 g）、〈Biarritz〉1カセ
またはフィンガリング〈中細〉程度の糸を約188 (206, 229) m

針：2.25 mm（US 1／JP0または1号）の輪針

その他の用具：ステッチマーカー、取り外し可能なステッチマーカー、なわ編み針

GAUGE／ゲージ

32目×44段（メリヤス編み・10cm角、ブロッキング後）
レース編みのチャート1模様（28目×12段）＝幅8.5 cm×長さ3 cm、ブロッキング後

SPECIAL ABBREVIATIONS／特別な用語

8目のケーブル模様［8-st cable］：
1目を取り外し可能なマーカーに移して編み地の手前におき、次の6目をなわ編み針に移して編み地の後ろにおき、左針から表目1、なわ編み針から（裏目1、表目4、裏目1）、取り外し可能なマーカーに移した1目を左針に戻し、表目1。

NOTES／メモ

レッグを長くする場合、レースチャートのくり返し回数を多くする。甲を高くしたい場合は針の号数を1号太くします。

CONSTRUCTION／構造

この靴下はトップダウンに編みます。チューブラーキャストオン［Tubular Cast-On］とねじり1目ゴム編み［1x 1Twisted Ribbing］、かかとはジャーマンショートロウヒール［German Short Row Heel］、そしてつま先は丸く仕上げます。レース模様はかけ目と2重のかけ目で編み、丸みを帯びた形は交差模様で作り出しています。

DIRECTIONS／編み方

CUFF／カフ

テュービュラーキャストオン[Tubular Cast-On]または好みの方法で60 (64, 72)目作る。
Note：サイズ2と3は裏目で編みはじめる。
編み目を2本の針に均等に分け、マジックループ方式で編みはじめる。
〈N1〉は甲側の目、〈N2〉は足裏／レッグの後ろ側の目になる。
段のはじめにPM。輪に編む。

Rib／リブ編み

ねじり1目ゴム編み[1 x 1 Twisted Ribbing]で編む。

[サイズ1のみ]
1段め：*表目1、裏目1*、*～*を最後までくり返す。
2段め：*表目のねじり目1、裏目1*、*～*を最後までくり返す。

[サイズ2・3のみ]
1段め：*裏目1、表目1*、*～*を最後までくり返す。
2段め：*裏目1、表目のねじり目1*、*～*を最後までくり返す。

[すべてのサイズ]
2段めをあと6回編む、またはリブ編みが作り目の端から2 cmになるまで編む。

LEG／レッグ

準備段：〈N1〉表目1 (0、2)、*裏目1、表目1*、*～*を2 (3、3)回編み、左ねじり増し目1、表目2、*裏目1、表目1*、*～*を2回編み、裏目1、左上2目一度、表目3、*裏目1、表目1*、*～*を3回編み、左ねじり増し目1、表目2、*裏目1、表目1*、*～*を1 (2、2)回編み、裏目1、表目1 (0、2)、最後の目を〈N2〉に移す。〈N2〉表目1、左上2目一度、最後まで表編み。[各針30 (32、36)目になる]

チャートの1～12段めまで編む。
1段め：〈N1〉表目1 (0、2)、*裏目1、表目1*を0 (1、1)回、PM、チャートの1段めを編み、PM、*表目1、裏目1*を0 (1、1)回編み、表目1 (0、2)。〈N2〉最後まで表編み。
2段め：〈N1〉表目1 (0、2)、*裏目1、表目1*を0 (1、1)回、SM、チャートの次の段を編む、SM、*表目1、裏目1*を0 (1、1)回、表目1 (0、2)。〈N2〉最後まで表編み。
これまでのようにレッグの前面にはレース模様をチャートの通りに編み、(〈N2〉の)レッグの後ろ側はメリヤス編みにする。
作り目の端からの長さが5.5 cmになるまで、または好みの長さになるまで編む。
レース模様の5段めで編み終える。

HEEL／ヒール

かかとは〈N2〉の目を往復に編む。
模様編みの次の段を編み終えたら〈N1〉の甲側の目は休ませておく。

ヒールの前半

かかとはジャーマンショートロウ[German Short Rows]の引き返し編みをしながら編む。

※MDS＝Make Double Stitch (ダブルステッチを作る)。

〈N2〉の外側から中心に向けて、DSをして編み残しながら引き返し編みをする。
引き返し編み段1 (表面)：〈N1〉これまでのように模様編み。〈N2〉最後まで表編み、編み地を返す。
引き返し編み段2 (裏面)：MDS、最後まで裏編み、編み地を返す。
引き返し編み段3：MDS、DSまで表編み、編み地を返す。
引き返し編み段4：MDS、DSまで裏編み、編み地を返す。
引き返し編み段3・4をあと7 (8、10)回編む。
裏面の段を最後に引き返し、MDS。
両端にDSが9（10、12）目、通常の1本の目が真ん中に12目になる。
続けて輪に編みながらDSを次のように編む：
〈N2〉表目12、DSを表目に編む。〈N1〉休ませていた目を模様編み。
〈N2〉DS9（10、12）目を表目に編み、表目12。〈N2〉のはじめから21（22、24）目編んだことになる。
かかとの前半を編み終えた。

ヒールの後半
〈N2〉のDSを中心から外側にむけて編み進みながら引き返し編みをする。
引き返し編み段1（表面）：表目1、編み地を返す.
引き返し編み段2（裏面）：MDS、裏目13、編み地を返す.
引き返し編み段3：MDS、DSまで表編み、DSを表目に編む、表目1、編み地を返す.
引き返し編み段4：MDS、DSまで裏編み、DSを裏目に編む、裏目1、編み地を返す.
引き返し編み段3・4をあと7（8、10）回編む。
最後に引き返し、MDS。
両端のDS9（10、12）目を編み、〈N2〉の最後まで編む。

FOOT／フット

甲側にはレース模様、足底にはメリヤス編みを編みながら、再び輪に編む。
次段：〈N1〉表目1（0、2）、*裏目1、表目1*を0（1、1）回編み、SM、チャートの次の段を編み、SM、*表目1、裏目1*を0（1、1）回編み、表目1（0、2）。〈N2〉最後まで表編み（DSは表目に編む）。
フットが「好みの長さ－4.5（5、5）cm」になるまで編み、レース模様の6段めまたは12段めで編み終えるときれいに仕上がる。
チャート用のマーカーをはずす。

TOE／つま先

表編みで1段編んでから、つま先を次のようにシェーピングする：
1段め：〈N1〉*表目1、右上2目一度、最後に3目残るまで表編み、左上2目一度、表目1*。〈N2〉*～*をくり返す。（4目減）
2段め：〈N1〉最後まで表編み。〈N2〉最後まで表編み。
1・2段めをあと8（9、10）回編む。
[24（24、28）目になる。各針に12（12、14）目ずつ]

糸端を約30cm残して糸を切る。残った目をはぎ合わせる。

FINISHING／仕上げ

糸始末をする。水通しをし、寸法に合わせてブロッキングする。

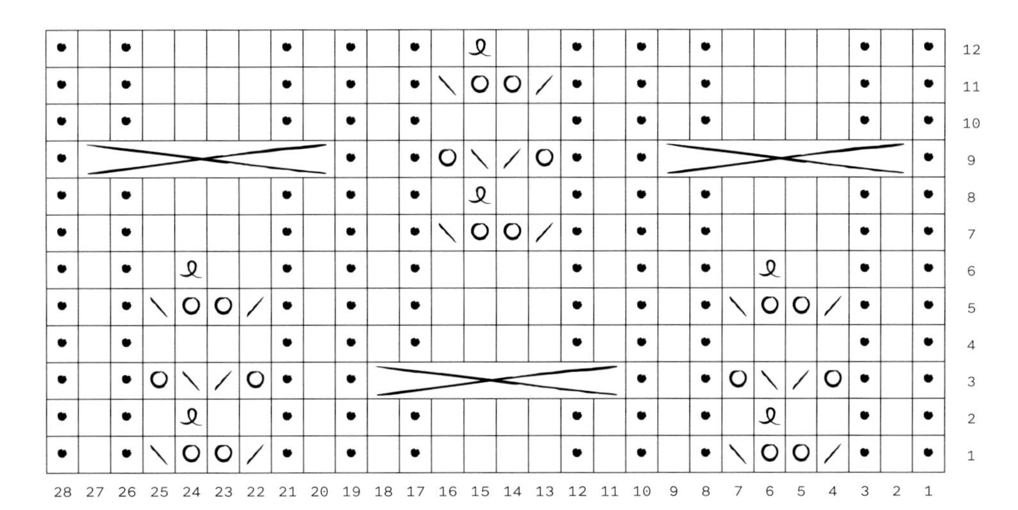

表目
裏目
左上2目一度
右上2目一度
かけ目
表目のねじり目1
8目のケーブル模様

Paula Pereira

38 Rosebay

ローズベイ（西洋シャクナゲ）

ローズベイソックスは、メリヤス編みに、可愛らしい刺繍のような花模様を施します。花模様は、本体を編み進めながらかぎ針で編みます。

SIZES／サイズ

1 {2, 3}
推奨するゆとり：仕上がり寸法より0〜−1.5 cm

FINISHED MEASUREMENTS／仕上がり寸法

レッグ／フット周囲：17.5（20、22.5）cm
レッグ長さ：11 cm
フット長さ：調整可

MATERIALS／材料

糸：Rosa PomarのMondim（ポルトガル産ウール100%、385 m／100 g）〈302〉1カセ
またはフィンガリング〈中細〉程度の糸を約227（259、292）m

針：2 mm（US 0／JP0号）と2.25 mm（JP1号）の針

その他の用具：2 mm（US B／JP2/0号）のかぎ針、ステッチマーカー、ホルダーまたは別糸

GAUGE／ゲージ

32目×44段（2.25mm針でメリヤス編み・10cm角、ブロッキング後）
32目×45段（2.25mm針で模様編み・10cm角、ブロッキング後）

SPECIAL ABBREVIATIONS／特別な用語

8目のケーブル模様［8-st cable］：
1目を取り外し可能なマーカーに移して編み地の手前におき、次の6目をなわ編み針に移して編み地の後ろにおき、左針から表目1、なわ編み針から（裏目1、表目4、裏目1）、取り外し可能なマーカーに移した1目を左針に戻し、表目1。

SPECIAL TECHNIQUES／特別なテクニック

3目のボッブル［Bobble with 3 sts］：
1目に（表目1、かけ目、表目1）を編み入れる。編み地を返し、3目をきつめに裏編み。
編み地を返し、表目1、左上2目一度。編み地を返し、裏目の左上2目一度。
編み地を返し、編み目を右針に移す。

かぎ針による引き出し目［Elongated Crochet Stitch］：
（チャートの）ピンク色の印位置で、かぎ針に編み糸をかけ、針先をチャートの緑色の印位置の目と目の間に入れ、糸をかけて表面に引き出す。*〜*を2回くり返す（針先には糸が6本かかる）。針先に糸をかけて、6本を引き抜く。残った目を新しい目として右針に移す。

NOTES／メモ

刺繍のような花模様を編みながら作ります。
花弁はかぎ針で、数段下の段から糸を長く引き出す引き出し編みで編みます。
チャートではピンク色の丸印が引き出し編みの始点を示し、緑色の印がかぎ針の針先を入れる場所を示します。フラワー模様の中心にはボッブルを編みます。模様編みは26段が1模様：1〜16段めでフラワーを編み、17〜26段めはメリヤス編みにします。

フットは、各自のサイズのチャートの通りに編みます。

CONSTRUCTION／構造

つま先から上に向けて、作り目はジュディーズマジックキャストオン［Judy's Magic Cast-On］の方法で作り、かかとは引き返し編みをします。刺繍を刺したような花模様は、本体を棒針編みしながらかぎ針で編みます。

DIRECTIONS／編み方

TOE／つま先

2.25 mmの針でジュディーズマジックキャストオン[Judy's Magic CO]の方法で、24目作る(各針12目ずつ)。好みで段のはじめにPM。

1段め：最後まで表編み。
(1段めを初めて編むときは、作り目の際の目のかかり方により〈N2〉の表目はねじり目にして編む)。
増し目段：〈N1〉：*表目1、右ねじり増し目1、最後に1目残るまで表編み、左ねじり増し目1、表目1*。
〈N2〉：*〜*をくり返す。(4目増)
上記の2段をあと7（9、11)回編む。
[32（40、48)目増][56（64、72)目になる、各針28（32、36)目]

FOOT／フット

〈N1〉の編み目だけでチャートを編む。
各自のサイズのチャートの通りに編む。
1段め：〈N1〉：チャートの通りに編む。
〈N2〉：最後まで表編み。
前段の通りに編み続け、つま先からかかとまでのフット長さが「好みの長さ－9.5（9.5、10.5）cm」になるまで編む。

GUSSET／マチ

次段：〈N1〉：チャートの通りに編む。
〈N2〉：表目1、右ねじり増し目1、最後に1目残るまで表編み、左ねじり増し目1、表目1（2目増)
次段：〈N1〉：チャートの通りに編む。
〈N2〉：最後まで表編み。
上記の2段をあと11（11、12)回編む。
[24（24、26)目増][80（88、98)目、〈N1〉は28（32、36）目、〈N2〉は52（56、62）目になる]

HEEL TURN／ヒールターン

次段：〈N1〉：チャートの通りに編む。そして〈N2〉の目だけで次のように往復に編む：
引き返し編み段1（表面)：表目39（42、47)、w&t。
引き返し編み段2（裏面)：裏目26（28、32)、w&t。
引き返し編み段3：ラップを巻いた目の手前に1目残るまで表編み、w&t。
引き返し編み段4：ラップを巻いた目の手前に1目残るまで裏編み、w&t。
最後の2段をあと6（6、7)回編む。真ん中に12（14、16)目、その両側にラップを巻いた目が8（8、9)目ずつ、さらにマチの目が両側に12（13、14)目ずつになる。
段の最後まで表編みしながら、ラップの目を拾い、その隣の目と表目のねじり目のように一度に編んで段消しをする。

次段：〈N1〉：チャートの通りに編む。
〈N2〉：段の最後まで表編みしながら、ラップの目を拾い、その隣の目と表目のねじり目のように一度に編んで段消しをする。
[〈N2〉は52（56、62)目になる]

DECREASE GUSSET／マチの減目

次段：〈N1〉：チャートの通りに編む。
〈N2〉：表目39（42、47)、右上2目一度、編み地を返す。(1目減)
引き返し編み段1（裏面)：浮き目1、裏目26（28、32)、裏目の左上2目一度、編み地を返す。(1目減)
引き返し編み段2（表面)：すべり目1、表目26（28、32)、右上2目一度、編み地を返す。(1目減)
最後の2段をあと10（10、11)回編む。
最後の引き返し編みのあとは編み地を返さずにおく。[〈N2〉は29（33、37)目になる]

次段：〈N1〉：チャートの通りに編む。
〈N2〉：左上2目一度、最後まで表編み。(1目減)
[合計56（64、72)目になる。〈N2〉は28（32、36)目、〈N1〉は28（32、36)目になる]

LEG／レッグ

〈N1〉・〈N2〉ともにチャートの通りに編む。
次段：〈N1〉も〈N2〉と同じ段から編みはじめる。
そのままチャートを編み続け、レッグが約9cmになるまで編み、チャートの2段めで編み終える。

CUFF／カフ

2 mm針に持ち替え次のように編む：
次段：〈N1〉：*表目1、裏目1*、*〜*を最後までくり返す。
〈N2〉*表目1、裏目1*、*〜*を最後までくり返す。
前段の通り、あと7段編む。

ゆるく目なりに伏せ止めする。

FINISHING／仕上げ

糸始末をする。水通しをし、寸法に合わせてブロッキングする。

フットのチャート　（サイズ1＆3）

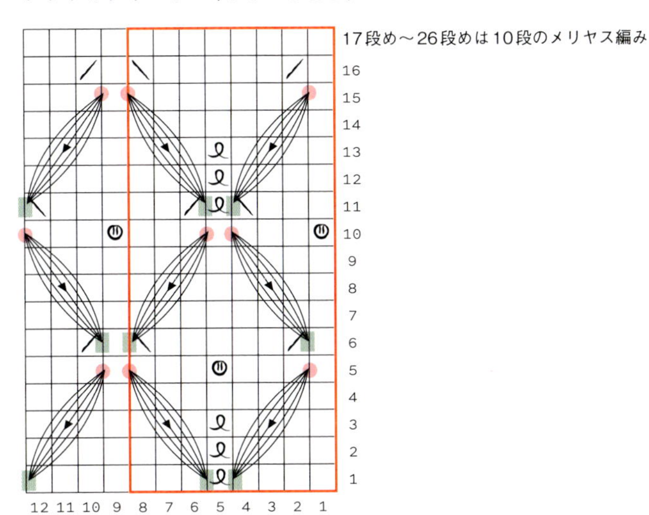

レッグのチャート

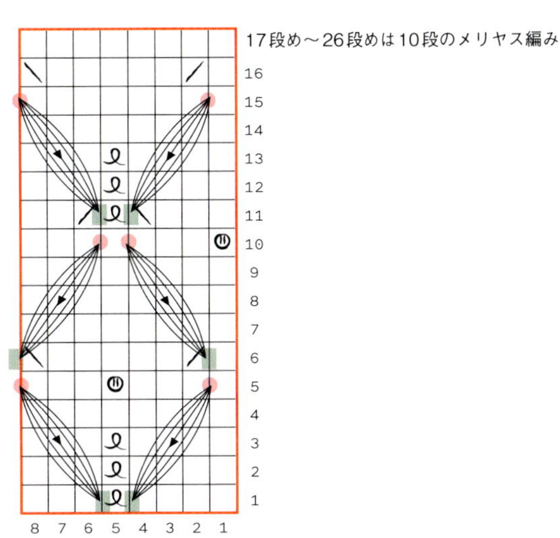

フットのチャート（サイズ2）

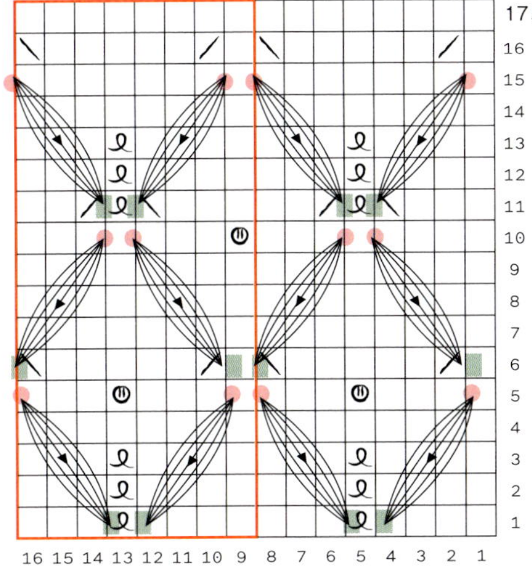

表目

表目のねじり目1

左上2目一度

右上2目一度

ボッブル

模様のくり返し部分

引き出し目の始点

かぎ針を入れる位置

かぎ針による引き出し目

Pauliina Kuunsola

39 Daybreak

夜明け

この靴下は無心に編めて、どんなスタイルにも合わせやすいデザインです。DKの糸で編み、長いカフは折り返して着用できるので、とても温かく履き心地のよい靴下です。

SIZES／サイズ

1 {2, 3}
推奨するゆとり：仕上がり寸法より－2.5～－5cm

FINISHED MEASUREMENTS／仕上がり寸法

フット周囲：16（17.5、19）cm
レッグ周囲：14（15、16.5）cm

Note：この模様はとても伸びやすいので注意。

MATERIALS／材料

糸：NurjaのMerino Sock DK（スーパーウォッシュメリノ75%・ナイロン25%、225 m／100 g）〈Jade〉2（2、3）カセ
またはDK〈合太～並太〉程度の糸を約414 (450, 487) m

針：3 mm（US 2.5／JP3号）針

その他の用具：ステッチマーカー

GAUGE／ゲージ

24目×29段(メリヤス編み・10cm角、ブロッキング後)
32目×29段(模様編み・10cm角、ブロッキング後)

STITCH PATTERN／模様編み

3段のブロークンリブ編み(輪編み)
1段め：*表目1、裏目1*、*～*を最後までくり返す。
2段め：1段めをくり返す。
3段め：表編み。

NOTES／メモ

フットとレッグの編みはじめの目数は同じです。
足底をメリヤス編みにするため、フット周囲の寸法の方が大きくなります。またこの模様編みはとても伸びやすいので、伸び分を見込んで靴下の周囲の寸法を実際の足周りより少なくする(ゆとりをマイナスにする)ことで、ずれ落ちずに済みます。

CONSTRUCTION／構造

つま先から上に向けて編み、かかとは引き返し編みをしながら編みます。
長めのカフは伸ばして履いたり、たるませて履くこともできます。または折り返して好みの方法や長さに調整して履いてもよいでしょう。模様の表情が表裏で異なるため、折り返すと変化が楽しめます。

DIRECTIONS／編み方

TOE／つま先

ジュディーズマジックキャストキャストオン[Judy's Magic CO]またはつま先から編む靴下に合う好みの方法で16（16、16）目作る。（甲側と足底側に8目ずつ）
必要に応じて段のはじめにPM。輪に編む。

1段め：*2目の編み出し増し目、足底／甲側に1目残るまで表編み、2目の編み出し増し目*、*〜*をもう一度くり返す。
2段め：最後まで表編み。
1・2段めをくり返し、44（48、52）目になるまで編む。

メリヤス編みで、増し目をせずにあと4段編む。

FOOT／フット

次段：各自のサイズのチャートを編み、最後まで表編み（足底の目はすべて表編み）。
上記の要領で、チャートの段をすべて編み切る。

続けて、甲側は1模様3段のブロークンリブ模様を（甲側の最初と最後の目は常に表目に編む）、足底側は表編みしながら、フット長さが「好みの寸法－5（5.5、6）cm」になるまで編む。
1模様3段のブロークンリブ模様の3段めで編み終える。

SHORT-ROWHEEL／ショートロウヒール

※MDS＝Make Double Stitch（ダブルステッチを作る）。
段のはじめで編み地を返し、次の22（24、26）目で（表側から見たときに）メリヤスの編み地になるように引き返し編みをしながらかかとを編む：
1段め（裏面）：MDS、裏目21（23、25）、編み地を返す。
2段め（表面）：MDS、最後のDSの手前に1目残るまで表編み、編み地を返す。
3段め：MDS、最後のDSの手前に1目残るまで裏編み、編み地を返す。
2・3段めを合計6（7、8）回編む。最後に編み地を返してMDS。
両端にはDSが7（8、9）目、真ん中は表目が8（8、8）目になる。
4段め（表面）：ヒールの最後まで表編みしながら、DSも1目として表編み、編み地を返す。
5段め（裏面）：浮き目1、ヒールの最後まで裏編みしながら、DSも1目として裏編み、編み地を返す。
6段め：すべり目1、表目15（16、17）、編み地を返す。
7段め：MDS、裏目9、編み地を返す。
8段め：MDS、次のDSまで表編みし、DSを1目として表目に編む、表目1、編み地を返す。
9段め：MDS、次のDSまで裏編みし、DSを1目として裏目に編む、裏目1、編み地を返す。
かかとの最後まで8・9段めをくり返す。
最後の裏面の段を編み終えたら編み地を返し、MDS。かかとの最後まで（BOR mまで）表編み。残りのDSは1目として編む。

LEG／レッグ

左足では、BORmを1目右に移し、段のはじめが表目になるようにする。

続けて輪に編む。全体を通して3段のブロークンリブ模様を1段めから編む。
3段の模様を12回（36段）編み、1段めをもう一度編む。

ここでふくらはぎの増し目をする。
準備段：模様編みで最後に11（12, 13）目残るまで編み、PM、最後まで模様編み。
増し目段1（模様の3段め）：mの手前に1目残るまで表編み、2目の編み出し増し目、SM、2目の編み出し増し目、最後まで表編み。
次段：最後まで模様編み。
模様編みを続けながらあと13段編む。

増し目段は必要に応じて15段ごと（模様の表編みの段）で編む。
試着してフィット感を試してみるとよい。
189ページの参考作品の増し目段は4回。
増し目段を編み終えたら続けて模様編みを編み、ヒールの上端から47cm、または好みの長さまで編む。
リブ編みの段：*表目1、裏目1*、*〜*を最後までくり返す。
リブ編みをあと5段編む。目なりに止める。

FINISHING／仕上げ

糸始末をする。水通しをし、寸法に合わせてブロッキングする。

右足の模様編みのチャート

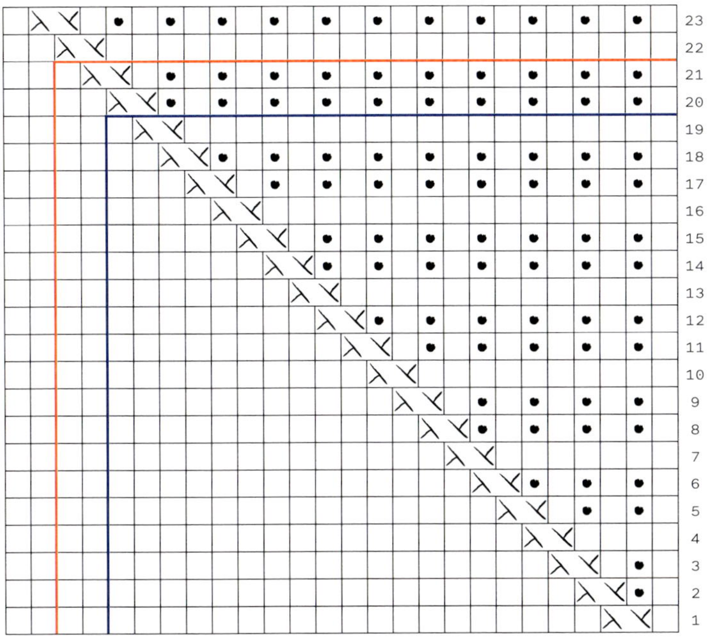

左足の模様編みのチャート

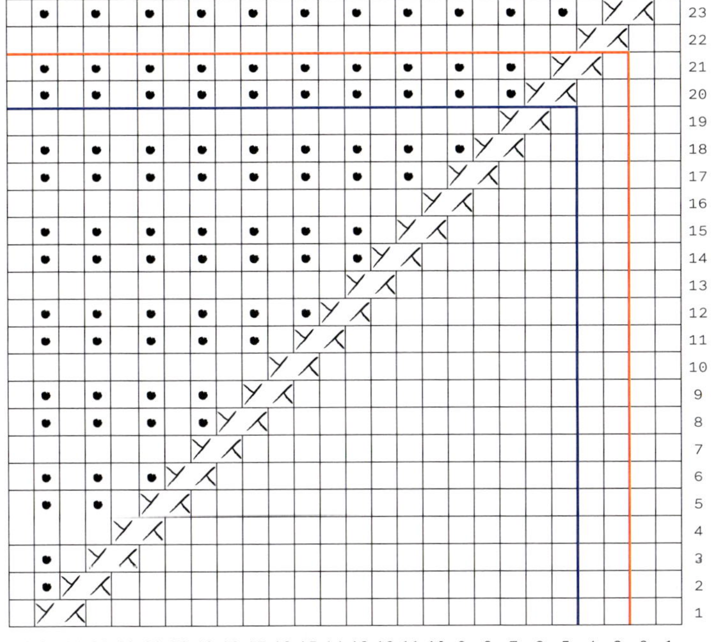

- □ 表目
- • 裏目
- 左上1目交差
- 右上1目交差
- サイズ1の始点／終点
- サイズ2の始点／終点

40

52

40 週〜 52 週目

Harvest — Agata Mackiewicz　Habemik — Aleks Byrd　Spadok — Anna Radchenko
Lucky Girl Socks — Arantxa Casado　Goldenrod — Avery Erb　Ananas — Bailey Jacobs
Flou — Fabienne Gassmann　Heart Drop — Jenny Ansah　Grid — Keiko Kikuno
Cougar Ridge — Lori Wagner　Hexie Diamond — Nancy Wheeler　Alegría — Rebekka Mauser
The Weaver's Socks — Sveina Björk Jóhannesdóttir

Agata Mackiewicz

40 Harvest

ハーベスト

この靴下は秋の豊作と穀物の穂に着想を得ています。交差模様、ヌープ、ねじりゴム編み、そして地模様の組み合わせで、魅力的な仕上がりになります。

SIZES ／サイズ

1 {2, 3}
推奨するゆとり：仕上がり寸法より－1.5～－2.5㎝

FINISHED MEASUREMENTS ／仕上がり寸法

フット／レッグ周囲：18（20.5、23）cm
レッグ長さ：13 cm
フット長さ：調整可

MATERIALS ／材料

糸：OlannのSock Lite（スーパーウォッシュメリノ80%・ナイロン20%、425 m／100 g）、〈Bloodmoon〉1カセ
またはフィンガリング〈中細〉程度の糸を約255 (318, 382) m

針：2 mm (US 0／JP0号)、2.25 mm (US 1／JP0号または1号)、2.5 mm（US 2／JP1号）の輪針

その他の用具：ステッチマーカー3個、なわ編み針

GAUGE ／ゲージ

34目×48段（2.25mm針でメリヤス編み・10cm角、ブロッキング後）

SPECIAL ABBREVIATIONS ／特別な用語

左上1目と3目の交差 [1/3 RC]：なわ編み針に3目移して編み地の後ろにおき、左針から表目1、なわ編み針に移した目を表編みにする。

右上1目と3目の交差 [1/3 LC]：なわ編み針に1目移して編み地の手前におき、左針から表目3、なわ編み針に移した目を表編みにする。

ヌープ5（7）[nupp 5/7]：[〈表目1、かけ目〉を2（3）回、表目1］を同じ目に編み、
5（7）目を左針に戻し、5（7）目を一度に表目に編む。

CONSTRUCTION ／構造

つま先から編み進め、ヒールフラップを編み、その下には足底の目を編みます。
甲側の模様編みはメリヤス編みにすべり目の縦線を入れるところから編みはじめます。
甲では左右対称の1目と3目の交差模様を編みます。交差模様はレッグに沿ってヌープ（ボッブル）を添えながら編みます。カフはねじり1目ゴム編みで編みます。

DIRECTIONS／編み方

TOE／つま先

2 mmの針でターキッシュキャストオン［Turkish CO］の方法で15（17, 17）回巻く。他の技法で作る場合は合計目数が30（34、34）目になるように作る。

2本の針に編み目が均等にかかるようにして輪に編む。
〈N1〉が甲側の目、〈N2〉が足底側の目になる。（好みで）段のはじめにPM。
表編みで1段編む。

1段め（増し目段）：〈N1〉 *表目1、左ねじり増し目1、最後に1目残るまで表編み、右ねじり増し目、表目1*。〈N2〉 *～*をくり返す。（4目増）
2段め：最後まで表編み。
1・2段めをあと7（8、10）回くり返す。{62（70、78）目、各針31（35、39）目になる}

FOOT／フット

〈N1〉ではケーブルチャートの1・2段めをくり返し、さらにチャートの20段を編み切る。〈N2〉は表編みをして好みのフット長さの約40%まで編む。

2.25mmの針に持ち替える。
次の11段：〈N1〉：ケーブルチャートの3～13段めを編む。〈N2〉：最後まで表編み。
次段：〈N1〉：チャートの14～23段め（以降この部分を「交差模様」と呼ぶ）を編む。
〈N2〉：最後まで表編み。

交差模様をフットの長さが「好みの長さ－7（7、7.5）cm」になるまで編む。

GUSSET／マチ

増し目は〈N2〉だけに行う。
1段め（増し目段）：〈N1〉交差模様を編む。〈N2〉表目15（17、19）、PM、左ねじり増し目1、表目1、右ねじり増し目1、PM、最後まで表編み。（2目増）
2段め：〈N1〉交差模様を編む。〈N2〉最後まで表編み。
3段め（増し目段）：〈N1〉交差模様を編む。〈N2〉：Mまで表編み、SM、左ねじり

増し目1、Mまで表編み、右ねじり増し目1、SM、最後まで表編み。(2目増)

2・3段めをあと9 (11、13) 回編む。[84 (96、108) 目、〈N1〉(甲側) は31 (35、39) 目、〈N2〉足裏側は53 (61、69) 目になる]

次段：〈N 1〉交差模様を編む。

HEEL TURN ／**ヒールターン**

ここからは〈N2〉の編み目だけで往復に編む。
ヒールターンを編む間は〈N1〉の目は休ませておく。
1段めでマチのMをはずす。
Note：ヒールターンでは毎段1目ずつ減目する。
引き返し編み段1 (表面)：表目36 (42、48)、2目の編み出し増し目、表目1、w&t。
引き返し編み段2 (裏面)：裏目22 (26、30)、裏目の2目の編み出し増し目、裏目1、w&t。
引き返し編み段3：ラップをつけた目の手前に5目残るまで表編み、2目の編み出し増し目、表目1、w&t。
引き返し編み段4：ラップをつけた目の手前に5目残るまで裏編み、裏目の2目の編み出し増し目、裏目1、w&t。
引き返し編み3・4段めをあと2回編む。
[〈N2〉は61 (69、77) 目、〈N1〉は31 (35、39) 目になる]
次段 (表面)：〈N2〉最後まで表編みしながら、ラップの目とラップをつけた目を1目として編みながら (段消ししながら) 編む。
〈N1〉交差模様を編む。

HEEL FLAP ／**ヒールフラップ**

再び〈N2〉の編み目だけで往復編みし、ヒールフラップを編む間、〈N1〉の目は休ませておく。
Note：ヒールターンでは毎段1目ずつ減目する。

1段め (表面、減目段)：表目44 (52、58) 目編みながら、ラップの目とラップをつけた目を1目として編む (段消し)、右上2目一度、編み地を返す。
2段め (裏面、減目段)：すべり目1、裏目27 (35、39)、裏目の左上2目一度、編み地を返す。
3段め (減目段)：*すべり目1、表目1*、*〜*を14 (18、20) 回編み、右上2目一度、編み地を返す。
4段め (減目段)：すべり目1、裏目27 (35、39)、裏目の左上2目一度、編み地を返す。
3・4段めをあと14 (14、16) 回編む。

Note：次のように編むことでヒールの端の隙間を防ぐ。増し目をして、端目とその目を一度に編みます。

[サイズ1・3のみ]
次段：〈N2〉：ヒールフラップの最後に1目残るまで交差模様を編み、すべり目1、右ねじり増し目1、増やした目を左針に戻し、右上2目一度、BORにPM。
〈N1〉最後まで交差模様を編む。〈N2〉ヒールフラップの1目めまで表編み、左ねじり増し目1、増やした目を左針に戻し、左上2目一度、BORまで交差模様を編む。

[サイズ2のみ]
次段：〈N2〉ヒールフラップの最後に1目残るまで交差模様を編み、右ねじり増し目1、増やした目を左針に戻し、裏目の左上2目一度、BORにPM。
〈N1〉最後まで交差模様を編む。〈N2〉ヒールフラップの1目めまで表編み、
すべり目1、左ねじり増し目1、すべらせた目を左針に戻し、裏目の左上2目一度、BORまで交差模様を編む。

[サイズ3のみ]
〈N1〉交差模様を編む。〈N2〉裏目の左上2目一度、最後に2目残るまで交差模様を編み、裏目の左上2目一度。(2目減)
[60 (72、78) 目：〈N2〉は29 (37、39) 目、〈N1〉は31 (35、39) 目になる。

LEG ／**レッグ**

1段め：〈N1〉：最後まで交差模様を編む。BORmをつける。
2.5mm針に持ち替える。

[すべてのサイズ]
チャートの通りに、〈N1〉・〈N2〉ともに交差模様を編む。

[サイズ1のみ]
チャートの4〜36目めまで、〈N2〉は13、14、25、26目めをとばしながら29目編む。

[サイズ2のみ]
〈N2〉でチャートの2〜38目めまでの37目を編む。

[すべてのサイズ]
14〜23段めを合計4回編む、またはレッグ長さが「好みの長さ－4 cm」になるまで編む。
そして、フラワーチャートの1〜12段めを1段で3回編む。

[サイズ3のみ]
チャートの最終段で：〈N1〉のサイトの目と〈N2〉の最初の目を裏目の左上2目一度に、〈N2〉の最後の目と〈N1〉の最初の目を裏目の左上2目一度に編む。

CUFF ／**カフ**

2 mmの針に持ち替える。

カフをねじり1目ゴム編み [1 x 1 Twisted Rib] で編む：
リブ編みの段：*裏目1、表目のねじり目1*、*〜*を最後までくり返す。
上記の手順でリブ編みを合計10段または好みの長さまで編む。

テュビュラーバインドオフ [Tubular BO] の方法で止める。

FINISHING ／**仕上げ**

糸始末をする。やさしく水通しをし、ブロッキングする。

ケーブルチャート（14～23段めまでが「交差模様」）

フラワーチャート

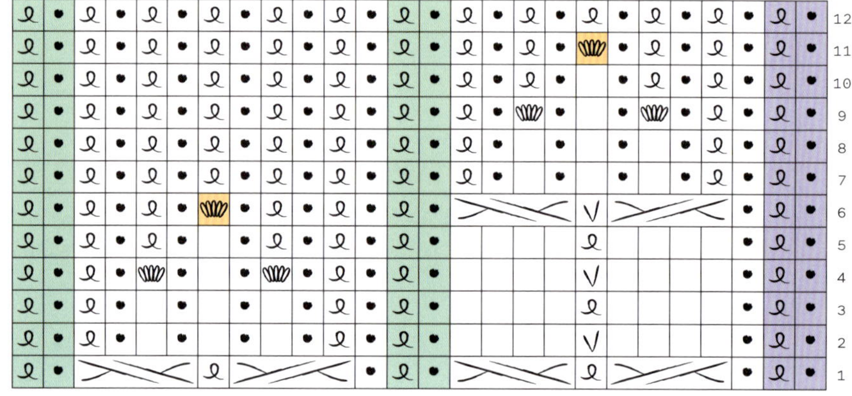

- 表目
- すべり目
- 表目のねじり目1
- 裏目
- 左上1目と3目の交差
- 右上1目と3目の交差
- 模様のくり返し部分
- サイズ3のみ
- サイズ2・3のみ

- 7目のヌープ
- 5目のヌープ

Aleks Byrd

41 Habemik

ハベミク

この靴下はエストニア式のフリンジを施し、アシが風に吹かれる光景を思い出させます。ミニカセや残り糸を活用する絶好の機会です。

SIZES／サイズ

1 {2, 3}
推奨するゆとり：仕上がり寸法より0～－2.5 cm

FINISHED MEASUREMENTS／仕上がり寸法

レッグ長さ（カフからヒールまで）：20（21.5、22）cm（調整可）
フット周囲：20（22.5、25）cm
リブ編みのカフ：2.5cm
カラーワークとフリンジ：5.5 cm.
フリンジの長さ：1.5 cm

MATERIALS／材料

糸：MC：Frida FuchsのRemmidemmi Sock（スーパーウォッシュBFL75%・ナイロン25、425 m／100 g）〈MC：Wacholderbeere〉1カセ
CC：Frida FuchsのRemmidemmi Sock Mini Füchse（スーパーウォッシュBFL75%・ナイロン25、85 m／20 g）〈CC1：Pfefferminze〉、〈CC2：Estragon〉各1カセ

またはフィンガリング〈中細〉程度の糸をMCとして約274（320、366）m、CCとして各色22 m

針：2.25 mm（US 1／JP0号）と2.5 mm（US 1.5／JP1号）のフレキシーニードル3本針または輪針

その他の用具：ステッチマーカー、フリンジ用ツールまたは幅1.5cmの平らな板、厚紙など（フリンジになる糸を巻きつけるため）、別糸またはホルダー

GAUGE／ゲージ

34目×48段（2.25mm針でメリヤス編み・10cm角、ブロッキング後）

SPECIAL TECHNIQUES／特別な技法

フリンジやキヒノヴィッツ[Kihnu vits]のブレードの編み方はaleks-byrd.com/ tutorialsの動画でご覧いただけます。

Kihnu Vits Braid／キヒノヴィッツ・ブレード

このブレードはジョグレス・ジョイン[jogless join]（つなぎ目に段差ができない方法）を採用しています。

ブレードの1段めは段の最後まで2色を交互に編む。段の最後の目は、編んだ後、右針から左針に戻す。ジョグレス・ジョインにするためにはこの目を同じ色でもう一度編む。
2段めでは、2色とも編み地の手前に持ち、渡り糸を絡ませながら編む。この段では最初から最後まで、編み目とはちがう色糸を編み目の糸の上から持ち上げて、裏目で最後まで編む。右針で、左針にかかっている最後の目の1段下の目を持ち上げて針にのせると同じ色の目が2目並ぶ。この2目をもう片方の色の糸を編み目の色の糸の上になるように持ち上げて裏目の2目一度に編むことでジョグレス・ジョインが完成する。

Pärnumaa Estonian Knitted Fringe／パルヌマ（エストニアン）・ニットフリンジ

編みながら作るフリンジは編み地の表面で、配色糸でループを作ります。フリンジの長さの厚紙または平らな板が必要となります。このとき、糸は左手に持ちます。

表面を見て、フリンジ用の糸（MC＝配色糸）は表面に糸端を残しながら裏目を編むように手前に持つ。右針にかけ目をして、左針の編み目ははずさずそのままにしておく。
左針の編み目の左足に右針を手前から後ろに向けて入れ、左針から右針へ移します。フリンジの色の裏目は右針からはずれ、元々左針にかかっていて右針に移した編み目の根元に配色の裏目のように巻き付く。

［フリンジ用の色糸をフリンジ長さに相当する幅の棒に巻きつける。糸を棒の上から下へ、そして編み針の下まで持ち上げ、左針の次の地色の目を裏目に編むが、左針から地色の編み目をはずさずにおく。右針を手前から後ろに向けて左針の目の足を拾い、右針に移す。フリンジの色で編んだ裏目は右針からはずれ、裏目のように地色の目の根元に巻き付く］。指定の色のフリンジに必要な目数分だけ［〜］をくり返す。

棒の周りにフリンジを編みつけていくと、次第にループが沢山できてくるので一定間隔でループを落としながら進めると操作がしやすくなる。

フリンジができ上がったらフリンジ用の糸を切り、糸端を表面に出しておく。
フリンジ用の糸端をループの長さに揃えて切る。

NOTES ／メモ

この靴下はマジックループ式またはフレキシーニードル（短く柔らかく折れ曲がるタイプの3本針で輪針と両先針のハイブリッド）で編み目を2本の針に分けて編みます。

CONSTRUCTION ／構造

このトウアップの靴下は、リブ編みのカフ部分の下にエストニア式のフリンジを施しています。フリンジは2色の配色糸でストライプ模様に編みます。かかとでは増し目をしてマチとヒールフラップを編みます。ヒールターンはジャーマンショートロウ［German Short Rows］の技法で引き返し編みをします。

DIRECTIONS ／編み方

TOE ／つま先

2.25 mmの針とMCで、ジュディーズマジックキャストオン［Judy's Magic CO］の方法で24（28、32）目作る。1段めを次のように輪に編む：
1段め：BORmをつける。〈N1〉：表目12（14、16）。〈N2〉表目1、表目のねじり目11（13、15）。
2段め：〈N1〉・〈N2〉最後まで表編み。
3段め（増し目段）：〈N1〉：表目1、右ねじり増し目1、最後に1目残るまで表編み、左ねじり増し目1、表目1。〈N2〉：表目1、右ねじり増し目1、最後に1目残るまで表編み、左ねじり増し目1、表目1。（4目増）［28（32、36）目になる］
3段めをあと2（3、3）回くり返す。36（44、48）目になる。
2・3段めを7（7、8）回くり返す。64（72、80）目になる。
2段めをもう一度編む。

FOOT ／フット

次段：〈N1〉・〈N2〉最後まで表編み。
前段の手順をくり返し、フット長さが「好みの長さ－10（11.5、13）cm」になるまでメリヤス編み。

GUSSET ／マチ

1段め：〈N1〉：最後まで表編み。〈N2〉：表目1、右ねじり増し目1、最後に1目残るまで表編み、左ねじり増し目1、表目1。（2目増）
2段め：〈N1〉・〈N2〉最後まで表編み。
1・2段めをあと15（17、19）回編む。
合計96（108、120）：〈N1〉に32（36、40）目、〈N2〉に64（72、80）目

次段：〈N1〉：表目32（36、40）、〈N1〉の32（36、40）目をホルダーまたは別糸か予備の針に移す。

HEEL TURN ／ヒールターン

※MDS＝ダブルステッチを作る。
ヒールターンは〈N2〉の編み目だけで編む。
1段め（表面）：表目47（53、59）、PM、編み地を返す。
2段め（裏面）：SM、MDS、裏目29（33、37）、PM、編み地を返す。
3段め：MDS、最後の引き返しとの間が1目になるまで表編み、編み地を返す。
4段め：MDS、最後の引き返しとの間が1目になるまで裏編み、編み地を返す。
3・4段めをあと3（4、5）回編む。

次段（表面）：MDS、DSを1目として（左上2目一度のように）編みながらMまで表編み、SM、表目のねじり目を編むように2目一度に編む、編み地を返す。（1目減）
次段（裏面）：浮き目1、SM、DSを1目として（裏目の左上2目一度のように）編みながらMまで裏編み、SM、裏目の左上2目一度、編み地を返す。（1目減）［62（70、78）目になる］

HEEL FLAP ／ヒールフラップ

1段め（表面）：すべり目1、SM, *表目1、すべり目1*、*〜*をMまでくり返し, SM, ねじり目の左上2目一度、編み地を返す。（1目減）
2段め（裏面）：すべり目1、SM、Mまで裏編み、SM、裏目の左上2目一度、編み地を返す。（1目減）
1・2段めをあと14（16、18）回編む。マチの目をすべて編み終え、両端に1目ずつMの外側に残る。［32（36、40）目になる］

次段：〈N2〉すべり目1、RM、Mまで表編み、RM、表目1。

〈N1〉の32（36、40）目を針に戻す。

LEG ／レッグ

次段：〈N1〉：〈N2〉と〈N1〉の針の間の糸の下に後ろから手前に向けて持ち上げ、左針にのせ、拾い上げた目と〈N1〉の1目めを2目一度に編み、あとは最後まで表編み。
〈N2〉：〈N1〉と〈N2〉の針の間の糸の下に後ろから手前に向けて持ち上げ、左針にのせ、拾い上げた目と〈N1〉の1目めを2目一度に編み、あとは最後まで表編み。
［64（72、80）目、各針32（36、40）目になる］

2枚めのみ

次段：〈N1〉：BOR mをはずし、最後まで表編み。〈N2〉：はじめの目にBORとしてPM。

1枚めと左右対称になり、BORがレッグの内側になるようにBORを移した。

次段：〈N1〉・〈N2〉共に最後まで表編み。前段と同様にメリヤス編みで編み続けながら、レッグがヒールフラップの上端から6.5 cmまたは「最初のフリンジを編みはじめたい位置－1.5 cm」になるまで編む。

Note：上記のメリヤス編み部分の1.5 cmはフリンジがかぶることになる。

PÄRNUMAA KNIT FRINGE ／ パルヌマ・ニットフリンジ① CC1

フリンジの段：CC1だけで、最後までフリンジを編む。CC1を切る。

KIHNU VITS BRAID ／ キヒノヴィッツ・ブレード① CC1＋MC

1段め：CC1をつけ、*MCで表目1、CC1で表目1*、*～*を最後までくり返し、最後に編んだの目（CC1）を右針から左針に移し、CC1で表目1。（最後の目はCC1で2回編む）。

2段め：MCとCC1を編み地の手前にして、CC1をMCの上に絡げて裏目1、* MCをCC1の上に絡げて裏目1, CC1をMCの上に絡げて裏目1*、*～*を1目残るまでくり返し、裏目を編むように右針を左針の目の1段下の目（CC1の目）に入れ、1目拾う（左針にはCC1の目が2目かかった状態）、MCをCC1の上に絡げて左針の2目を裏目の2目一度に編む。

COLOURWORK ／ カラーワーク

2.5 mmの針に持ち替える。

次の3段：*CC1で表目1、MCで表目*、*～*を最後までくり返す。

次段：CC2を合わせて、*MCで表目、CC2で表目1*、*～*を最後までくり返す。CC2を切る。

次の3段：*CC1で表目1、MCで表目1 *、*～*を最後までくり返す。CC1を切る。

次の4段：CC2引き揃え、*CC2で表目1、MCで表目1*、*〜*を最後までくり返す。CC2を切る。

2.25 mmの針に持ち替える。
次段：MCだけで最後まで表編み。

PÄRNUMAA KNIT FRINGE ／パルヌマ・ニットフリンジ② CC2

Note：ここまでの5段は、次段で編むフリンジがかぶさるようになる。針にかかっている編み目の下にフリンジ用のツールまたは厚紙をのせて編み目を覆うことを確認する。編み地の長さが足りない場合にはMCを表編みして段を編み足す。

フリンジの段：CC2だけで、最後までフリンジを編む。CC2を切る。
次段：MCだけで最後まで裏編み。
次の2段：最後まで表編み。

PÄRNUMAA KNIT FRINGE ／パルヌマ・ニットフリンジ③ CC1 + CC2

フリンジの段：*CC1でフリンジを4目分編み、CC1を切り、CC2でフリンジを4目分編み、CC2を切る*、*〜*を最後までくり返す。

KIHNU VITS BRAID ／キヒヌヴィッツ・ブレード② CC1 + CC2

1段め：CC1とCC2を合わせ、*CC2で表目1、CC1で表目1*、*〜*を最後までくり返し、最後に編んだ目(CC1の目)を右針から左針に戻し、CC1で表目1。(最後の目はCC1で2回編む)
2段め：CC1とCC2の両方を編み地の手前にして、CC1をCC2の上に絡げて裏目1、*CC2をCC1の上に絡げて裏目1、CC1をCC2の上に絡げて裏目1*、*〜*を1目残るまでくり返し、右針を裏目を編むように左針の目の1段下の目(CC1の目)に入れ、1目拾う(左針にはCC1の目が2目かかった状態)、CC2をCC1の上に絡げて左針の2目を裏目の2目一度に編む。
CC1とCC2を切る。

CUFF ／カフ

次段：MCだけで最後まで表編み。
次段：*表目1、裏目1*、*〜*を最後までくり返す。
1目ゴム編みでカフが2.5 cmになるまで編み、目なりにゆるく伏せ止めする。

FINISHING ／仕上げ

パルヌマ・ニットフリンジの糸端以外は糸始末する。
水通しをし、寸法に合わせてブロッキングする。
フリンジの糸端をループの長さに合わせて切り揃える。

Anna Radchenko

42 Spadok

スパドク

この履き心地のよい浅型の靴下は、甲側と足裏に施す緻密なカラーワーク模様が特長的です。かかとからつま先に向けて編み進めます。

SIZES／サイズ

1 {2, 3}
推奨するゆとり：仕上がり寸法より＋0.5 cm

FINISHED MEASUREMENTS／仕上がり寸法

フット周囲：19.5（20.5、22）cm
フット長さ（かかと〜つま先まで）：23.5（26、27.5）cm

MATERIALS／材料

糸：Rauma GarnのFinull（ウール100%、175m／50g）〈MC：4078〉〈CC1：4125〉〈CC2：411〉各1カセ
またはスポーツ〈合太〉程度の糸をMCとして約84（112、133）m、CC1として28（42、49）m、CC 2として42（56、63）m

針：3.75 mm（US 5／JP5号または6号）の輪針

その他の用具：ステッチマーカー、別糸またはホルダー

GAUGE／ゲージ

32目×26段（カラーワークの模様編み・10cm角、ブロッキング後）

NOTES／メモ

各自のサイズのチャートの通りに編みます。

1色を続けて編む場合、渡り糸が長くならないように、休ませている糸を3目ごとに編み糸の上にのせて編み包みます。休ませている糸は十分にゆとりを持たせておきます。

CONSTRUCTION／構造

かかとからつま先に向けて、装飾的なカラーワーク模様を輪に編みます。
レッグのはき口はアイコードの縁編みで仕上げます。小さい輪を編む方法は4本針または5本針、マジックループ方式、短い輪針など好みの方法で編みます。

DIRECTIONS／編み方

HEEL／ヒール

MCでジュディーズマジックキャストオン［Judy's Magic CO］の方法で26（30、34）目作る。編み目を2本の針に均等に13（15、17）目ずつ分ける。
BORにPM。輪に編む。

チャートAの通りに1〜19段めを編む（各自のサイズのチャートを編む）。

LEG HOLE／はき口

チャートAの20段めで、最初の31（33、35）目をホルダーまたは別糸に移す。
MCで巻き増し目の作り目［Backwards Loop CO］の方法で31（33、35）目作る。
残りの31（33、35）目でチャートAの20段めを続けて編む。

FOOT／フット

甲側の目をチャートB、足底の目をチャートCで編む。
チャートB：最初と最後はCC1で編む。
チャートC：1〜7段めを1回編む。
2〜7段めをあと4（5、6）回編む。

DECREASES／減目

減目はチャートBの通りに編む。

チャートBの通りに編み、端はチャートCをもとに次のように編む：
減目段：CC1で表目1、右上2目一度、最後に3目残るまでチャートB の通りに編み、左上2目一度、CC1で表目1、CC2で表目1、右上2目一度、最後に3目残るまでチャートCの通りに編み、左上2目一度、CC2で表目1。（4目減）
減目段の手順で毎段編み、目数が30（30、34）目になるまで編む。片面15（15、17）目ずつになる。

糸端を30 cm残して糸を切り、つま先をはぎ合わせる。

I-CORD EDGE／アイコードの縁編み

ホルダーまたは別糸から31（33、35）目を針に移す。
MCで、作り目側の端から31（33、35）目拾い、はき口とかかとの間から4（4、6）目拾う
［片側から2（2、3）目ずつ］。［66（70、76）目になる］

BORにPM。表編みで2段編む。
巻き増し目［Backwards Loop CO］の方法で右針に4目作る。この4目を左針に移す。

アイコードの縁編みを次のように編む：
表目3、表目のねじり目のように2目一度、右針の4目を左針に戻す、*〜*を最後までくり返す。

最後に残った4目を、最初の端の4目とはぎ合わせる。

FINISHING／仕上げ

糸始末をする。水通しをし、寸法に合わせてブロッキングする。

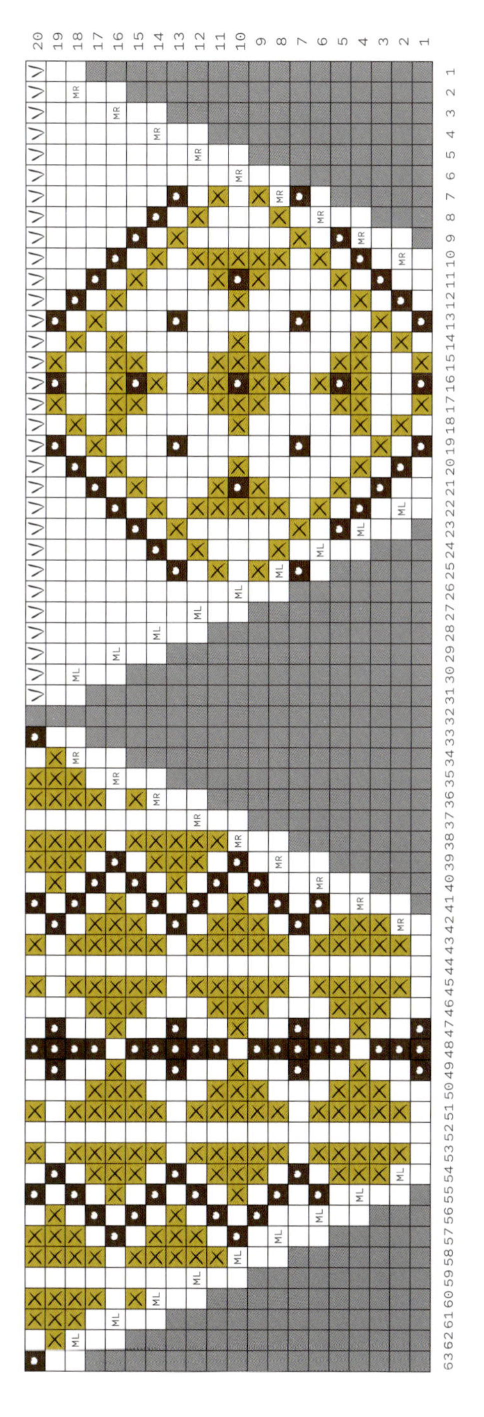

MC

CC1

CC2

ML 左ねじり増し目

MR 右ねじり増し目

実際には目がない

V はき口の目

チャートA（サイズ2）

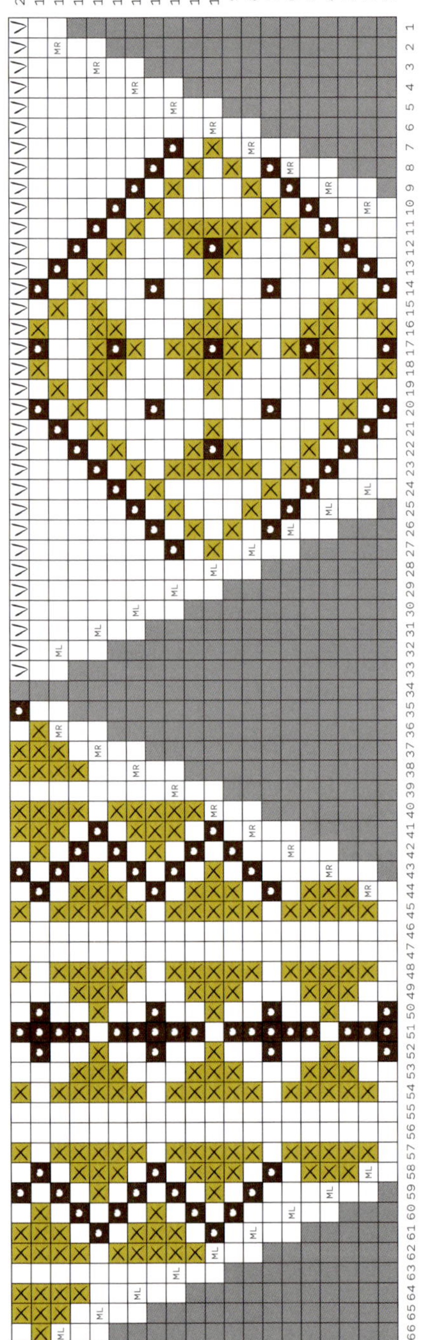

チャートA（サイズ3）

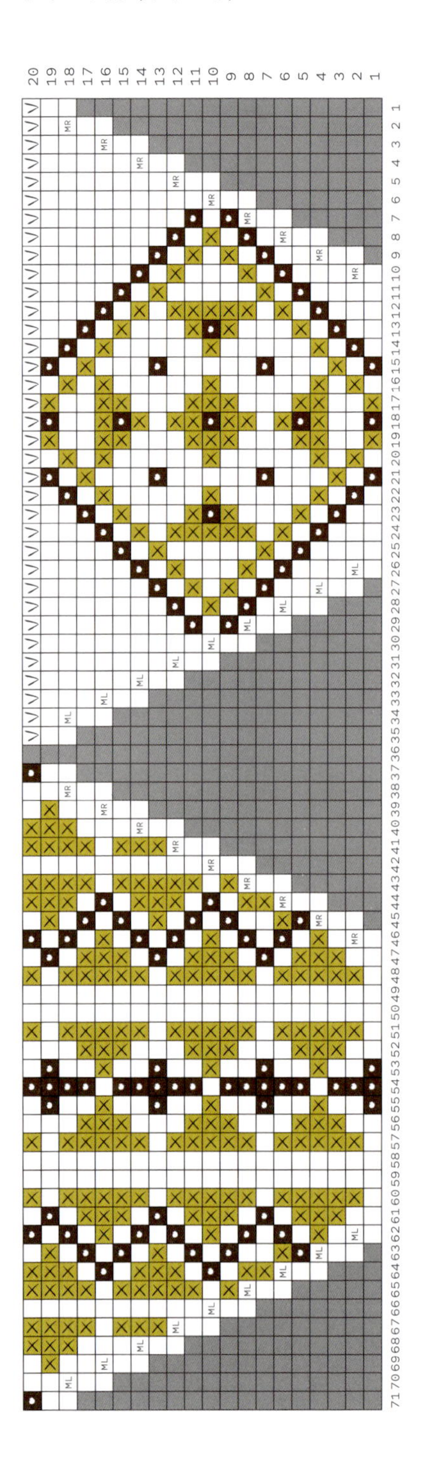

チャートB（すべてのサイズ）

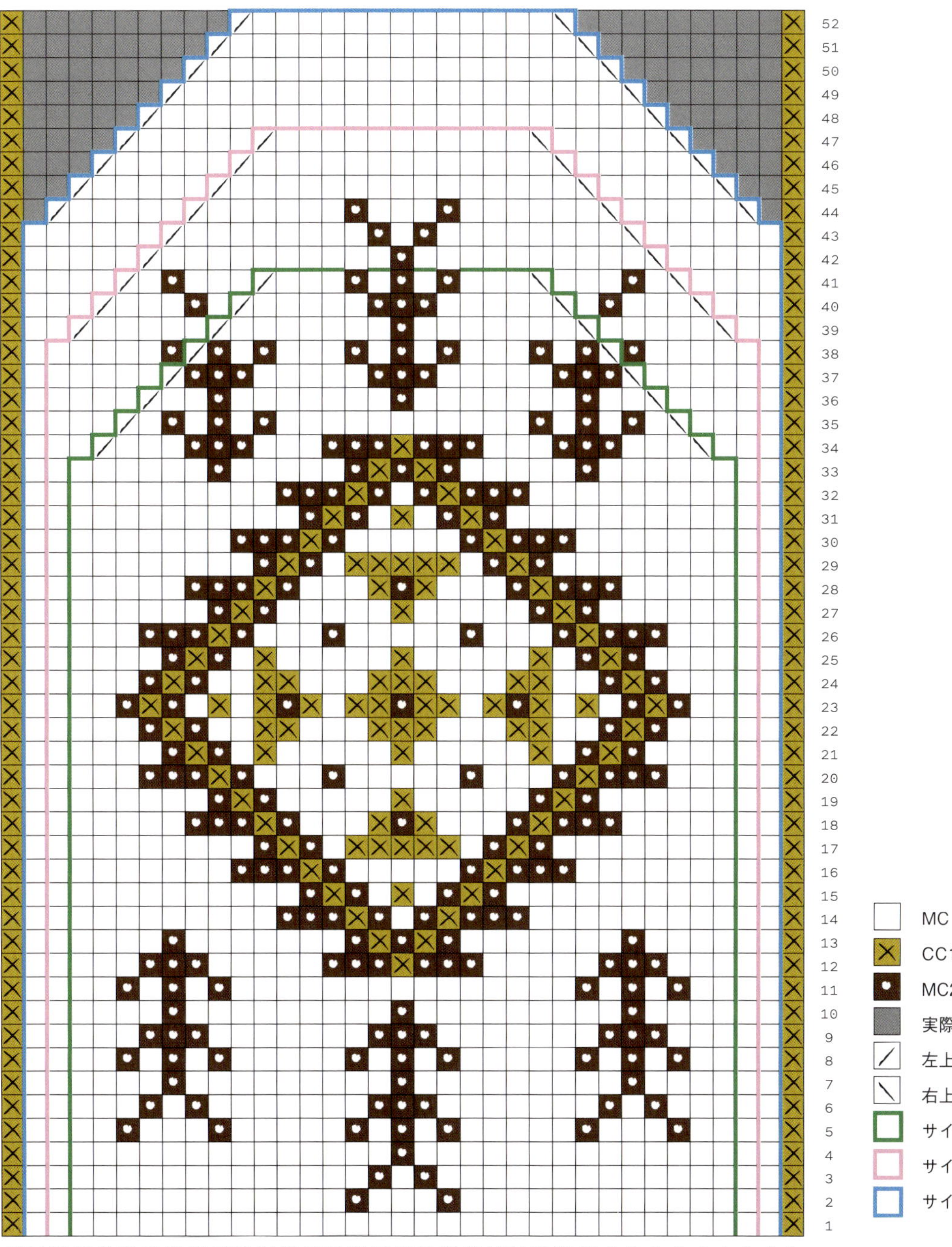

- MC
- CC1
- MC2
- 実際には目がない
- 左上2目一度
- 右上2目一度
- サイズ1の減目
- サイズ2の減目
- サイズ3の減目

チャートC（サイズ1）

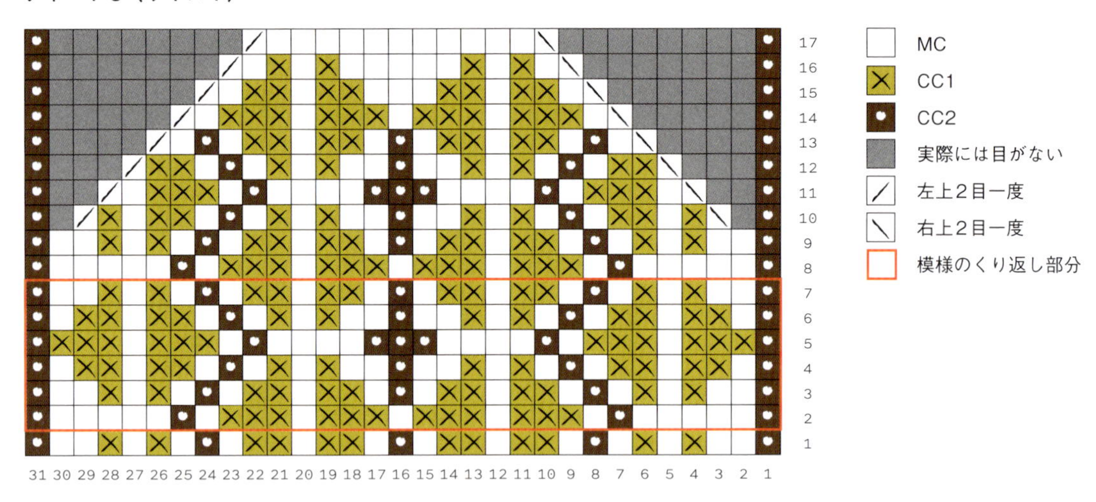

チャートC（サイズ2）

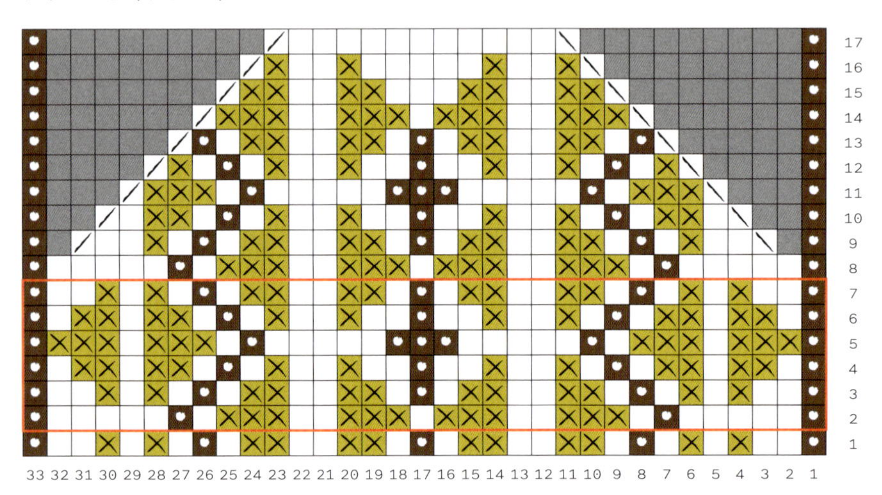

チャートC（サイズ3）

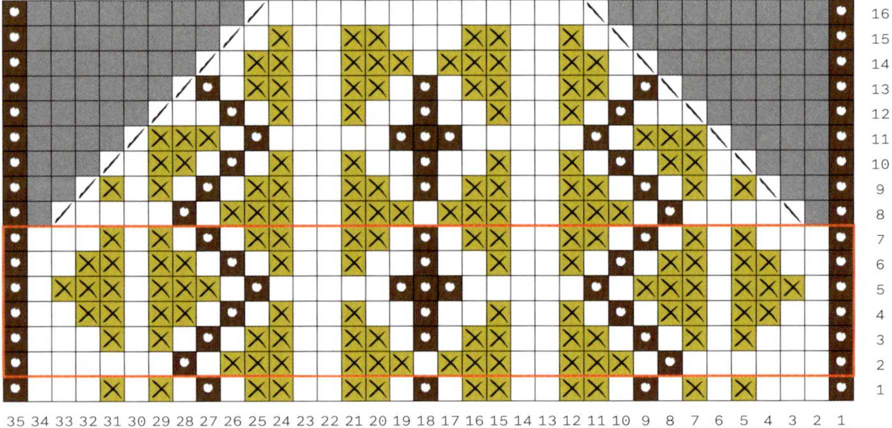

Arantxa Casado

43 Lucky Girl Socks

ラッキーガールソックス

素朴なツイードと鮮やかなネオンカラーの毛糸の組み合わせが面白い靴下です。スカラップ模様の縁編みがロマンチックさを加えながらも、ネオンカラーのすべり目模様は80年〜90年代のスポーツソックスを彷彿させます。

SIZES ／サイズ

1 {2, 3}
推奨するゆとり：仕上がり寸法より0〜－2.5 cm

FINISHED MEASUREMENTS ／仕上がり寸法

レッグ／フット周囲：19（20、23）cm
レッグ長さ：15 cm（調整可）
フット長さ：調整可

MATERIALS ／材料

糸：MC：SchachenmayrのRegia Tweed 4-ply（ウール70%・ポリアミド25%・ヴィスコース5%、400 m／100 g）〈02〉1玉
CC：Lang YarnsのJawoll（ウール75%・ナイロン20%、210 m／50 g）〈303〉1玉
またはフィンガリング〈中細〉程度の糸をMCとして約230（250、275）m、CCとして
41（45、50）m

針：2.25 mm（US 1／JP0号または1号）23 cmと80〜100 cmの輪針

その他の用具：取り外し可能なステッチマーカー

GAUGE ／ゲージ

32目×41段（メリヤス編み・10cm角、ブロッキング後）

NOTES ／メモ

このパターンはつま先以外を23cmの輪針で編み、つま先は長めの輪針でマジックループ方式で編むことを前提にして記載しています。

縁編みのスカラップ模様とリブ編みはゆるめに編み、きつくなり過ぎないよう気をつけます。2色を同時に編む段ではCCを下、MCを上にして編みます。リブ編みを色替えしながら編むときには裏面の渡り糸がきつくならないようにするのがポイントです。

CONSTRUCTION ／構造

トップダウンに編みます。スカラップ模様の縁編みのあとにはリブ編みを2色で編み、その次にネオンカラーのすべり目模様を2段編みます。レッグ部分はメリヤス編み、そしてヒールフラップとマチを編みます。

DIRECTIONS／編み方

SCALLOPED EDGE／スカラップ模様の縁編み

CCで指でかける作り目[Long-Tail CO]の方法で75（80、90）目作る。
段のはじめにPM。編み目がねじれないように注意しながら輪につなげる。
1段め：*表目5、最初の4目を1目ずつ5目めにかぶせ、かけ目*、*～*を最後までくり返す。[30（32、36）目]
2段め：*表目1、次の目に（表目1、かけ目、裏目のねじり目）*、*～*を最後までくり返す。[60（64、72）目になる]
3段め：前段のかけ目はねじり目にしながら最後まで表編み。
4段め：最後まで表編み。

RIB／リブ編み

MCをつけて2色のリブ編みを次のように編む：
1～6段め：*MCで表目のねじり目1、CCで裏目1*、*～*を最後までくり返す。
7～10段め：*MCで表目3、CCで裏目1*、*～*を最後までくり返す。
11～14段め：MCで最後まで表編み。
15段め：*MCで表目1、CCで表目1、MCで表目2*、*～*を最後までくり返す。
16段め：*MCで表目1、すべり目1、表目2*、*～*を最後までくり返す。
17～20段め：MCで最後まで表編み。
21段め：*MCで表目1、CCで表目1、MCで表目2*、*～*を最後までくり返す。
22段め：*MCで表目1、すべり目1、表目1*、*～*を最後までくり返す。

LEG／レッグ

CCを切り、MCでレッグをメリヤス編みで編み、スカラップ模様の縁編みから15cmになるまで編む。

HEEL／ヒール

ヒールフラップは前半の[30（32、36）目]で編み、残りの目は休ませておく。
1段め（表面）：すべり目1、表目29（31、35）、編み地を返す。
2段め（裏面）：すべり目1、裏目29（31、35）、編み地を返す。
1・2段めを合計13（15、17）回くり返す。
[ヒールフラップの両側にすべり目が13（15、17）目ずつになる]

HEEL TURN／ヒールターン

Note：ヒールターンでは毎段1目ずつ減目する。
1段め（表面）：すべり目1、表目17（18、20）、右上2目一度、表目1、編み地を返す。
2段め（裏面）：すべり目1、裏目7、裏目の左上2目一度、裏目1、編み地を返す。
3段め（表面）：すべり目1、段差との間が1目になるまで表編み、右上2目一度、表目1、編み地を返す。
4段め（裏面）：すべり目1、段差との間が1目になるまで裏編み、裏目の左上2目一度、裏目1、編み地を返す。
3・4段めをくり返し、引き返し編みを編みきり、両端には編み目が残っていない状態にする。最後は裏面で編み終える。
[かかとの目として18（20、22）目残る]
次段：すべり目1、表目8（9、10）、BORにPM。

GUSSET／マチ

編み地は返さず、表面からヒールフラップの端のすべり目を拾いながらフット部分を輪に編む。

1段め：表目9（10、11）、ヒールフラップの端から13（15、17）目拾い、ヒールターンに最も近いすべり目はとばして、段差ができないように1目余分に拾い、PM、休ませていた甲側の30（32、36）目を表編みし、PM、段差ができないように1目余分に拾い、ヒールフラップの端から13（15、17）目拾い、ヒールターンに最も近いすべり目はとばして、BORまで表編み。

次段では、両側で余分に拾った目を減目する。
2段め：Mの手前に2目残るまで表編みし、左上2目一度、SM、Mまで表編みし、SM、右上2目一度、BORまで表編み。（2目減）

ここからがマチの減目をはじめる。
1段め：Mの手前に3目残るまで表編みし、左上2目一度、すべり目1、SM、Mまで表編みし、SM、すべり目1、右上2目一度、BORまで表編み。（2目減）
2段め：最後まで表編み。
1・2段めをくり返しながら、目数が60（64、72）目になるまで編む。

FOOT／フット

BORmをはずし、次のMまで表編み。このMが新しいBOR mになる。

MCでメリヤス編みを続け、フットが「好みの長さ－7 cm」になるまで編む。
1段め：*MCで表目1、CCで表目1、MCで表目2*、*～*を最後までくり返す。
2段め：*MCで表目1、すべり目1、MCで表目2*、*～*を最後までくり返す。
3～6段め：MCで表編み。
1～6段めを合計2回編む。
MCを切る。

TOE／つま先

CCでつま先を編む。
1～3段め：最後まで表編み。

2.25 mmの80～100 cmの輪針に持ち替え、マジックループ方式で続きを編む。

1段め：〈N1〉表目1、右上2目一度、Mの手前に3目残るまで表編み、左上2目一度、表目1、SM。〈N2〉：表目1、右上2目一度、BOR mの手前に3目残るまで表編み、左上2目一度、表目1。（4目減）
1段めの手順をくり返し、目数が20目になるまで編む。[各針10目ずつ]

つま先をはぎ合わせる。

FINISHING／仕上げ

糸始末をする。水通しをし、寸法に合わせてブロッキングする。

Avery Erb

44 Goldenrod

ゴールデンロッド

トップダウンに編むこの靴下は、デザイナーのAvery Erbが、幼少期の思い出、咲きほこるアキノキリンソウ、ロール状の干し草、晩夏になると黄色に染まるウィスコンシンの草原に着想を得て制作しました。

SIZES／サイズ

1 {2, 3}
推奨するゆとり：仕上がり寸法より－2.5 cm

FINISHED MEASUREMENTS／仕上がり寸法

レッグ／フット周囲：18（20.5、23）cm
レッグ長さ：15 cm（クルー丈）、9 cm（足首丈）（調整可）
フット長さ：19（22、24.5）cm（調整可）

MATERIALS／材料

糸：The Fibre Co.のAmble（メリノ70%・アルパカ20%・リサイクルナイロン10%、325 m／100 g）〈Buttermere〉（1、2）カセまたはクルー丈の場合、フィンガリング〈中細〉程度の糸を約289（307、370）m

針：2.25 mm（US 1／JP0号）と2.5 mm（US 1.5／JP1号）針

その他の用具：ステッチマーカー3個、ホルダーまたは別糸

GAUGE／ゲージ

32目×40段（2.5mm針でメリヤス編み・10cm角、ブロッキング後）
32目×49段（2.5mm針でアイレットグラス模様・10cm角、ブロッキング後）

STITCH PATTERNS／模様編み

アイレットグラスステッチ［Eyelet Grass Stitch］（1模様＝4目・16段）
1、3、5、7、9、13段め：*すべり目1、表目1、かけ目、表目とかけ目にすべり目をかぶせる、表目2*、*～*を最後までくり返す。
2段めと偶数段すべて：最後まで表編み。
11段め：*すべり目1、表目1、かけ目、表目とかけ目にすべり目をかぶせる、右上2目一度、かけ目*、*～*を最後までくり返す。
15段め：*すべり目1、表目1、かけ目、表目とかけ目にすべり目をかぶせる、かけ目、左上2目一度*、*～*を最後までくり返す。
1～16段めをくり返す。

CONSTRUCTION／構造

この靴下はトップダウンに編み、途中でヒールフラップを編む構造です。ねじりゴム編みを編み進め、遊び心があって分かりやすいグラスステッチとアイレットを編みます。ヒールフラップはすべり目のリブ編みで編み、再びねじりゴム編みでつま先を編みます。レッグは標準的なクルー丈、または模様を編む回数を変えて短めの足首丈にも調整できます。

DIRECTIONS／編み方

CUFF／カフ

2.25 mmの針で、ジャーマンツイステッドキャストオン[German Twisted CO]の方法で56（64、72）目作る。編み目がねじれないように注意しながら輪につなげる。段のはじめにPM。輪に編む。

リブ編みの段：*表目のねじり目1、裏目1*、*～*を最後までくり返す。
リブ編みの段をあと11段、またはカフが3cmになるまで編む。

2.5mmの針に持ち替える。

LEG／レッグ

アイレットグラスステッチを、足首丈の場合は1回編み、クルー丈の場合には3回編む。1～9段めをもう一度編む。

HEEL FLAP／ヒールフラップ

準備段1：最後に1目残るまで表編み。新しい段のはじめにPM、前のBORmをはずす。
準備段2：次の28（32、36）目でアイレットグラスステッチの11段めを編み、次のように甲側の編み目を整える：表目1、*すべり目1、表目1、かけ目、表目とかけ目にすべらせた目をかぶせる、右上2目一度、かけ目*、甲側の目の最後に3目残るまで*～*をくり返し、すべり目1、表目1、かけ目、表目とかけ目にすべらせた目をかぶせ、表目。
これでアイレットグラスステッチは甲の中心に揃える。
これらの編み目をホルダーまたは別糸に休める。

次の28（32、36）目でヒールフラップを編む：
1段め（表目）：*すべり目1、表目1*、*～*を最後までくり返し、編み地を返す。
2段め（裏面）：すべり目1、最後まで裏編み、編み地を返す。
1・2段めをあと14（16、18）回編む。合計30（34、38）段になる。

HEEL TURN／ヒールターン

ヒールターンでは毎段1目ずつ減目する。
1段め（表面）：すべり目1、表目15（17、19）、右上2目一度、表目1、編み地を返す。
2段め（裏面）：すべり目1、裏目5、裏目の左上2目一度、裏目1、編み地を返す。[26（30、34）目]
3段め（表面）：すべり目1、段差との間が1目になるまで表編み、右上2目一度、表目1、編み地を返す。
4段め（裏面）：すべり目1、段差との間が1目になるまで裏編み、裏目の左上2目一度、裏目1、編み地を返す。
3・4段めをあと3（4、5）回くり返す。[18（20、22）目になる]
次段（表面）：すべり目1、最後に2目残るまで表編み、右上2目一度、編み地を返す。
次段（裏面）：すべり目1、最後に2目残るまで裏編み、裏目の左上2目一度、編み地を返す。

ヒールフラップの目がすべて編めた状態になる。[16（18、20）目になる]

GUSSET／マチ

次のようにマチの目を拾う：
準備段1：すべり目1、表目7（8、9）、ヒールターンの中心に新しいBORにPM。表目8（9、10）。
ヒールフラップの端からマチ分の目を16（18、20）目拾い、マチと甲の間から1目拾い、表目1、アイレットグラスステッチの12段めを甲側で編み、表目1、甲とマチの間から1目拾い、ヒールフラップのもう片方の端からマチ分の目を16（18、20）目拾い、表目8（9、10）。[78（88、98）目]

次のようにマチを減目する：
準備段2：表目8（9、10）、表目のねじり目15（17、19）、左上2目一度、マチの減目位置としてPM、表目1、次の26、30、34目を甲側の目として編んできたようにアイレットグラスステッチの13段めを編み、表目1、マチの減目位置としてPM、右上2目一度、表目のねじり目15（17、19）、表目8（9、10）。（2目減）[76（86、96）目になる]
1段め：Mまで表編み、SM、表目1、前段と同様に甲側の目でアイレットグラスステッチを編み、表目1、SM、最後まで表編み。
2段め：Mの手前に2目残るまで表編み、左上2目一度、SM、表目1、前段までのように甲側の目でアイレットグラスステッチを編み、表目1、SM、右上2目一度、最後まで表編み。（2目減）
1・2段めをあと9（10、11）回編む。[56（64、72）目になる]
次段：BOR mをはずし、表目14（16、18）、最初のマチのMが新しいBORになり、2つめのマチのMはそのまま位置を変えない。

FOOT／フット

甲側の28（32、36）目はアイレットグラスステッチを、足底側の28（32、36）目はメリヤス編みを続けながらフットが14.5（17、19）cm、または「好みの長さ－4.5（5、5.5）cm」になるまで編み、アイレットグラスステッチの偶数段で編み終える。

TOE／つま先

準備段：表目1、右上2目一度、裏目1、*表目のねじり目1、裏目1*、*～*をmの前に2目残るまでくり返し、表目2、SM、表目1、右上2目一度、最後まで表編み。
上記の手順でねじり1目ゴム編み[1 x 1 Half-Twisted Rib]でつま先の甲側を編む。[54（62、70）目]

つま先の減目を次のように編む：
1段め：表目2、Mの手前に2目残るまでねじり1目ゴム編み、表目2、SM、最後まで表編み。
2段め：表目1、右上2目一度、Mの手前に3目残るまでねじり1目ゴム編み、左上2目一度、表目1、SM、表目1、右上2目一度、最後に3目残るまで表編み、左上2目一度、表目1。（4目減）
1・2段めをあと4（5、6）回くり返す。[34（38、42）目になる]
2段めをあと4（4、5）回くり返す。[18（22、22）目になる]

糸端を30 cm残して糸を切る。
編み目を2本の針に均等に分け、つま先の目をはぎ合わせる。

FINISHING／仕上げ

糸始末をする。水通しをし、寸法に合わせてブロッキングする。

Bailey Jacobs

45 Ananas

アナナス

アナナスソックスはモダンな編み地を通して、暑い夏、熱帯地方、1970年代の一風変わったファッション、そして親しみを込めてNanaとして知られているBailey Jacobsの祖母をイメージしています。

SIZES／**サイズ**

1 {2, 3}
推奨するゆとり：仕上がり寸法より－1.5～－2.5 cm

FINISHED MEASUREMENTS／**仕上がり寸法**

レッグ／フット周囲：17.5（20、22.5）cm
レッグ長さ：14 cm（調整可）
フット長さ：調整可

MATERIALS／**材料**

糸：MCとしてHello Stella FibresのHighland Fingering（ハイランドウール100%、401 m／100 g）〈Fresh Berries〉
CCとしてHello Stella FibresのHighland Fingering（ハイランドウール100%、80 m／20 g）、〈Fresh Berries〉
またはフィンガリング〈中細〉程度の糸をMCとして約168（194, 247）m、CCとして51（54, 57）m

針：2.25 mm（US 1／JP0号または1号）針

その他の用具：ステッチマーカー3個、（必要に応じて）ヒールフラップに沿って拾い目をするためのかぎ針

GAUGE／**ゲージ**

32目×54段（2.25mm針でチャートの模様編み・10cm角、ブロッキング後）

CONSTRUCTION／**構造**

この靴下はカフから下方向に、表目と裏目そして横糸渡しの編み込みをしながら編みます。中心となる模様を編み終えたら、レッグ部分から6目と2目のリブ編みに続き、ヒールフラップとフットを編みます。

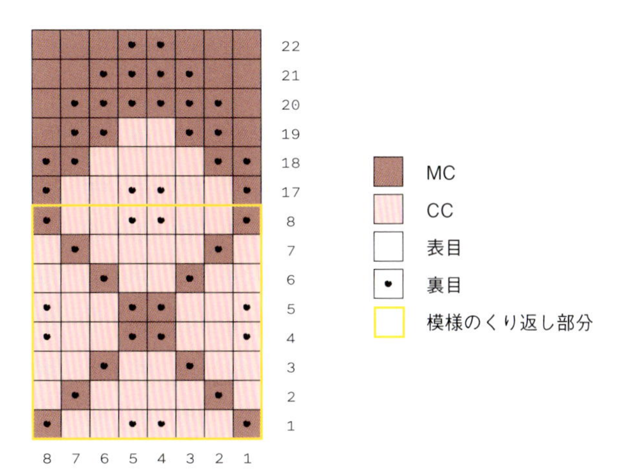

DIRECTIONS ／編み方

CUFF ／カフ

CCの糸でジャーマンツイステッドキャストオン[German Twisted CO]または指でかける作り目[Long-Tail CO]など、伸縮性のある好みの作り目の方法で56（64、72）目作る。
段のはじめにPM。輪に編む。

1段め：裏目1、*表目2、裏目2*、*～*を最後に3目残るまでくり返し、表目2、裏目1。
上記の1段めの手順をくり返し、カフが5cmまたは好みの長さになるまで編む。

LEG ／レッグ

チャートを編み、19段めを編み終えるとCCを切る。
MCでチャートを編み終え、そのまま22段めの手順で好みの長さまで編む。

ヒールのリブ編みの中心を合わせる。

[サイズ1・3のみ]
準備段：BOR mをはずし、表目2、BOR mをつけ直し、リブ編みをBORまで編む。

[サイズ2のみ]
準備段：ヒールフラップのセクションへ進む。

これで裏目の列がフット部分の中心に揃った。

HEEL FLAP AND GUSSET ／ヒールフラップとマチ

28（32、36）目で、ヒールフラップとマチを編む。

HEEL FLAP ／ヒールフラップ

[サイズ1・3のみ]
1段め（表面）：すべり目1、裏目2、*表目6、裏目2*、*～*を最後に1目残るまでくり返し、表目1。
2段め（裏面）：浮き目1、表目2、*裏目6、表目2*、*～*を最後に1目残るまでくり返し、裏目1。
1・2段めをあと13（17）回くり返し、2段めで編み終える。

[サイズ2のみ]
1段め（表面）：すべり目1、表目2、*裏目2,表目6*、*～*を最後に5目残るまでくり返し、裏目2、表目3。
2段め（裏面）：浮き目1、裏目2、*表目2,裏目6*、*～*を最後に5目残るまでくり返し、表目2,裏目3。
1・2段めをあと15回くり返し、2段めで編み終える。

Heel Turn ／ヒールターン

1段め（表面）：すべり目1、表目15（17、19）、右上2目一度、表目1。（1目減）
2段め（裏面）：すべり目1、裏目5、裏目の左上2目一度、裏目1。（1目減）
3段め：すべり目1、段差との間が1目になるまで表編み、右上2目一度、表目1。（1目減）
4段め：浮き目1、段差との間が1目になるまで裏編み、裏目の左上2目一度、裏目1。（1目減）
3・4段めをくり返し、かかとの目をすべて編むまでくり返し、裏面の段で編み終える。
16（18、20）目になる。
最後の2段は減目で終わる。

Gusset ／マチ

1段め：すべり目1、表目7（8、9）、新しいBOR mをつけ、表目8（9、10）、端のすべり目から14（16、18）目を拾い、PM、前段までのように28（32、36）目をリブ編みし、PM、端のすべり目から14（16、18）目を拾い、最後まで表編み。
2段め：最初のMの手前に3目残るまで表編みし、左上2目一度、表目1、SM、前側をリブ編みし、SM、表目1、右上2目一度、最後まで表編み。（2目減）
3段め：最初のMまで表編みし、SM、前側をリブ編みし、SM、最後まで表編み。
2・3段めをくり返し、目数が56（64、72）目になるまで編む。

FOOT／フット

BOR mをはずし、2つ目のMまで表編み。
新しいBORを示すMをつける。
目数は甲側が28（32、36）目、足底側が28（32、36）目になる。

甲側は前段までのリブ編みを編み、足裏側はメリヤス編みしながら「好みのフット長さ－2.5（3、3）cm」になるまで編む。

TOE／つま先

両先針または23cmの輪針を使用していた場合はマジックループ式に編めるように長めの輪針に持ち替える。
BOR mをはずす。
甲側の目がかかった針を〈N1〉、足底側の目がかかった針を〈N2〉とする。
1段め：〈N1〉表目1、右上2目一度、最後に3目残るまで表編みし、左上2目一度、表目1。〈N2〉表目1、右上2目一度、最後に3目残るまで表編みし、左上2目一度、表目1。（4目減）
2段め：〈N1〉はリブ編み、〈N2〉はメリヤス編みを続ける。
1・2段めをくり返し、各針20（24、28）目ずつになるまで編み、最後は2段めで編み終える。
1段めをくり返し、各針14（16、18）目になるまで編む。
3段め：〈N1〉表目1、右上2目一度、最後に3目残るまで表編みし、左上2目一度、表目1。〈N2〉〈N1〉と同様に編む。（4目減）
3段めの手順をくり返し、各針8（10、12）目ずつになるまで編む。

FINISHING／仕上げ

糸を最低30cmの長さに切ってとじ針に通し、つま先を好みの方法ではぎ合わせる。
糸始末をする。水通しをし、寸法に合わせてブロッキングする。

Fabienne Gassmann

46 Flou

フラウ

このフリル付きの靴下で足取りを軽やかに！ ふんわりとしたワンピースに合わせて、または地味なクロップド丈のパンツに、目を引く楽しい要素を加えてみませんか。

SIZES／**サイズ**

1 {2, 3}
推奨するゆとり：仕上がり寸法より幅・長さとも－1～－2 cm

FINISHED MEASUREMENTS／**仕上がり寸法**

レッグ／フット周囲：19（21.5、24）cm
レッグ長さ：7.5 cm
フット長さ：23（24.5、26）cm（調整可）

MATERIALS／**材料**

糸：Ovis et CeteraのIgneae（ウール60%・ラミー20%・シルク20%、425 m／100 g）〈Delft〉1カセ
The Wool KitchenのMohair Silk Lace（キッドモヘア72%・シルク28%、425 m／50 g）〈Frenchie〉1カセ
またはフィンガリング〈中細〉程度の糸を約180（254、320）mとレース（極細）程度の糸を70（85、100）m

針：2.25 mm（US 1／JP1号）と3.5 mm（JP5号）の輪針または4（5）本針（靴下本体用）、3mm針

その他の用具：ステッチマーカー、別糸、かぎ針（作り目用）

GAUGE／**ゲージ**

靴下本体：32目×44段（2.25mm針でメリヤス編みを輪編み・10cm角、ブロッキング後）
フリル：20目×28段（3.5mm針でメリヤス編みを平編み・10cm角、ブロッキング後）

Note：フリルのゲージは、厳密に寸法を合わす必要はありません。

CONSTRUCTION／**構造**

短いアンクル丈の靴下は、ピコットの縁編みとフリルが特長的です。トップダウンに編み進め、メリヤス編みでヒールフラップとマチを編みます。フリルは編みながら対照的な色のシルクモヘアで目を拾い、太めの針で輪に編みます。

DIRECTIONS／編み方

LEG／レッグ

別鎖の作り目[Provisional Crochet CO]の方法で60（68, 76）目作る。
輪につなげる。
Note：指でかける作り目[Long-Tail CO]など、他の作り目の方法を使うこともできるが、後からほどける作り目だと伸縮性が確保できる。

ソックヤーンで、後からほどける作り目の場合は表編みで8段、その他の作り目の場合は7段編む。

PICOT EDGE／ピコットエッジ（輪編み）

1段め：*右上2目一度、かけ目*、*～*を最後までくり返す。
2段め：最後まで表編み。

表編みで6段編む。

表面を外側に向けて編み地を半分に折る。ひきつれや膨らみを防ぐために、段数を加減する必要があるか確認する。次段で作り目側の目と表目の2目を一緒に編む。
Note：作り目側の編み目を別針に移すか、別鎖の作り目の場合はほどきながら編み進めることもできる。

表編みで5段編む。
Note：レッグを長くする場合は段数を編み足す。

RUFFLE 1／フリル1

3 mmの針とモヘヤ糸に持ち替える。
表編みで2段編む。

3段め：2目の編み出し増し目を最後までくり返す。[120（136、152）目になる]
表編みで3段編む。
7段め：2目の編み出し増し目を最後までくり返す。[240（272、304）目]
表編みで3段編む。

ゆるく伏せ止めする。

ソックヤーンで編んだ目を次のように拾う：フリルを伏せ止めしたら上端に向けて折り、ソックヤーンで編んだ最後の段が見えるようにする。細い方の針で、その目を拾う（フリルの裏面が上を向いた状態、裏側の目を拾う）。

2.25 mm針で表編みを4段編む。

RUFFLE 2／フリル2

3.5 mm針とモヘヤ糸に持ち替え、フリル1と同様に編む。
フリル1のようにソックヤーンの目を拾い、2.25 mm 針で表編みを16段編む。
Note：ここで編む段数を加減してフリルの位置を変えることができます。

HEEL FLAP／ヒールフラップ

30（34、38）目めのあとにPM。この目でヒールフラップを編み、ヒールフラップとヒールターンを編む間は残りの目を休ませておく。
1段め（表面）：表目1、裏目1、Mの手前に2目残るまで表編み、裏目1、表目1、RM、編み地を返す。
2段め（裏面）：すべり目1、最後まで裏編み。
3段め：表目を編むように右針に1目移す、裏目1、Mの手前に2目残るまで表編み、裏目1、表目1。
4段め：すべり目1、最後まで裏編み。
3・4段めを合計26（28、30）段編む。

HEEL TURN／ヒールターン

Note：ヒールターンでは毎段1目ずつ減目する。
1段め（表面）：すべり目1、表目16（18、20）、右上2目一度、表目1、編み地を返す。
2段め（裏面）：すべり目1、裏目5、裏目の左上2目一度、裏目1、編み地を返す。
3段め：表目を編むように右針に1目移す、表目6、右上2目一度、表目1、編み地を返す。
4段め：すべり目1、裏目7、裏目の左上2目一度、裏目1、編み地を返す。
5段め：表目を編むように右針に1目移す、表目8、右上2目一度、表目1、編み地を返す。
6段め：すべり目1、裏目9、裏目の左上2目一度、裏目1、編み地を返す。
7段め：表目を編むように右針に1目移す、表目10、右上2目一度、表目1、編み地を返す。
8段め：すべり目1、裏目11、裏目の左上2目一度、裏目1、編み地を返す。
9段め：表目を編むように右針に1目移す、表目12、右上2目一度、表目1、編み地を返す。
10段め：すべり目1、裏目13、裏目の左上2目一度、裏目1、編み地を返す。
11段め：表目を編むように右針に1目移す、表目14、右上2目一度、表目1、編み地を返す。
12段め：すべり目1、裏目15、裏目の左上2目一度、裏目1、編み地を返す。

[サイズ2・3のみ]
13段め：表目を編むように右針に1目移す、表目16、右上2目一度、表目1、編み地を返す。
14段め：すべり目1、裏目17、裏目の左上2目一度、裏目1、編み地を返す。

[サイズ3のみ]
15段め：表目を編むように右針に1目移す、表目18、右上2目一度、編み地を返す。
16段め：すべり目1、裏目19、裏目の左上2目一度、表目1、編み地を返す。
残り18（20、22）目になる。

INSTEP AND GUSSET／甲とマチ

ヒールターンを表編みし、ヒールフラップとヒールターンの左端から15（16、17）目拾い、
PM。甲側の30（34、38）目を表編みし、PMヒールフラップとヒールターンの右端から15（16、17）目拾い、表目9（10、11）。新しいBORにPM。[78（86、94）目になる]

GUSSET DECREASE／マチの減目（輪編み）

1段め：最後まで表編み。
2段め（減目段）：Mの手前に2目残るまで表編み、左上2目一度、SM、Mまで表編み、SM、右上2目一度、最後まで表編み。（2目減）
1・2段めを合計9回編む。[60（68、76）目]

FOOT／フット

メリヤス編みで36（44、50）段または「好みのフット長さ－3.5（3.5, 4）cm」になるまで編む。

TOE SHAPING／つま先の減目

準備段：15（17、19）目のあとと45（51、57）目のあとにPM。最初のMまで表編み。
1段め（減目段）：*SM、表目1、右上2目一度、Mの手前に3目残るまで表編み、左上2目一度、表目1*、*～*をもう1回編む。
2段め：最後まで表編み。
1・2段めを合計5回編む。[40（48、56）目になる]
1段めを合計5（6、7）回編む。[20（24、28）目になる]
編み目を2本の針に、甲側の編み目を1本の針に、足底側ももう1本の針に移す。
2本の針をいっしょに持ち、編み目をはぎ合わせる。

FINISHING／仕上げ

糸始末をする。水通しをし、寸法に合わせてブロッキングする。
ソックブロッカーを使って乾燥させるとフリルがつぶれない。

Jenny Ansah

47 Heart Drop

ハートドロップ

繊細なハートドロップソックスはシンプルでありながら、長めに引き出した編み目が小さいハート型になる美しいテクスチャーの模様を作ります。

SIZES ／サイズ

1 {2, 3}
推奨するゆとり：仕上がり寸法より－1.5～－3 cm

FINISHED MEASUREMENTS ／仕上がり寸法

レッグ／フット周囲：17（20、23）cm
レッグ長さ：13 cm（調整可）
フット長：調整可

MATERIALS ／材料

糸：Aara YarnsのTuuma（スーパーウォッシュメリノ80%・ナイロン20%、300 m／100 g）〈Hohde〉1カセ
またはスポーツ〈合太〉程度の糸を220（237、265）m

針：2.25 mm（US 1／JP1号）の輪針

その他の用具：別糸

GAUGE ／ゲージ

25目×34段（模様編みで8.5cm×10cm、ブロッキング後）
24目×34段（メリヤス編み・10cm角、ブロッキング後）

SPECIAL ABBREVIATIONS ／特別な用語

ハートドロップ（MLL、K3、MLL：Make a long loop, k3, Make a long loop）
3目を対象に、横に広がるハート型を作る：
右針を次の目の2段下の表目に入れ、糸をかけ、表目を長めに編む（表目の引き出し編み目）、表目3、もう一度同じ目に表目の引き出し編み目を編む。（2目増）

STITCH PATTERN ／模様編み

フットの模様編み（〈N1〉のみ）
準備段1・2：*裏目1、表目3*、*～*を最後に1目残るまでくり返し、裏目1。
3段め：*裏目1、表目3、裏目1、ハートドロップ*、*～*を最後に5目残るまでくり返し、裏目1、表目3、裏目1。（くり返す度に2目増）
4段め：*裏目1、表目3、裏目1、右上2目一度、表目1、左上2目一度*、*～*を最後に5目残るまでくり返し、裏目1、表目3、裏目1。（くり返す度に2目増）
5～11段め：*裏目1、表目3*、*～*を最後に1目残るまでくり返し、裏目1。
12段め：*裏目1、ハートドロップ、裏目1、表目3*、*～*を最後に1目残るまでくり返し、裏目1。（くり返す度に2目増）
13段め：*裏目1、右上2目一度、表目1、左上2目一度、裏目1、表目3*、*～*を最後に1目残るまでくり返し、裏目1。（くり返す度に2目増）
14～20段め：*裏目1、表目3*、*～*を最後に1目残るまでくり返し、裏目1。

レッグの模様編み（〈N1〉・〈N2〉の編み目を使用）
準備段1・2：*裏目1、表目3*、*～*を最後までくり返す。
3段め：*裏目1、表目3、裏目1、ハートドロップ*、*～*を最後までくり返す。（くり返す度に2目増）
4段め：*裏目1、表目3、裏目1、右上2目一度、表目1、左上2目一度*、*～*を最後までくり返す。（くり返す度に2目減）
5～11段め：*裏目1、表目3*、*～*を最後までくり返す。
12段め：*裏目1、ハートドロップ、裏目1、表目3*、*～*を最後までくり返す。（くり返す度に2目増）
13段め：*裏目1、右上2目一度、表目1、左上2目一度、裏目1、表目3*、*～*を最後までくり返す。（くり返す度に2目減）
14～20段め：*裏目1、表目3*、*～*を最後までくり返す。

CONSTRUCTION ／構造

この靴下はつま先から編みはじめます。レッグと甲には模様編みし、かかとはアフターソートヒール［Afterthought Heel］として後から編みます。

DIRECTIONS ／編み方

TOE SHAPING ／つま先のシェーピング

ターキッシュキャストオン［Turkish CO］の方法で8（10、10）目作る。

準備段：〈N1〉最後まで表編み。〈N2〉最後まで表編み。［16（20、20）目］

1段め：〈N1〉2目の編み出し増し目、最後に2目残るまで表編み、2目の編み出し増し目、表目1。〈N2〉2目の編み出し増し目、最後に2目残るまで表編み、2目の編み出し増し目、表目1。（4目増）

2段め：〈N1〉最後まで表編み。
〈N2〉最後まで表編み。
1段めを合計5（5、6）回くり返す。［合計36（40、44）目、各針18（20、22）目］

1段め：〈N1〉表目1, 2目の編み出し増し目, 最後に2目残るまで表編み、2目の編み出し増し目、表目1。〈N2〉表目1、2目の編み出し増し目、最後に2目残るまで表編み、2目の編み出し増し目、表目1。（4目増）

2・3段め：〈N1〉最後まで表編み。
〈N2〉最後まで表編み。
1～3段めを3（4、5回くり返す。［合計48（56、64）目、各針24（28、32）目］

FOOT ／フット

Note：サイズ1と3はどちらも模様の数が偶数、サイズ2は奇数。
サイズ1と3は模様が左右対称だが、サイズ2は左右とも同じ。

次段：〈N1〉最後まで表編み。
〈N2〉裏目1、編んだ目を〈N1〉に移す。
〈N2〉の残りの目を最後まで表編み。

〈N1〉は25（29、33）目、〈N2〉は23（27、31）目になる。

次に模様編みをはじめる：

準備段1・2：〈N1〉*裏目1、表目3*、*～*を最後に1目残るまでくり返し、裏目1。〈N2〉最後まで表編み。

右足

［サイズ1・3のみ］

3段め：〈N1〉*裏目1、表目3、裏目1、ハートドロップ*、*～*を最後に1目残るまでくり返し、裏目1。〈N2〉最後まで表編み。［6、（－、8）］目増］

4段め：〈N1〉*裏目1、表目3、裏目1、右上2目一度、表目1、左上2目一度*、*～*を最後に1目残るまでくり返し、裏目1。〈N2〉最後まで表編み。［6、（－、8）目減］

5～11段め：〈N1〉*裏目1、表目3*、*～*を最後に1目残るまでくり返し、裏目1。〈N2〉最後まで表編み。

12段め：〈N1〉*裏目1、ハートドロップ、裏目1、表目3*、*～*を最後に1目残るまでくり返し、裏目1。
〈N2〉最後まで表編み。［6、（－、8）目増］

13段め：〈N1〉*裏目1、右上2目一度、表目1、左上2目一度、裏目1、表目3*、*～*を最後に1目残るまでくり返し、裏目1。〈N2〉最後まで表編み。［6、（－、8）目減］

左足

［サイズ1・3のみ］

3段め：〈N1〉*裏目1、ハートドロップ、裏目1、表目3*、*～*を最後に1目残るまでくり返し、裏目1。〈N2〉最後まで表編み。［6、（－、8）目増］

4段め：〈N1〉*裏目1、右上2目一度、表目1、左上2目一度、裏目1、表目3*、*～*を最後に1目残るまでくり返し、裏目1。
〈N2〉最後まで表編み。［6、－、（8）目減］

5～11段め：〈N1〉*裏目1、表目3*、*～*を最後に1目残るまでくり返し、裏目1。〈N2〉最後まで表編み。

12段め：〈N1〉*裏目1、表目3、裏目1、ハートドロップ*、*～*を最後に1目残るまでくり返し、裏目1。〈N2〉最後まで表

編み。[6、(−、8)目増]
13段め：〈N1〉*裏目1、表目3、裏目1、右上2目一度、表目1、左上2目一度*、*〜*を最後に1目残るまでくり返し、裏目1。〈N2〉最後まで表編み。[6、−、(8)目減]

両足
[サイズ2のみ]
3段め：〈N1〉*裏目1、ハートドロップ、裏目1、表目3*、*〜*を最後に5目残るまでくり返し、裏目1、ハートドロップ、裏目1。
〈N2〉最後まで表編み。[8目増]
4段め：〈N1〉*裏目1、右上2目一度、表目1、左上2目一度、裏目1、表目3*、*〜*を最後に7目残るまでくり返し、裏目1、右上2目一度、表目1、左上2目一度、裏目1。
〈N2〉最後まで表編み。[8目減]
5〜11段め：〈N1〉*裏目1、表目3*、*〜*を最後に1目残るまでくり返し、裏目1。
〈N2〉最後まで表編み。
12段め：〈N1〉*裏目1、表目3、裏目1、ハートドロップ*、*〜*を最後に5目残るまでくり返し、裏目1、表目3、裏目1。
〈N2〉最後まで表編み。[6目増]
13段め：〈N1〉*裏目1、表目3、裏目1、右上2目一度、表目1、左上2目一度*、*〜*を最後に5目残るまでくり返し、裏目1、表目3、裏目1。
〈N2〉最後まで表編み。[6目減]

[すべてのサイズ]
14〜20段め：〈N1〉*裏目1、表目3*、*〜*を最後に1目残るまでくり返し、裏目1。
〈N2〉最後まで表編み。
各自のサイズの3〜20段目を「好みの長さ−5.5cm」になるまで編む。

AFTERTHOUGHT HEEL SET-UP／アフターソートヒールの準備段

準備段：〈N1〉模様編み。最後の目を〈N2〉に移す。
〈N2〉コントラストの強い色の別糸を使う。編み糸は編み地の後ろ側に移しておく。
別糸で表編みし、編んだ目がねじれないように〈N2〉に戻し、編み糸でもう一度表編み。

アフターソートヒールは、靴下をカフまで編み終えてから編む。
編み糸で続けて編む。[合計48 (56、64)目、各針24 (28、32目)]

LEG／レッグ

〈N1〉模様編みを続ける。
〈N2〉模様編みを編みはじめる。
模様編みを続け、レッグ長さが10 cmまたは「好みの長さ−3 cm」になるまで編む。

Note：アフターソートヒール用の別糸を編み入れてからのメリヤス編みが3段以下であれば伸びないように〈N2〉のハートドロップのMLL（引き出し編み目）は編まずにおく。

CUFF／カフ

ねじり1目ゴム編み[1 x 1 Twisted Rib]を次のように編む：

1段め：〈N1〉*裏目のねじり目1、表目のねじり目1*、*〜*を最後までくり返す。
〈N2〉*裏目のねじり目1、表目のねじり目1*、*〜*を最後までくり返す。
1段めを合計14回編む。

テュビュラーバインドオフ[Tubular BO Method]の方法で止める。

AFTERTHOUGHT HEEL／アフターソートヒール

別糸を取り除き、編み目を針に移し、輪に編めるように整える。
[合計48 (56、64)目、各針24 (28、32)目]

準備段：〈N1〉すべての目を表編みし、〈N1〉と〈N2〉の間から2目拾う。
〈N2〉すべての目を表編みし、〈N2〉と〈N1〉の間から2目拾う。
[合計52 (60、68)目、各針26 (30、34)目]
1段め（減目段）：〈N1〉表目1、右上2目一度、最後に3目残るまで表編み、左上2目一度、表目1。〈N2〉表目1、右上2目度、最後に3目残るまで表編み、左上2目一度、表目1.（4目減）
2・3段め：〈N1〉最後まで表編み。〈N2〉最後まで表編み。
1〜3段めを5（5、7）回編む。[合計32 (40、40)目、各針16（20、20)目]

1段め（減目段）：〈N1〉表目1、右上2目一度、最後に3目残るまで表編み、左上2目一度、表目1。〈N2〉表目1、右上2目一度、最後に3目残るまで表編み、左上2目一度、表目1。(4目減)
2段め：〈N1〉最後まで表編み。〈N2〉最後まで表編み。
1・2段めをくり返し、残りの目数が各針8（10、10)目、合計16（20、20)目になる。

糸端を少なくとも20cm残して糸を切る。編み目をはぎ合せる。

FINISHING／仕上げ

糸始末をする。水通しをし、寸法に合わせてブロッキングする。

Keiko Kikuno

48 Grid

グリッド

この魅力的な靴下は、フット部分を左から右へ平編みしながら編む、かなり珍しい構造です。ストライプとすべり目模様が格子状の模様を作ります。

SIZES ／**サイズ**

1 {2, 3}
推奨するゆとり：仕上がり寸法よりフット周囲に4～5 cm、フット長さに2～3 cm

FINISHED MEASUREMENTS ／**仕上がり寸法**

レッグ周囲：19（22、26）cm
フット周囲：16（19、22）cm
レッグ長さ：14 cm（調整可）
フット長さ：19（22、25）cm（調整可）

MATERIALS ／**材料**

糸：Miss BabsのPutnam（スーパーウォッシュメリノ75%・ナイロン25%、365 m／110 g）〈MC：Cat' s Meow〉、〈CC：Here and Now〉1カセずつ
またはフィンガリング〈中細〉程度の糸をMCとして210（230、285）m、CCとして65（75、95）m

針：2.25 mm（US 1 / JP0号またはJP 1号）の輪針
スリーニードルバインドオフ[3-Needle Bind-Off]用に予備の2.25 mm針

その他の用具：ステッチマーカー.

GAUGE ／**ゲージ**

30目×68段（ガーター編み・10cm角、ブロッキング後）
33目×48段（スリップドストライプ模様・10cm角、ブロッキング後）

STITCH PATTERNS ／**模様編み**

スリップドストライプ模様[Slipped Stripe Pattern]（以下、模様編みとする）（5目の倍数＋2目）
1段め（表面）：表目3、*巻いた目をはずしながら、すべり目1、表目4*、*～*を最後に4目残るまでくり返し、すべり目1、表目3。
2段め（裏面）：裏目3、*すべり目1、裏目4*を最後に4目残るまでくり返し、浮き目1、裏目3
3段め：表目3、*すべり目1、表目4*を最後に4目残るまでくり返し、すべり目1、表目3。
4段め：裏目3、*針先に糸を2回巻きながら裏目1、裏目4*、最後に4目残るまで*～*をくり返し針先に糸を2回巻きながら裏目1、裏目3。
CCで1～4段めを編み、MCで1～4段めを編む。上記の8段をMCとCCを4段ごとに持ち替えながら模様を編む。色替えしたときには、使用しない糸を切らずに編み地の端に沿わせるようにする。

NOTES ／**メモ**

レッグやフット長さを変更するには、作り目に5の倍数目を加え、増やした目数分だけレッグの前面と足底／レッグ後ろの拾い目数も増やす。カフ、つま先、かかとは常にMCで編み、レッグと甲はMCとCCで編む。

CONSTRUCTION ／**構造**

この靴下はフット部分の左から右へ平編みします。レッグと甲側にストライプ模様を編みます。各セクション（レッグ前、つま先＋足底＋かかと、レッグ後ろ）はインターシャの技法で編みます。MCを2～3玉、CCを2玉に分け、各セクションで使用します。

DIRECTIONS ／**編み方**

【左側】
MCで指でかける作り目[Long-Tail CO]の方法で75（80、85）目作る。

準備段1（裏面）：最後まで表編み。
準備段2（表面）：最後に3目残るまで表編み（レッグ前面）、PM、表目1、かけ目、表目2、PM、編み地を180度回転させ、作り目側から2目拾う、かけ目、1目拾う（つま先）、PM、36（41、46）目拾う（足底）、PM、*1目拾う、かけ目、1目拾う、PM*。
*～*をもう一度編む（かかと）、最後まで32目拾う（レッグ後ろ）。
[合計154（164、174）目、前側72（77、82）目、つま先8目、足底36（41、46）目、かかと6目、レッグ後ろ32目]
準備段3：Mまで模様編みの4段めを編む、SM、*かけ目はねじり目にしながらMまで表編み、SM*、*～*をあと4回くり返し、模様編みの4段めを最後まで編む。

INCREASE SECTION／ **増し目セクション**

1段め（表面）：CCで、Mまで模様編みの1段めを編む、SM、MCの糸を新しくつけ、Mの手前に2目残るまで表編み、かけ目、表目2、SM、表目2、かけ目、Mまで表編み、SM、Mまで表編み、SM、Mの手前に1目残るまで表編み、かけ目、表目1、SM、表目1、かけ目、Mまで表編み、SM、CCを新たにつけ、最後まで模様編みの1段めを編む。（4目増）[158（168、178）目になる]
2段め（裏面）：CCで、Mまで模様編みの次の段を編み、SM、MCで、*かけ目はねじり目にしながらMまで表編み*、SM、*～*をあと4回くり返し、CCで最後まで模様編みの次の段を編む。
1・2段めをあと8（10、12）回、必要に応じてMCとCCを持ち替えながら模様編み。
裏面の段で編み終える。[32（40、48）目増][190（208、226）目]

次段：Mまでの次の段を編む、SM、MCで*Mまで表編み*、SM。
*～*をあと4回くり返し、最後まで模様編みの次の段を編む。
最後の段をあと5回編む。

DECREASE SECTION／ **減目セクション**

1段め（表面）：Mまで模様編みの次の段を編み、SM、MCでMの手前に4目残るまで表編み、左上2目一度、表目2、SM、表目2、右上2目一度、mまで表編み、SM、Mまで表編み、SM、Mの手前に3目残るまで表編み、左上2目一度、表目1、SM、表目1、右上2目一度、Mまで表編み、SM、模様編みの次の段を最後まで編む。（4目減）
[186（204、222）目になる]
2段め（裏面）：模様編みの次の段をMまで編み、SM、MCで*Mまで表編み*、SM。*～*をあと4回編み、模様編みの次の段を最後まで編む。
1・2段めをあと8（10、12）回編み、1段めをもう一度編む。[36（44、52）目減][150（160、170）目になる]

次段（裏面）：最後に編んだ模様編みと同じ色の糸で、Mまで裏編み、RM、MCで、*Mまで表編み、RM*。*～*をあと4回編み、最後に編んだ模様編みと同じ色の糸で、最後まで裏編み。

JOIN RIGHT SIDE ／**右側を合わせる**

裏面同士を合わせて半分に折る。予備の編み針を使って、スリーニードルバインドオフ[3-Needle BO]の要領ですべての目をはぎ合わせる。糸をすべて切る。

CUFF ／**カフ**

表面から、MCの糸を作り目または止め側のいずれかにつけ、靴下の上端に沿って60（64、72）目拾い、BORにPM、輪につなげる。

次のように2目ゴム編み[2 x 2 Rib]を編む：
次段：*表目2、裏目2*を最後までくり返す。
上記のリブ編みを4cm編む。

すべての目を目なりに伏せて糸を切る。

FINISHING ／**仕上げ**

糸始末をする。水通しをし、寸法に合わせてブロッキングする。

Lori Wagner

49 Cougar Ridge

クーガーリッジ

レースと地模様とケーブルの組み合わせることで楽しく編み続けることができます。
このデザインのインスピレーションはデザイナーのLori Wagnerのハイキング好きから生まれました。クーガーリッジは彼女のお気に入りのハイキングルートのひとつです。

SIZES／サイズ

1 {2, 3}
推奨するゆとり：仕上がり寸法より－1.5～－2.5 cm

FINISHED MEASUREMENTS／仕上がり寸法

レッグ／フット周囲：18（20.5、23）cm
レッグ長さ：16（16、16）cm
フット長さ：（調整可）

MATERIALS／材料

糸：LolodiditのLoriginal（エキストラファインスーパーウォッシュメリノ85%・ナイロン15%、402 m／100 g）〈Hello Gorgeous〉
またはフィンガリング〈中細〉程度の糸を約320（366、402）m

針：2.5 mm（US 1.5／JP1号）針

その他の用具：ステッチマーカー

32×48段（メリヤス編み・10cm角、ブロッキング後）

SPECIAL ABBREVIATIONS／特別な用語

（ツイストステッチによる）右上1目交差［1/1 LC］：次の2目に1目ずつ表目を編むように右針を入れて移し、2目とも左針に戻す。2目めを表目のねじり目を編むようにループの後ろ右針先を入れて編むが、針からはずさず、表目のねじり目を編むように2目を一度に編み、2目とも左針からはずす。

（ツイストステッチによる）左上1目交差［1/1 RC］：左上2目一度に編むが、編み目を針からはずさず、1目めだけもう一度編み、2目とも左針からはずす。

CONSTRUCTION／構造

このトップダウンの靴下のデザインは、テクスチャーのあるレース模様の両側を1目の交差模様で囲んでいます。すべり目模様のヒールフラップとヒールターンを編んだら、靴下の上端では模様編みを続け、足底はメリヤス編みにします。

DIRECTIONS／編み方

CUFF／カフ

指でかける作り目[Long-Tail CO]の方法で58（66、74）目作る。作り目をしながら編み目を針に分ける。編み目がねじれないように注意しながら輪につなげて、BORにPM。

[サイズ1のみ]
1段め：*表目1、裏目1、表目2、裏目2、表目2、(裏目1、表目1)を7回編み、表目1、裏目2、表目2、裏目1、表目1*、*～*をもう一度編む。
1段めと同様にあと11回編む。

[サイズ2のみ]
1段め：*裏目1、表目1、裏目2、表目2、裏目2、表目2、(裏目1、表目1)を7回編み、表目1、裏目2、表目2、裏目2、表目1、裏目1*、*～*をもう一度編む。
1段めと同様にあと11回編む。

[サイズ3のみ]
1段め：*表目1、裏目2、表目1、裏目2、表目2、裏目2、表目2、(裏目1、表目1)を7回編み、表目1、裏目2、表目2、裏目2、表目1、裏目2、表目1*、*～*をもう一度編む。
1段めと同様にあと11回編む。

LEG／レッグ

準備段：最後まで表編み。
1段め：*表目1（3、5）、チャートAの1段めを1回編み、表目1（3、5）*、*～*をもう一度編む。
2段め：*表目1（3、5）、チャートAの2段めを1回編み、表目1（3、5）*、*～*をもう一度編む。
上記のように、チャートAの16段めまで編む。
チャートAの1～6段めをあと3回編む。

HEEL FLAP／ヒールフラップ

次段を編みはじめる前にBOR mをはずす。
ヒールフラップは次の29（33、37）目で編み、残りの29（33、37）目は後で甲側を編む。
ヒールフラップを次のように編む：
準備段（表面）：表目14（16、18）、左上2目一度、表目13（15、17）。(1目減)[57（65、73）目になる]
1段め（裏面）：*浮き目1、裏目1*、*～*を最後までくり返す。
2段め（表面）：すべり目1、最後まで表編み。
1・2段めをあと14（16、16）回編む。
1段めをもう一度編む。[合計32（36、36）段になり、端目が16（18、18）目できる]

HEEL TURN／ヒールターン

ヒールターンでは毎段1目ずつ減目する。
次のようにかかとのシェーピングをしながら編む：
1段め（表面）：すべり目1、表目16（18、20）、右上2目一度、表目1、編み地を返す。
2段め（裏面）：浮き目1、裏目7、裏目の左上2目一度、裏目1、編み地を返す。
3段め：すべり目1、段差との間が1目になるまで表編み、右上2目一度(段差の前後から1目ずつ)、表目1。
4段め：浮き目1、段差との間が1目になるまで裏編み、裏目の左上2目一度(段差の前後から1目ずつ)、裏目1。
3・4段めをかくり返し、かかとの目をすべて編み終えるまで編む。[18（20、22）目になる]

GUSSET／マチ

次のようにヒールフラップの端目に沿って拾い目をして、輪に編む：
マチの準備：表目18（20、22）、ヒールフラップの最初の端から16（18、18）目拾い、ヒールフラップと甲との間で左ねじり増し目1。この1目を加えることで段差を防ぐ。表目1（3、5）、チャートAの1段めを1回編み、表目1（3、5）、甲とヒールフラップとの間で左ねじり増し目1、ヒールフラップのあとの端から16（18、18）目拾う。[81（91、97）目になる]
ここが新たなBORになる。編み目を好みの配置に移動させてPM。

マチの段1：甲側の手前に3目残るまで表編み、左上2目一度、表目1、表目1（3、5）、甲側は前段までのように編み、表目1（3、5）、表目1、右上2目一度、最後まで表編み。(2目減)
マチの段2：足底の最後まで表編み、表目1（3、5）、甲側は前段までのように編み、表目1（3、5）、最後まで表編み。
マチの段1・2段めをあと11（12、11）回編む。[足底側は28（32、36）目][合計57（65、73）目になる]
RMして足底側の最後まで表編み。新たなBORにPM。

FOOT／フット

甲側は前段までのよう、そして足底側は表編みを輪に編みながら、「好みのフット長さ－6.5（7、7.5）cm」になるまで編み、甲側チャートAの16段めで編み終える。
1段め：表目1（3、5）、チャートBの1段めを編み、表目1（3、5）、最後まで表編み。
2段め：表目1（3、5）、チャートBの2段めを編み、表目1（3、5）、最後まで表編み。
上記のように編みながら、チャートBの16段めで編み終える。

TOE／つま先

甲側の模様編みをチャートBの16段めまでを編み終えてフット長さが「好みの長さ－(3.5、4)」cmに満たない場合はメリヤス編みを編んで段数を補う。

準備段：表目14（16、18）、左上2目一度、最後まで表編み。(1目減)[56（64、72）目になる]
1段め：表目1、右上2目一度、甲側の手前に3目残るまで表編み、左上2目一度、表目2、右上2目一度、足底側の手前に3目残るまで表編み、左上2目一度、表目1。(4目減)
2段め：最後まで表編み。
1・2段めをあと4（5、6）回編む。[36（40、44）目になる]
1段めをあと4（4、5）回編む。[20（24、24）目になる]

それぞれの針に10（12、12）目ずつかかるように編み目の配置を替える。
つま先をはぎ合わせる。

FINISHING／仕上げ

糸始末をする。水通しをし、寸法に合わせてブロッキングする。

チャートA

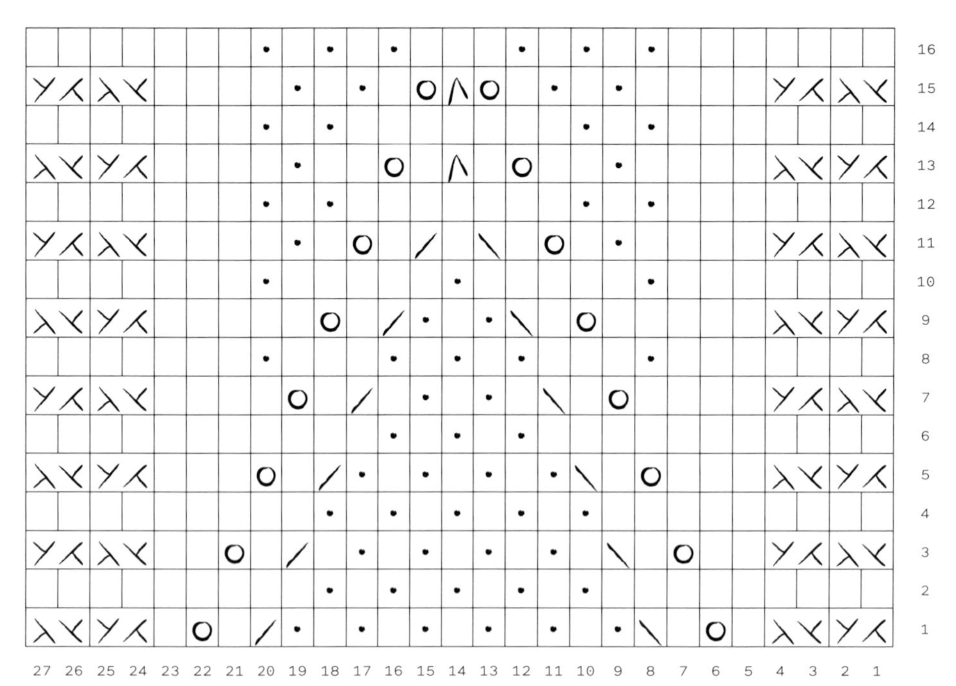

チャートB

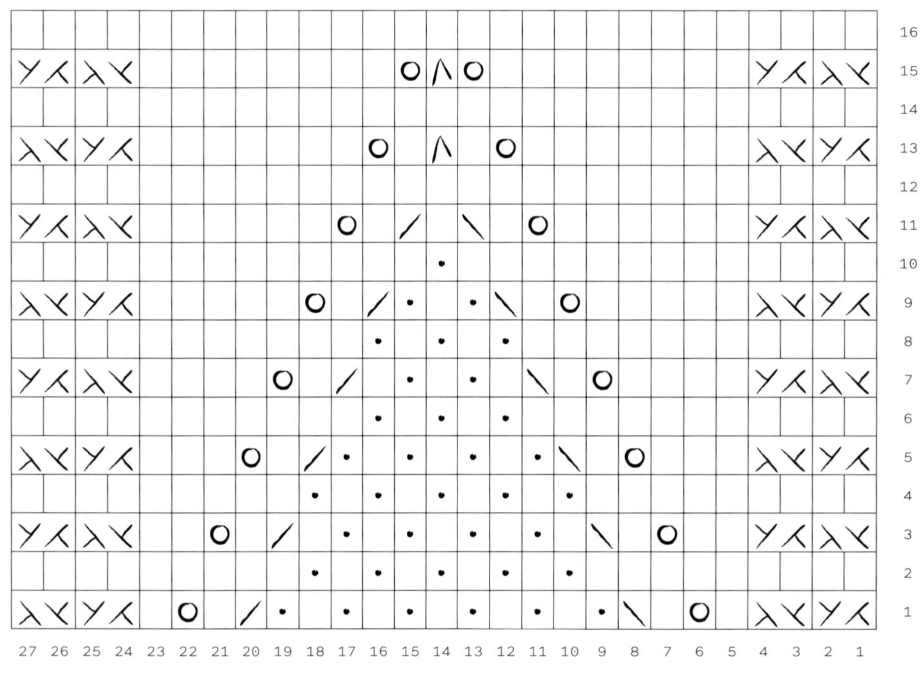

- 表目
- 裏目
- 左上2目一度
- 右上2目一度
- かけ目
- 右上3目一度
- (ツイストステッチによる)
右上一目交差
- (ツイストステッチによる)
左上一目交差

Nancy Wheeler

50 Hexie Diamond

ヘキシーダイアモンド

このソックスはすべり目を用いた素敵なケーブル模様が特長です。複雑そうにみえるかもしれませんが、驚くほど簡単で直感で編めます。

SIZES／**サイズ**

1 {2, 3}
推奨するゆとり：仕上がり寸法より－2.5 cm

FINISHED MEASUREMENTS／**仕上がり寸法**

レッグ／フット周囲：17.5（20、22.5）cm
レッグ長さ：17 cm（調整可）
フット長さ：調整可

MATERIALS／**材料**

糸：Yarn IndulgencesのZed BFL Sock（ブルーフェイスレスター80%・ナイロン20%、384 m／115 g）〈Old Rose〉1カセ
またはフィンガリング〈中細〉程度の糸を約232（265、298）m

針：2.5 mm（US 1.5／JP1号）

その他の用具：ステッチマーカー、なわ編み針（お好みで）

GAUGE／**ゲージ**

32目×42段（メリヤス編み・10cm角、ブロッキング後）
32目×46段（模様編み・10cm角、ブロッキング後）

SPECIAL ABBREVIATIONS／**特別な用語**

RSC［Right Slipped Cross］：左上1目交差（上の目がすべり目）
・なわ編み針を使用する場合：左針の1目めをなわ編み針に移して編み地の後ろにおき、左針から1目右針に移し、なわ編み針から表目1。
・なわ編み針を使用しない場合：左針から2目を同時に右針に移し、左針先を右針に移した右側の目の後ろから入れる。右針を2目からはずすが、1目め（左側の目）をもう片方の目の手前で右針に戻し、左針の目を表目に編む。

LSC［Left Slipped Cross］：右上1目交差（上の目がすべり目）
・なわ編み針を使用する場合：左針の1目めをなわ編み針に移して編み地の手前におき、左針から表目1、なわ編み針の目を右針に移す。
・なわ編み針を使用しない場合：右針を左針の1目めと2目めの間に後ろから手前に向けて入れ、2目めを表目に編み（編んだ目はそのまま左目に残し）引き出した目を右側に引き出し、左針の1目めを右針に移す。2目とも左針からはずす。

Note：RSCとLSCはひと味違う交差編みで、1目は編んでもうひと目はすべり目にして交差させます。すべり目を伴う模様は伸縮性に欠けるため通常よりやや太めの針で編むことをおすすめします。通常靴下を2.25 mm 針で編むようであれば号数を上げて2.5 mmの針で編むと適度なテンションを保てます。

CONSTRUCTION／**構造**

この靴下はトップダウンに編み、ヒールフラップとマチを編むことによって心地よいフィット感が得られます。最後は丸みを帯びたつま先を編んで仕上げます。シンプルなすべり目の交差編みはなわ編み針なしでも編めます。

DIRECTIONS／編み方

CUFF／カフ

ジャーマンツイステッドキャストオン[German Twisted CO]の方法で56（64、72）目作る。輪に編めるようにつなげ、最初2目を糸端と編み糸を引き揃えて編む。

1目ゴム編み[1 x 1 Rib]を次のように編む：
リブ編みの段：*表目1、裏目1*を最後までくり返す。
リブ編みを合計15段編む。

LEG／レッグ

チャートAを1段で7（8、9）回くり返す。
チャートの1～12をくり返し、レッグ長さが17 cmまたは好みの長さになるまで編む。サンプルは、1段めのあとヒールを編みはじめている。

SLIPPED-STITCH HEEL／スリップステッチヒール

ヒールフラップは、全体の目数の半数を使って往復に編む。
これまでのように甲側の目を編む。[28（32、36）目]
続けてかかとの目を編む：
1段め（表面）：*すべり目1、表目1*、*～*を最後までくり返す。
2段め（裏面）：浮き目1、最後まで裏編み。
1・2段めを合計14（16、18）回編む。
ヒールフラップの段数は合計28（32、36）段になる。
Tip!　模様数を数える最も簡単な方法はヒールフラップの裏面の渡り糸を数えることです。

HEEL TURN／ヒールターン

Note：ヒールターンでは毎段1目ずつ減目する。
1段め（表面）：すべり目1、表目16（18、20）、右上2目一度、表目1、編み地を返す。
2段め（裏面）：浮き目1、裏目7、裏目の左上2目一度、裏目1、編み地を返す。

レッグ／フットのチャートA

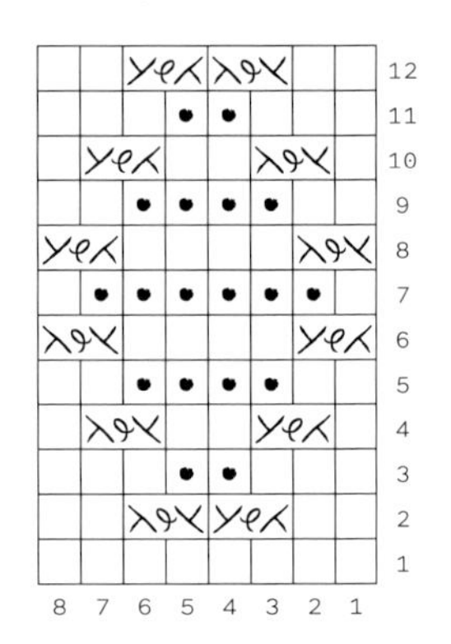

甲のチャートB（サイズ1と3）

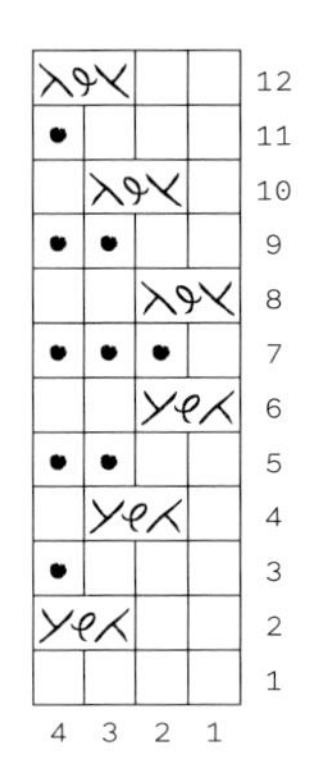

□ 表目
● 裏目
左上一目交差（上の目がすべり目）
右上一目交差（上の目がすべり目）

3段め：すべり目1、段差との間が1目になるまで表編み、右上2目一度、表目1、編み地を返す。
4段め：浮き目1、段差との間が1目になるまで裏編み、裏目の左上2目一度、裏目1、編み地を返す。
3・4段めを、すべての編み目が編めるまでくり返す。［18（20、22）目］

GUSSET ／マチ

好みで、甲側の目の最初と最後にマーカーをつける。

ヒールの目を表目18（20、22）。
マチの反対側から14（16、18）目拾い、隙間ができるのを防ぐために1段下の段の渡り糸を拾う。

靴下の上端（甲側）を模様編み。

隙間ができるのを防ぐために1段下の段の渡り糸を拾う。
マチの目を14（16、18）目拾う。

ヒールの残りの目とマチの目を表編み。
これ以降模様編みを続け、甲側は模様編み、足底側がメリヤス編みにする。

INSTEP PATTERN ／甲側の模様編み

マチの減目とフットを編みながら、甲側だけにこの模様を編む。
チャートAを3（4、4）回とチャートBを1（0、1）回編む。

GUSSET DECREASES ／マチの減目

1段め：甲側の目を模様編み、表目1、右上2目一度、最後に3目残るまで表編み、左上2目一度、表目1。（2目減）
2段め：甲側の目を模様編み、最後まで表編み。
1・2をくり返し、元の目数に戻るまで編み続ける。［56（64、72）目］

FOOT ／フット

甲側だけ模様編みにしながらフット長さが「好みの長さ－4.5（4.5、5）cm」になるまで編む。模様編みの1段めまたは7段めで編み終えるとよい。

ROUNDED TOE ／ラウンドトウ

1～3段め：最後まで表編み。
4段め（減目段）：*表目1、右上2目一度、甲／足底の手前に3目残るまで表編み、左上2目一度、表目1*、*～*をもう一度編む。（4目減）
5・6段め：最後まで表編み。
7段め：*表目1、右上2目一度、甲／足底の手前に3目残るまで表編み、左上2目一度、表目1*、*～*をもう一度編む。（4目減）
8段め：最後まで表編み。
9～14段め：7・8段めをあと3回編む。［36（44、52）目になる］
15段め：*表目1、右上2目一度、甲／足底の手前に3目残るまで表編み、左上2目一度、表目1*、*～*をもう一度編む。（4目減）
15段めをくり返し、目数が24（28、32）目になるまで編む。

糸を切る。つま先をはぎ合わせる。

FINISHING ／仕上げ

糸始末をする。水通しをし、寸法に合わせてブロッキングする。

Rebekka Mauser

51 Alegría

アレグリア

アレグリアソックスはかかとから編みはじめる、楽しく珍しい構造です。甲とレッグは編みやすいガーター編みとすべり目の組み合わせです。

SIZES／サイズ

1 {2, 3}
推奨するゆとり：仕上がり寸法より約0～－2.5 cm

FINISHED MEASUREMENTS／仕上がり寸法

レッグ／フット周囲(伸ばしていない状態)：18.5（20.5、23）cm
レッグ長さ：15.5 cm（調整可）
フット長さ：調整可

MATERIALS／材料

糸：(Vi) lainesのFaces-Bleues Fing（BFL100%、400 m／100 g）
C1：Remplir L' herbier de Jolies Feuilles　1カセ
C2：(Vi) lainesのRonces Endormies　1カセ
Douillettes（メリノ60%・ベビーアルパカ20%・ナイロン20%、400 m／100 g）
C3:〈En Attendant la Petite Souris〉1カセ

またはフィンガリング〈中細〉程度の糸をC1として約66（80、86）m、C2として60（65、80）m、C3として135（150、190）m

針：2.25 mm（US 1／JP0号または1号）、
別鎖の作り目用に4.5 mm（US 7／JP7.5号）のかぎ針

その他の用具：ホルダーまたは別糸

GAUGE／ゲージ

32目×44段(2.25mm針でメリヤス編み・10cm角、ブロッキング後)

SPECIAL ABBREVIATIONS／特別な用語

Inv-Lp：(糸を手前にして)次の目に右針を裏目を編むように入れて右針に移し、移した目の直下の裏目の頭に左針を入れ、裏目を編む。(1目増)

TWS［Twin Stitch］二重の目
表編みの段：左針の次の目の直下の目の右足を右針先で持ち上げ、左針先にのせ、表目に編む。右針に新しく目ができる。この目を右針から左針に移す。元々あった目の横に「シャドウステッチ」ができる。
裏編みの段：糸を手前にして、左針の次の目に右針を、裏目を編むように入れて右針に移す。
右針に移した目の直下の裏目の頭に、左針先を下から上に向けて入れ、左針にのせて裏目に編む。新しくできた目と元の目を右針から左針に移す。元々あった目の横に「シャドウステッチ」ができる。

TRS［Triple Stitch］三重の目
表編みの段：左針の次の目の直下の「二重の目」の右足を右針先で持ち上げ、左針先にのせ、表目に編む。右針に新しく目ができる。この目を右針から左針に移す。元々あった目の横に「シャドウステッチ」が2目できる。
裏編みの段：糸を手前にして、左針の次の「二重の目」に右針を、裏目を編むように入れて右針に移す。右針に移した「二重の目」の直下の裏目の頭に、左針先を下から上に向けて入れ、左針にのせて裏目に編む。新しくできた目と元の「二重の目」を右針から左針に移す。元々あった目の横に「シャドウステッチ」が2目できる。

SPECIAL TECHNIQUES／特別なテクニック

ジェニーズサプライジングリーストレッチ-バインドオフ(表目のねじり目1目と裏目2目のリブ編み用)[Jeny's Surprisingly Stretchy BindOff for k1+b1/p2 Ribbing]
① 右針に糸を後ろから手前にかけ、両針の間から後ろへ移す(逆かけ目)。次の目を表目に編み、逆かけ目を編んだ目にかぶせる。
② 右針に糸を手前から後ろにかけ、両針の間から手前に移す(かけ目)。次の目を裏目に編み、かけ目を編んだ目にかぶせる。右針には2目かかった状態になる。
③ 右針の1目め(右側)を2目め(左側)にかぶせる。(右針には1目残る)
④ ②をくり返す。
⑤ ③をくり返す。
⑥ ①をくり返す。
⑦ ③をくり返す。
最後に2目残るまで②〜⑦をくり返す。
②〜⑤をもう一度くり返す。
残った目に糸を通して、引いて止める。

CONSTRUCTION／構造

この靴下は別鎖の作り目などの後からほどける作り目をし、ヒールフラップとヒールターンを引き返し編みにしながらかかとを編みます。足底はマチの減目をしながらつま先まで平編みにし、足底の端目は後で足底を甲と合わせて編みます。つま先はシャドウラップを使った引き返し編みをするため、隙間ができずきれいに仕上がります。甲はつま先からはき口に向けて平編みます。毎段、甲側の最後の目を足底側の端目と2目一度に編みつなぎながら編み進めます。足底側と甲側の目がすべて合わさると、かかとの作り目側の目を針に移し、レッグをはき口に向けて編みます。

DIRECTIONS／編み方

HEEL CAST-ON／ヒールの作り目

C1で別鎖の作り目[Provisional Crochet CO]の方法で31(33、37)目作る。

HEEL FLAP／ヒールフラップ

後に足底を編むときの拾い目をするために、ヒールフラップの両端の目をすべり目にして往復に編む。
1段め(裏面)：浮き目1、表目2、最後に3目残るまで裏編み、表目3。
2段め(表面)：浮き目1、表目2、*すべり目1、表目1*、*〜*を最後に2目残るまで編み、表目2。
1・2段めをあと14(15、16)回編む。
1段めをもう一度編む。(裏面の段で編み終える)。

HEEL TURN／ヒールターン

ヒールターンは次のように引き返し編みをしてシェーピングする。1段ごとに1目ずつ減目する。
引き返し編み段1(表面)：すべり目1、表目17(19、21)、右上2目一度、表目1、編み地を返す。
引き返し編み段2(裏面)：浮き目1、裏目6(8、8)、裏目の左上2目一度、裏目1、編み地を返す。
引き返し編み段3：すべり目1、段差との間が1目になるまで表編み、右上2目一度、表目1、編み地を返す。
引き返し編み段4：浮き目1、段差との間が1目になるまで裏編み、裏目の左上2目一度、裏目1、編み地を返す。
引き返し編み段3・4をくり返し、すべての目を編み終えるまで続ける。
裏面の最後の端目を(裏目ではなく)表目として編む。[かかとの目は19(21、23)目になる]

C1を切る。

SOLE／足底

足底は往復に編み、端目はガーター編みに編む。この端目は後で足底を甲側と合わせるときに使う。足底の両端で減目をしてマチのシェーピングを行う。

表面からC2をつける。ヒールフラップの左端から16(17、18)目(端目1目から1目ずつ)拾い、かかとの目を表編み、ヒールフラップの右端から16(17、18)目(端目1目から1目ずつ)拾う。[足底の目数は51(55、59)目になる]

[サイズ1と3のみ]
準備段(裏面)：表目1、最後に1目残るまで裏編み、表目1。

[サイズ2のみ]
準備段(裏面)：表目1、裏目25、Inv-Lp、最後に1目残るまで裏編み、表目1。(1目増)

足底の目は51(56、59)目になる。

GUSSET／マチ

1段め(表面)：表目2、右上2目一度、最後に4目残るまで表編み、左上2目一度、表目2。(2目減)
2段め(裏面)：表目1、最後に1目残るまで裏編み、表目1。
1・2段めをあと9(10、10)回編み、裏面の段で編み終える。[足底の目は31(34、37)目になる]

CONTINUE SOLE／足底の続き

つま先までは減目をせずに往復編みで次のように続ける：
3段め(表面)：最後まで表編み。
4段め(裏面)：表目1、最後に1目残るまで裏編み、表目1。
3・4段めを、フット(ヒール+足底)の長さが「好みの長さ−4.5(5、5.5)cm」になるまでくり返し、裏面の段で編み終える。

C2を切る。

TOE／つま先

つま先は引き返し編みをして、ここで名付けた「シャドウラップ[shadow wraps]」をTWS「二重の目」またはTRS「三重の目」として編む。

C1をつけて裏面の段を編む：
準備段（裏面）：表目1、最後に1目残るまで裏編み、表目1。
引き返し編み段1（表面）：最後に2目残るまで表編み、TWS（「二重の目」を作る）、編み地を返す。
引き返し編み段2：最後に2目残るまで裏編み、TWS、編み地を返す。
引き返し編み段3：次の「二重の目」との間が1目になるまで表編み、TWS、編み地を返す。
引き返し編み段4：次の「二重の目」との間が1目になるまで裏編み、TWS、編み地を返す。
引き返し編み段3・4をあと8（9、10）回編む。

端目は2目、つま先の両端に「二重の目」が10（11、12）目、中心には9（10、11）目ある。

引き返し編み段5（表面）：次の「二重の目」まで表編み、「二重の目」を1目として両足に表目を編み、次の「二重の目」でTRS（「二重の目」から「三重の目」を作る）、編み地を返す。
引き返し編み段6（裏面）：次の「二重の目」まで裏編み、「二重の目」を1目として両足に裏目を編み、次の「二重の目」でTRS、編み地を返す。
引き返し編み段7（表面）：次の「三重の目」まで表編み、「三重の目」を1目として3本の足に表目を編み、次の「二重の目」でTRS、編み地を返す。
引き返し編み段8（裏面）：次の「三重の目」まで裏編み、「三重の目」を1目として3本の足に裏目を編み、次の「二重の目」でTRS、編み地を返す。
引き返し編み段7・8を、つま先の両端に「三重の目」が1目ずつ残るまでくり返す。

裏面から最後の「三重の目」と端目を右針に移し、編み地を返す。
［甲側の目数は31（34、37）目になる］

C1を切る。

INSTEP／甲側

甲側の目は往復に編む。毎段、最後の目は足底の端目と次のように2目一度に編んで甲と足底を合わせる：
表目の段：糸を後ろにして、最後の目に表目を編むように右針に移す。
対応する足底側の端目の裏目の上先を右針先で拾い上げる（こうすることで2段から1目の割合で拾える）。この新しい目を左針に移し、いま編んでいる段の最後の目と表目のねじり目のように2目一度に編む。
裏面の段：糸を手前にして、最後の目に裏目を編むように右針に移す。
対応する足底側の端目の裏目の上先を右針先で拾い上げる。
この新しい目を左針に移し、いま編んでいる段の最後の目と裏目の2目一度に編む。

表面からC3をつける。
準備段（表面）：表目1、「三重の目」の足3本を1目として表目に編み、最後の「三重の目」の手前まで表編み、「三重の目」の足3本を1目として表目に編む。
最後の目を上記と同様の足底の端目の裏目と2目一度に編んでとじ合わせる。
1段め（裏面）：浮き目1、糸をしっかりと引き、*表目2、浮き目1*、*〜*を最後に3目残るまでくり返す。表目2、最後の目を上記と同様の足底の端目の裏目と2目一度に編んでとじ合わせる。
2段め（表面）：すべり目1、糸をしっかりと引き、最後に1目残るまで表編み、最後の目を上記と同様の足底の端目の裏目と2目一度に編んでとじ合わせる。
1・2段めをくり返し、足底側と同じ段数を編む。そうすると足底の端目がすべて甲側の端目とつながった状態になり、裏面の段で編み終える。
C3は切らずにおく。

LEG／レッグ

甲と同じ模様編みをC3で輪に編む。

別糸の作り目をほどく。
かかとの30（32、36）目を針に移し、レッグの前後を合わせて輪に編めるようにする。
足底と甲をつなげるときには、足底側は当初の作り目より1目少なくなる。
［レッグが61（66、73）目になる］

準備段1：最後まで表編み。

［サイズ1と3のみ］
準備段2：*すべり目1、裏目2*、*〜*を15（–、18）回くり返し、すべり目1、裏目の左上2目一度、裏目1、*すべり目1、裏目2*、*〜*を最後までくり返す。（1目減）

［サイズ2のみ］
準備段2：*すべり目1、裏目2*、*〜*を最後までくり返す。

レッグの目数は60（66、72）目になるはず。

どのサイズも次のように続ける：
1段め：最後まで表編み。
2段め：*すべり目1、裏目2*、*〜*を最後までくり返す。
1・2段めをくり返し、レッグ長さが12.5cmまたは好みの長さまで編む。

C3を切る。

CUFF／カフ

C1をつける。
準備段：最後まで表編み。
カフの段：*表目のねじり目1、裏目2*、*〜*を最後までくり返す。（2目のねじりゴム編み）
1目と2目のねじりゴム編み［1 x 2 Twisted Rib］をあと12段編む。

ジェニーズサプライジングリーステッチーバインドオフ［Jeny's Surprisingly Stretchy BO］などの伸縮性のある止め方で模様編みをしながら止める。

FINISHING／仕上げ

糸始末をする。水通しをし、寸法に合わせてブロッキングする。

Svenia Björk Jóhannesdóttir

52 The Weaver's Socks

機織りの靴下

デザイナーのSveniaはこの靴下の模様から織り地を思い浮かべました。足底ではすべての糸を引き揃えて編むため、厚手の心地よい編み地に編み上がります。

SIZES／サイズ

1 {2, 3}
推奨するゆとり：仕上がり寸法より0～－1.5 cm

FINISHED MEASUREMENTS／仕上がり寸法

レッグ／フット周囲：21（23、25）cm
レッグ長さ：17.5 cm
フット長さ：調整可

MATERIALS／材料

糸：C1：LangのCloud（スーパーウォッシュメリノ90%・ナイロン10%、260m／100g）〈0081〉カセ
C2：FilcolanaのArwetta（スーパーウォッシュメリノ80％、ポリアミド20%、210 m／50g）〈147〉1（2、2）カセ
C3：HolstのTiticaca（アルパカ100%）、400 m／50 g）、〈Galaxy〉1カセ

またはC1としてDK（合太～並太）程度の糸を約90（111、121）m、C2としてフィンガリング〈中細〉程度の糸を約202（230、240）m、C3としてレース（極細）程度の糸を128（150、176）m

パターンでは全体を通して糸を3本引き揃えて編む

針：4.5 mm（US 7／JP8号）と5 mm（US 8／JP10号）輪針

その他の用具：ステッチマーカー

GAUGE／ゲージ

21目×24段（5mm針でメリヤス編み・10cm角、ブロッキング後）

CONSTRUCTION／構造

トップダウンに編む靴下はヒールフラップとマチを編む伝統的な構造です。模様はレッグから甲へと続きます。マチと足底部分では糸をすべて引き揃えて編みます。

DIRECTIONS ／編み方

LEG ／レッグ

4.5 mmの針と糸はC2を2本とC3を1本引き揃えて、好みの方法で44（48、52）目作る。
輪につなげ、BORにPM。最初の針〈N1〉の目は足底、2本目の針〈N2〉の目は甲側とする。

2目ゴム編み［2 x 2 Rib］を編みはじめる：
2目ゴム編み：*表目2、裏目2*、*～*を最後までくり返す。
2目ゴム編みで8段編む。

5 mmの針に持ち替える。C2の糸1本を切り、C1を1本加える。
糸を各種1本ずつ、計3本を使って編む。

チャートの通りに模様編みを14cm編む。

C1の糸を切り、C2をもう1本加える。
ここからはC2を2本とC3を1本の計3本の引き揃えで編む。

HEEL FLAP ／ヒールフラップ

4.5 mmの針に持ち替える。
ヒールフラップは〈N1〉の22（24、26）目で編む。
1段め（表面）：最後まで表編み。
2段め（裏面）：最後まで裏編み。
3段め：*すべり目1、表目1*、*～*を最後までくり返す。
4段め：すべり目1、最後まで裏編み。
3・4段めをあと10（11、12）回くり返す。

HEEL TURN ／ヒールターン

ヒールターンでは毎段1目ずつ減目する。
ヒールフラップの表面から編みはじめる。
1段め（表面）：すべり目1、表目10（11、12）、左上2目一度、表目1、編み地を返す。
2段め（裏面）：すべり目1、裏目1、裏目の左上2目一度、裏目1、編み地を返す。
3段め：すべり目1、表目2、左上2目一度、表目1、編み地を返す。
4段め：すべり目1、裏目3、裏目の左上2目一度、裏目1、編み地を返す。
5段め：すべり目1、表目4、左上2目一度、表目1、編み地を返す。
6段め：すべり目1、裏目5、裏目の左上2目一度、裏目1、編み地を返す。
7段め：すべり目1、表目6、左上2目一度、表目1、編み地を返す。
8段め：すべり目1、裏目7、裏目の左上2目一度、裏目1、編み地を返す。
9段め：すべり目1、表目8、左上2目一度、表目1、編み地を返す。
10段め：すべり目1、裏目9、裏目の左上2目一度、裏目1、編み地を返す。

[サイズ2のみ]
次段：すべり目1、表目10、左上2目一度、編み地を返す。
次段：すべり目1、裏目10、裏目の左上2目一度、編み地を返す。

[サイズ3のみ]
次段：すべり目1、表目10、左上2目一度、表目1、編み地を返す。
次段：すべり目1、裏目11、裏目の左上2目一度、裏目1、編み地を返す。

残り12（12、14）目になる。糸を切る。どのサイズも甲側〈N2〉からはじめる。

5 mmの針に持ち替える。

糸をすべて引き揃えて、甲側はチャートの通りに模様編み、マチと足底はメリヤス編み、続けてC1、C2、C3を各1本ずつ使って編む。

GUSSET ／マチ

準備段：チャートの通りに模様編みし、ヒールフラップと甲の間から1目拾い、ヒールフラップの端から11（12、13）目拾い、かかとの目を表編み、ヒールフラップの端から11（12、13）目拾い、ヒールフラップと甲の間から1目拾う。[〈N1〉は36（38、42）目になる]

ここからマチの減目をはじめる。
準備段：〈N2〉チャートの通りに模様編み。〈N1〉右上2目一度、最後に2目残るまで表編み、左上2目一度。（2目減）
1段め：〈N2〉チャートの通りに模様編み。〈N1〉表目1、左上2目一度、最後に3目残るまで表編み、左上2目一度、表目1。（2目減）
2段め：〈N2〉チャートの通りに模様編み。〈N1〉最後まで表編み。
1・2段めをくり返し、〈N1〉が18（20、22）目になるまで編む。

甲側の目はチャートの通りに模様を、そして足底はメリヤス編みを続けて好みの長さまたは「この好みのフット長さ－6 cm」になるまで編む。
C1を切り、C2の2本目を合わせる。C2を2本とC3を1本引き揃えて編む。

TOE ／つま先

4.5 mmの針に持ち替える。

準備段1：〈N2〉表目1、右上2目一度、最後に3目残るまで表編み、左上2目一度、表目1。〈N1〉最後まで表編み。（2目減）
準備段2：〈N2〉最後まで表編み、〈N1〉最後まで表編み。
準備段1・2をもう一度編む。[各針18（20、22）目になる]

減目段1：〈N2〉表目1、右上2目一度、最後に3目残るまで表編み、左上2目一度、表目1。〈N1〉表目1、右上2目一度、最後に3目残るまで表編み、左上2目一度、表目1。（4目減）
減目段2：〈N2〉最後まで表編み、〈N1〉最後まで表編み。
減目段1・2をくり返し、合計目数が16（20、24）目になるまで編む。
各針8（10、12）目ずつ。

つま先の目をはぎ合わせる。

FINISHING ／仕上げ

糸始末をする。水通しをし、寸法に合わせてブロッキングする。

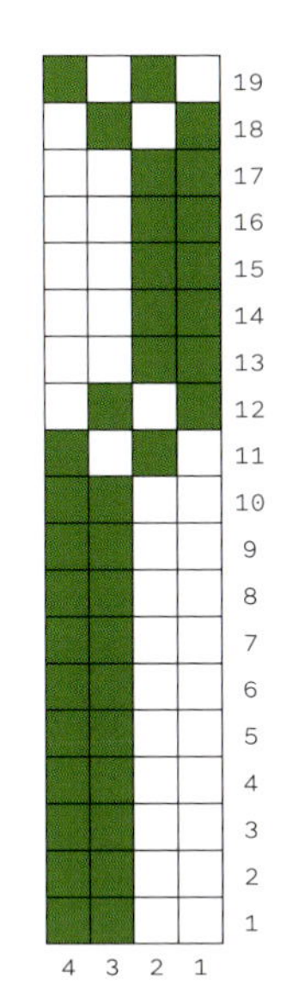

C1を1本で編む
C2とC3を1本ずつ引き揃えて編む

Knitting Direction Index／編み方向別索引

Cuff-Down Socks／カフダウン・ソックス
はき口から編み進めるソックス

Toe-Up Socks／トウアップ・ソックス
つま先から編み上がるソックス

Other／そのほかの編み方のソックス

翻訳者紹介

西村知子　Tomoko Nishimura
ニットデザイナー、翻訳家。日本手芸協会手編み師範。京都市生まれ。ニューヨークで過ごした幼少時代、祖母や母の影響で編み物に興味をもつ。学生時代から手編みのオリジナル作品を手がけるように。社会人になってからは通訳・翻訳を仕事とする一方で編み物の研鑽も重ね、やがてその両方を生かした編み物の仕事がライフワークとなる。現在は英文パターンを用いたワークショップや講座、編み物関連の通訳や翻訳、オリジナルデザインの提案など、幅広く活躍している。

—好評の既刊本—

靴下を編む 52 週

レイネ・パブリッシング　著
ISBN：978-4-7661-3513-8

本書シリーズの第一弾。1 週間に 1 足ずつ、1 年間で 52 足の靴下編みを楽しめる一冊。52 足の靴下をデザインしたのは、世界各地のデザイナーたち。デザインや糸、テクニック、さらに難易度もさまざまで、長く、くり返し楽しめる美しく実用的な本。

ショールを編む 52 週

レイネ・パブリッシング　著
ISBN：978-4-7661-3662-3

『靴下を編む 52 週』に続き、ショール編みが楽しめる 52 週シリーズ第 2 弾。世界各地のデザイナーたちが編み上げた美しいデザインショール 52 枚。かぎ針編みのパターンも含め、難易度もさまざまで、セーターやマフラーなどに転用可能な模様編みも多数収録。

毎週編みたい靴下 52 足

2024 年 9 月 25 日　初版第 1 刷発行

著　者　レイネ・パブリッシング（© Laine Publishing）
発行者　津田 淳子
発行所　株式会社 グラフィック社
〒102-0073　東京都千代田区九段北 1-14-17
TEL 03-3263-4318　FAX 03-3263-5297
https://www.graphicsha.co.jp

印刷・製本　TOPPANクロレ株式会社

制作スタッフ
翻訳：西村知子
組版・カバーデザイン：石岡真一
編集：金杉沙織
制作・進行：本木貴子・山口侑紀（グラフィック社）

ISBN 978-4-7661-3825-2　C2077
Printed in Japan